# 有料不枯燥的世界史

## 帝国、王国卷

詹乐麒 著

台海出版社

图书在版编目（CIP）数据

有料不枯燥的世界史．帝国、王国卷 / 詹乐麒著
．-- 北京：台海出版社，2021.1
ISBN 978-7-5168-2521-1

Ⅰ．①有… Ⅱ．①詹… Ⅲ．①世界史－通俗读物②君主制－世界－通俗读物 Ⅳ．① K109

中国版本图书馆 CIP 数据核字 (2020) 第 226912 号

**有料不枯燥的世界史．帝国、王国卷**

著　　者：詹乐麒

出 版 人：蔡　旭　　封面设计：异一设计
责任编辑：赵旭雯

出版发行：台海出版社
地　　址：北京市东城区景山东街 20 号　　邮政编码：100009
电　　话：010-64041652（发行，邮购）
传　　真：010-84045799（总编室）
网　　址：www.taimeng.org.cn/thcbs/default.htm
E - mail：thcbs@126.com

经　　销：全国各地新华书店
印　　刷：旭辉印务（天津）有限公司
本书如有破损、缺页、装订错误，请与本社联系调换

开　　本：710 毫米 ×1000 毫米　　1/16
字　　数：230 千字　　印　　张：19.25
版　　次：2021 年 1 月第 1 版　　印　　次：2021 年 7 月第 1 次印刷
书　　号：ISBN 978-7-5168-2521-1

定　　价：58.00 元

# 目录

## 帝国卷

## 王国卷

# 帝国卷

# 帝国卷一：

# 帝国的崛起

何谓“帝国”？

百度百科给出的定义是：帝国是指在一个较大地理区域内、涵盖较多人口，建立有鲜明特征的政治、经济、社会、军事体系与人文价值观，形成一定范围的国际政治体系的国家，并在国家之间推广、维护这种体系。

这并不是一个严谨的答案，而且并不具有历史学术意义。如果我们用这样一个定义去看待人类历史的话，你一定会得出以下这三个哭笑不得的结论：

1. 谁最能打仗，尤其是疆土打得最大谁就是帝国。

2. 帝国的统治者既可以是共和独裁制夺得，又可以民主公投产生，还能是王权神授由教皇或教宗等宗教领导人赋予并听命于宗教。

3. 不为统一国家，却又有共同信仰的大区域也可以凑一块儿合起来叫帝国。

如果按照这样的逻辑，饺子、包子、烧卖、元宵都应该统一叫包子。因为都是皮包馅儿。

闲话到此为止。伟大的历史学家托马斯·潘恩用一句非常简单的话就说明白了：以皇帝为国家首脑的君主制政体国家，叫作帝国。

那么什么是“君主制政体”呢？君主制政体即以国王或皇帝为统治者；以血缘世袭制产生继任者，且拥有统治国家和公民自由的所有权力，而没有法律或法定的程序限制君主如何行使权力的政体。

简单来讲，就是那句很古老很俗套但又超有气势的话：普天之下莫非王土，率土之滨莫非王臣。天下地下，唯我最大。

从“君主制政体”本身来讲，其实是有两个分支的，分别是以“国王”为国家首脑和以“皇帝”为国家首脑。这也是为什么托马斯·潘恩一定要强调，帝国是要以“皇帝”为国家首脑的君主制政体国家。

说到“皇帝”这个词，绝大多数读者的第一反应一定是，这个词是中国独有、独创，是国外翻译中国的词汇，它原本只出现在中国的历史中。

嗯……这个其实也不对，在欧洲人的历史上，他们对于“皇帝”这个名称及其帝制的政体的定义和推演，远比中国要来得冗长和复杂。

那么，先让我们回顾下，中国的“皇帝”是怎么来的。

首先，我们要知道，中国封建历史上的“帝制”政治制度，其实比中国的“皇帝”之名还要早一千年。

事情是这样的：帝尧晚期，黄河改道，洪水滔天，民不聊生。当时的中华民族老祖宗们，都还围绕在还很清澈的黄河边上，过着农耕部落的生活。这黄河水就是我们祖先的命脉。

现在生命河变成了要命河，无数耕田被毁，百姓流离失所，凄惨不堪，彻底变成了无家可归、饥肠辘辘的难民。

于是这些难民就去找他们的里长（一个百姓单元里的负责人）；里长们去找他们的领导荒服（县长）；荒服就去找要服（市长）；要服就去问侯服（省长）；侯服就去问甸服（相当于现在国务院的领导们）；甸服就去问司空（国务院总理），最后问到了当时部落的第一领导人——舜。

可是舜也不知道该如何是好，不过好在他也有人可以去问，于是他就去找了那位禅让给他的前领导人——帝尧。

帝尧老了，但他的睿智丝毫不减当年，他没有再慌慌张张地去问别人（想问也没人可以问了……），而是拿出了禅让时期的超级法宝——民主投票。

帝尧出山，当即召开部落大会，召集所有长老来推举，问："我们还有我们的人民已经到了生死存亡的关头，诸位，有谁可以制得了这洪水？（嗟，四岳，汤汤洪水滔天，浩浩怀山襄陵，下民其忧，有能使治者？）"

这时有一位长老站了出来说："尧老放心，我去，一定完成任务！"

于是众长老皆附议，曰："对对对，就他了，我们之中没有人再比他更贤德更智慧了，就让他去吧！"

这位长老就是鲧。于是鲧扛着锄头，拖着好几车筑堤坝的土（称"息壤"）上路治理黄河去了。

然而，虽然连同帝舜在内，所有的人都认为鲧可以去。（皆曰鲧可。）可是，年老的帝尧却皱起了眉头。他望着鲧踌躇满志、壮志凌云的背影，悄声问了问舜，他行吗？

帝舜安慰帝尧道："在我们之中，鲧已经是最贤德最能干的了。除了他，我们别无选择，就让他去吧！（等之未有贤于鲧者，愿帝试之。）”

于是鲧这一去，就去了很多很多很多年。

他甚至把自己下半辈子都搭在治水这件事情上了。鲧拖着他治水专用土“息壤”四处奔走修建堤坝，企图挡住洪水，并强行让黄河再改道回去。谁承想，黄河的河床却一年比一年高，没过几年就形成了地上河。某一天，那道高得吓死人的防洪堤坝出现了一个小缝隙……

“轰隆”，在堤坝中积攒了数年的黄河水一下子就冲了出来，这瞬间的爆发宛如天威，甚至比黄河刚开始泛滥的时候还要严重得多。

得，治了半天，还不如不治。

其时，帝尧已经仙逝，舜成了部落的领导人——帝舜。当他得知这样一个结果后，大发雷霆，直接把鲧贬到了羽山（今江苏省东海县以东）。

火发了，鲧也处置了，可是黄河还在持续泛滥，总要有人治水，怎么办？于是帝舜只好继续召开部族大会，问谁可以去治水。

这下大家都不说话了……鲧就是先例，治水治得把命都搭上了，失败了还没个名分，谁敢啊？

正在大家低头研究脚上的鞋子时，一个年轻有力的声音喊道：“首长，我去！一定不辱使命！”

众人抬头一看，乐了。皆说好，就该他去。

这个年轻人，就是鲧的儿子——禹。

可是帝舜却皱起了眉头，显然他的智慧要远胜于那些长老。他小心地警告禹，如若没有十足的把握，不要重蹈覆辙。

禹沉痛地点了点头，表示父亲的错误自己一定会纠正回来，并完成父亲未竟的事业。

于是就有了我们中华民族著名的历史故事——大禹治水。期间，他考察黄河途经的各个名山大川，三过家门而不入，研究水流走向和黄河河床近十三年，终于找到了正确的治水之法，即“疏导”之法。

此时，禹的儿子启已经长大。从母亲处得知父亲和爷爷的事业后，启毅然决然地追上了父亲的脚步。父子俩沿着黄河，一路疏通、引导，不仅彻底地治好了泛滥改道的黄河，还将当时的华夏大地细细地、根据土地肥沃程度分为了冀、青、徐、兖、扬、梁、豫、雍、荆九个州。

禹成功了！在人民的欢呼声中，禹胜利归来，帝舜亲自为他接风。不久后，帝舜召集各长老们开部族大会，通过选举，正式确定禹成为帝舜的接班人。

到此为止，我们说的还是禅让制，即著名的尧、舜、禹的禅让。按照这个系统的正常程序，等到了禹的晚年，他也应该召开部族大会，与长老们一起推举下一任国家领袖。

可偏偏就在这一次出了乱子。当时，全国上下最厉害、最有本事的人就是禹的儿子启。毕竟小伙子年纪轻轻就追随父亲走遍了名山大川，他在各地也深得民心，深受老百姓的爱戴。

唯独只有一小撮人不喜欢他，很不幸，不喜欢启的这一小撮人，就是那些选人投票的长老。相比年轻气盛的启，长老们更喜欢和他们一样老的皋陶。不过很可惜，皋陶先禹而去世了，长老们只得再次投票。

依然很不幸，这次长老们又没选启，而是另一个和启差不多的人，叫伯益。理由是，这个人是帝尧之前的首领，颛顼的后人。

这就有点无厘头了，当时选皋陶，启还能忍一忍，毕竟是老同志老前辈了，怎么样都还是要恭敬一下的。但这回用这样一个不靠谱的理由选了远逊于自己的伯益，不仅仅是在针对启，更是违反了禅让制任人唯贤的基本法则了！

在这一刻，启看透了所谓民主背后的虚假与懦弱，他当即起兵，号召曾与他一起同生共死的九州将士们集结起来，会师于王京之下，一举扫平了所有反对他的长老们，杀伯益，并向东南西北四个方向所有不愿意归顺他的部族们宣战！

这里插一句，伯益被杀后，他的妻子抱着他年幼的儿子向西北一路行走，躲了起来。多年后，他的妻子给儿子取了个姓，叫作嬴。

年少时和父亲一同克服艰难险阻治水的启，在这时爆发出了惊人的才华。他率领军队，剑锋所指无人能敌，仅数年就一统全国，定国号为夏，收归全国土地为中央管理。虽然此时的启还没有“皇帝”之称，但他的夏朝却已经是确立了初步的中央集权的君主制政体的国家了。而作为这个君主制政体国家的首脑，启被称为“帝启”。接着，他又废禅让制为世袭制，也就是说，在帝启百年之后，将由他的长子继任他的位置。

以国王或皇帝为统治者；以血缘世袭制产生继任者，且拥有统治国家和公民自由的所有权力，而没有法律或法定的程序限制君主如何行使权力的政体。以上条件全部满足，于是，中国封建历史上的第一个帝国时代——夏朝就此建立。

几百年之后，夏帝桀暴虐，成汤崛起伐夏，并于鸣条（今河南商丘）

彻底击败了帝桀，推翻了夏的统治，建了商朝，后又名殷商。又过了几百年，商帝辛（即纣王）暴虐，为稳固政权，杀四方镇守诸侯。（东伯侯姜桓楚；南伯侯鄂崇禹；北伯侯崇侯虎；西伯侯姬昌。期间仅有西伯侯姬昌以咏唱一首《绵蛮黄鸟》，方才逃脱一命。）接着，帝辛再连年向南夷东海征伐，劳民伤财，继而引发九州之乱。

后面的故事，看过《封神榜》的读者朋友都知道了，那就是凤鸣岐山，武王伐纣的典故。这里唯一要说的是，史书中记载决定天下归属的牧野之战，并没有《封神榜》里说的那么惊天动地，反倒是充满了一股黑色幽默。

当姬昌的儿子姬发率十方诸侯兵临朝歌城下的时候，帝辛的军队和朝歌的老百姓们纷纷倒戈，大开城门，姬发不战而胜。眼看大势已去的帝辛自焚于皇宫，商朝，亡。

姬发灭商，定国号为大周，史称西周，追认他已故的父亲姬昌为开国文王，即周文王。西周建国后不久，姬发就去世了，谥号周武王，他年少的儿子姬诵继位，即周成王，由叔叔姬旦为摄政王，从旁辅政，并于姬诵成年之后还政于他，自己则归隐山林。这个姬旦，在民间有个更响亮的名字，叫作周公旦，是的，这也就是那句“周公吐哺，天下归心”的由来。

成王之后，在他的儿子康王继续不懈的努力下，西周盛世走向了顶峰。又历经十二传，中有夷王昏庸，宣王勤政拨乱，终于是传到了幽王姬宫涅手中。这周幽王暴虐如帝辛、桀，不仅不允许百姓说话，还以烽火戏诸侯，换妖后褒姒一笑。

谁知烽火戏诸侯之后，西北方的游牧民族犬戎真的打了过来，而各路诸侯皆因对幽王的戏谑不满、不信，各自按兵不动。最终西周首都镐京沦陷，周幽王被杀，褒姒被掳，西周灭亡。

在这场浩劫之中，周幽王被废的长子姬宜臼一路东逃至洛阳，整理军队政务，并号令天下诸侯勤王，在拥戴之下成为周王朝的统治者，即周平王，史称东周。

只可惜，此时的周天子已经失去对天下诸侯的控制了……

东周末年，诸侯割据，硝烟弥漫。在历经春秋战国两个动荡不安的时期后，一代钢铁猛男嬴政一扫六合，统一中原，终结了乱世，建立了大秦帝国，并深刻地加深了中央集权的统治。此时的秦国国君嬴政认为自己功盖三皇（天皇伏羲氏；地皇神农氏；泰皇少典氏）五帝（东方太昊、南方炎帝、西方少皞、北方颛顼、中央黄帝）又由于他是中国历史上第一位皇帝，所以嬴政称自己为始皇帝，即秦始皇。于是“皇帝”一词，正式进入了中国历史。

看到这里，大家应该大致明白了“帝制”到底是个什么意思，以及其代表了什么吧！

我想，在这儿又会有读者朋友提问，那么按照这样一个说法，这个“帝制”在全世界，是不是只有中国古代历史才有的呢？

当然不是！但中国的“帝制”确实是世界“帝制”历史里最长久的。

跳出中国的历史，在遥远的欧洲，也曾有过一个帝制国家。并且，其统治者也是唯一一位名正言顺、实至名归的皇帝。

这就是法兰西帝国的皇帝——拿破仑·波拿巴。公元1804年，拿破仑在巴黎称帝，他从罗马教皇的手中夺过皇冠，亲自戴在了自己的头上。他又从主教手里夺过皇后的后冠，将其戴在了王后的头上。

接着，拿破仑瓦解了罗马教皇的权力，并将其软禁起来。又亲自下诏颁布了自己拟定的新法案，即《法典》。从这一时期开始，拿破仑彻底终结了欧洲罗马教皇王权神授（这个政权先串个场，等到《王国篇》的时候，我会细细来说）时代的统治。

而我们的老邻居俄罗斯，在沙皇俄国的时代也是帝制，其中非常著名的就是彼得大帝。

顺便插一句，他还有个名言："我脚下的土地，即是我的祖国。"

总结一下：在帝制的政治体系下，名义上，皇帝就是全国唯一的统治者，可以自己全权修改律法，并且完全由世袭产生下一代皇帝。上至首相、宰辅、内阁、丞相；下至老百姓甚至奴隶，都得听命于皇帝且完全不存在"我的附庸的附庸，不是我的附庸"这个说法。

"王国"又来客串了……言归正传，或许说到这里大家还是有不少疑问。不过不要紧，这才是第一卷的第一篇呢，您慢慢想，慢慢往下看。我坚信，您一定会慢慢发现，帝国、王国、共和国之间有着巨大而深刻的区别的。

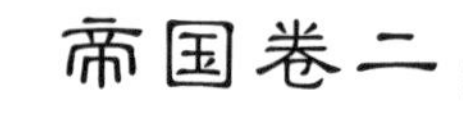

中国古代史除了夏商周、秦汉三国（注：三国时期是近代追加的，在老一辈的历史学术里，是没有这个时代的。为了让读者更能理解且增强代入感，这里特别加入三国时期）、两晋南北朝、宋齐梁陈隋、唐宋元明清这一条正溯主线历史以外，还有大辽、北辽、西辽、西夏、金、高丽、朝鲜、大理等无数旁支。虽说无论历朝历代国家国土大小、国势强弱，但是把他们全部加起来，也有好几百位皇帝。如果要把这些皇帝的特点、生平、功过做一个总结大统计，那真是个大工程。

于是，我们聪明的老祖宗在很早的时候，就想出了一个办法，一个让后人一目了然的记录方法。它可以让后人仅仅通过寥寥数字，就能得知这位皇帝的基本信息。即：哪一朝的？在位时间？有大成就吗？重文轻武还是重武轻文？主张改革还是守成之君？性格怎么样？是不是被人夺权篡位了？是开国之君还是末代皇帝？……

是的，这个神奇的记录方式就是庙号，也就是我们常看见、听说的××祖、××宗、××帝。今天，我就要为大家制作一份“古代皇帝庙号基础指南”。那么，就让我们迅速通过老祖宗留下来的记录，去深入地了解中国古代帝王的个性生平吧！

| 始皇帝 | 秦朝开国皇帝秦始皇独享庙号，第一位皇帝的荣誉成就。 |
|---|---|
| 太祖 | 一个朝代唯一的开国皇帝才有的庙号。如宋太祖、明太祖、清太祖、后周太祖等。 |
| 高祖 | 实际意义上的开国皇帝，但是曾追封过自己的祖先为开国皇帝，所以庙号只能是高祖不能是太祖。如汉高祖追封自己父亲为太上皇刘太公；唐高祖将自己太爷爷、爷爷、父亲全部都追封了。 |
| 世祖 | 凡事总有例外，虽然说庙号为“祖”在一个朝代里面只能有一个，可是有些时代长久的王朝，在经历过一系列战火政变后，有一位励精图治奋勇开拓的皇帝，再一次重新统一，又开国后，就会得到世祖这个庙号。如清世祖（也就是顺治帝，所以不要再小瞧他了，他也很了不起的）；元世祖忽必烈；汉世祖刘秀。 |
| 成祖 | 这个庙号就不得了了，他是例外中的例外，是可以和“始皇帝”一争高下的庙号。因为在咱数千年历史里面，“成祖”也是有且只有一个。他就是大明朝第三位皇帝明成祖朱棣。当年大明第二位皇帝建文帝朱允炆削藩过急，心有不甘的燕王朱棣在谋士“黑衣宰相”姚广孝的怂恿下，以清君侧的名义靖难造反成功，建立了永乐王朝。大明皇帝的血脉也从长子（朱允炆是皇太孙，是原太祖皇帝朱元璋嫡出的太子的嫡子）变成了庶出的四子。不仅如此，朱棣还完成了迁都（从今南京迁到了今北京）这样无比复杂的工程，并向北用兵，拓地万里，彻底消灭了成吉思汗嫡出的黄金家族。同时，他还主持修编了旷世名作《永乐大典》一部。这样的作为和功绩，相当于把大明重新又开国了一次，所以他虽然是第三位皇帝，却也被尊称为“祖”辈。 |
| 太宗 | 从这里开始，因为不再是开国皇帝，就到了“宗”的辈分了。而“太宗”，就是在开国皇帝之后的“皇二代”（且必须是第二位皇帝才可以），坚决贯彻了开国皇帝的政策，并将其发扬光大，且有一定功绩，还不是短命皇帝，才能被称为“太宗”。如，宋太宗、唐太宗。 |
| 仁宗 | 对皇帝至高的赞美。出自《大学》第八章“为人君，止于仁。”中国历史上算上所有的旁支，能配得上这个称号的，唯有北宋的仁宗皇帝。 |

| | |
|---|---|
| 孝宗 | 对国事有大成的皇帝，也是一个很容易让大家误解的庙号。诚然，孝宗听着一定是一位很孝顺的皇帝。但在古代，皇帝如果仅仅只是生活中的孝顺，是不配被称为孝宗的。因为，唯有光宗耀祖之功绩，敬天爱人的仁德，率领一个时代从衰落走向复兴的皇帝，才有资格被称为孝宗。如宋孝宗、明孝宗。 |
| 文宗 | 这个庙号很玄妙，它有两层意思。一来是说小有成就的皇帝；二来就是无为而治。即皇帝不太管事，轻徭役、薄赋税、节俭度日，让老百姓们自由发展。如汉文帝、明文宗、唐文宗。 |
| 宣宗 | 同样是指小有成就的皇帝。不过“宣宗”和“文宗”的区别是，“宣宗”勤政，对朝廷法度会有所改动，当政期间有小变革。如唐宣宗、辽宣宗、明宣宗。 |
| 景宗 | 依然是指小有成就的皇帝。只是跟上面比起来，“景宗”所面对的情况远比“文”“宣”要复杂得多。通常，“景宗”的成就都是来源与在于接壤的敌国交涉中，保存了自己的利益，甚至占到优势。如汉景帝、辽景宗。 |
| 神宗 | 这个庙号是我最想要说的。因为这个“神”字，可以说是完全体现了中华文化的博大精深和高浓度概括。要说这个庙号，就一定要分析这个“神”字。“神”在古字里的解释是“可以贯穿天地，懂得上天垂象”。可是别忙，这是在说皇帝，皇帝本来就是真龙天子，如果直接用“神宗”这样形容，反而显得潦草而敷衍。细数一下历史上的神宗皇帝，那都是翻云覆雨，地动山摇，把全世界都要搅得天翻地覆的人物。不仅如此，在神宗皇帝们的时代里，会同时迎来大范围的变革和史诗级的战争，而他们的时代也一定是伴随着大起大落的，宛如过山车一般。<br>比如，宋神宗和明神宗。宋神宗在位十八年，前十年熙宁变法（王安石变法）搞得轰轰烈烈攒下钱粮无数；后八年收复熙河路、两次西征西夏，拓地千里。虽然都是先胜后败，他也英年早逝，但这段经历不可谓不传奇。至于功过一说，实在难以盖棺定论。 |

| | |
|---|---|
| 神宗 | 明神宗就更神奇了，他一生历经张居正改革；抗倭援朝；万历三大征；争国本；东林党；妖书案。你要说他啥也没干，以上都是他的杰作；你要说他真干了点什么吧，他真是啥也没干。他当了四十八年的皇帝，前二十四年任用张居正、申时行、王锡爵中兴大明渡过难关，文功武德样样了不得；后二十四年蛇皮走位，乱搞朝政，优柔寡断，情事国政，样样都不行，直接败光了前二十四年的所有功绩，导致大明晚期妖风盛行，党争不断，朝纲混乱，最后积重难返，直接完蛋。洋洋洒洒说了这么一大串，到了这里，我想说，“神宗”既非褒义，也非贬义，这个庙号其实不代表立场倾向。但它却在向后人们传达一个无奈的信息，“通天地，懂得上天垂象为神”，“神宗”皇帝满腹才华雄心，肆意而不守常理，很有作为，却也有大过错，他们到底是怎样，想做什么。恐怕也真的只有“神”才知道了。 |
| 英宗 | 这个很好解释，说的就是那种瞎折腾的皇帝。比如明英宗的土木堡惨败；宋英宗濮议之争。 |
| 宪宗 | 懦弱多疑，肆情骄纵的皇帝，不仅自己懦弱，还带着全天下老百姓们一起懦弱，而且这种皇帝的时代，是没有曹操、董卓这种人的。比如明宪宗、元宪宗、唐宪宗。 |
| 光宗 | 短命，身体差，没来得及作为就驾崩的皇帝。比如只做了一个月皇帝的明光宗、痴癫神经的宋光宗。 |
| 穆宗 | “穆”通“谬”，带有惋惜的意思。说的是那些小有作为，可惜英年早逝，没能完成理想的皇帝，比如明穆宗、辽穆宗、金穆宗。 |

| | |
|---|---|
| 世宗 | 这个庙号也可以展开来多说说。中国古代帝王继承宗法是非常严格的。甚至说，大到皇帝，小到农夫，都只有嫡长子、嫡长孙才能继承最大的家业。在中国，被称为“祖宗”。举个例子，朱元璋的原配是马皇后，可惜马皇后无子，所以就排到了仅次于皇后的成贵妃的长子，也就是后来的太子。刚好也是全家的长子，他就是太子朱标。这里有一个问题，马皇后在的时候，朱元璋不方便立。为什么呢？因为按照宗法制，立嫡不立长；立长不立幼。马皇后还在，虽然她没孩子，但万一她有了呢？那可是嫡！所以，一定要确认马皇后不能生育了，才可以立朱标为太子。不幸的是，太子不久后病故，所以朱元璋立太子原配太子妃的长子朱允炆为皇太孙，这就是嫡了。这又是为什么？方孝孺在朱棣靖难成功后，用宗法制与朱棣辩论，证明建文帝朱允炆是合法皇帝，寸步不让的法律武器。而万历皇帝在“争国本”事件中，迟迟拖着不立太子（其实是想立自己喜爱的李选侍生的小儿子）的正当理由就是，他的皇后还没生呢，按照宗法立嫡不立长，不可以立！很可惜，王锡爵是个狠人，他当场跟万历皇帝撕破脸说：“您都不去幸皇后，哪里来的孩子？”<br>所以说，大家别被电视剧欺骗了啊！太子的水，那是深海巨坑，那哪里仅仅只是选皇帝候选人，那是在认祖宗啊！<br>言归正传，那么“世宗”和宗法制有什么关系呢？嗯，简单来说是，按照宗法制找不到继承人了……没办法，天有不测风云，人有旦夕祸福，有时候这个皇帝就是生不出来，而他这一支偏偏就是后继无人了。怎么办？只能去找离这个血脉最近的皇亲来继位了，由此还很可能引发巨大的动乱。而且，这个皇帝的爹妈算什么？尤其是如果他们还活着的话，怎么办？如果是太上皇，那么上一代皇帝算什么？如果算皇考（皇帝的叔伯），那么就是逼着孩子不认爹娘。这就很尴尬，可是尴尬也没法子啊，国不可一日无君，有动乱总比崩盘要好，所以就有了“世宗”。比如明世宗、后周世宗。 |
| 高宗 | 又是一个不带倾向，难以评论的庙号。“高宗”，意味着把有功德的事儿和混账的事儿都做了。他在一定程度上带来了太平盛世；也为国家带来了巨大的祸害。比如唐高宗李治、宋高宗赵构。 |

| 哀宗 | “哀宗”是前期很暴虐淫乱，后期有所反省，但是彻底断送了自己国家的皇帝。比如，唐哀帝、金哀宗。 |
|---|---|
| 思宗 | 玩儿命努力，疯狂救火。不断下罪己诏（皇帝检讨书专用名词），然而依然无力回天的皇帝，带有同情的意味。这个就很有名了，景山上的那个可怜的明崇祯帝，就是明思宗。 |
| 玄宗 | 说到这个，大家脑袋里面蹦出来的一定是唐朝那位皇帝。甚至可能有读者会问，他为啥不叫唐神宗而是唐玄宗。这里还有一个非常重要的原因，因为“玄宗”其实是有很深刻的宗教色彩的。唐玄宗生前大力推广道教，甚至在他的时代出现的瑞象都是道家的。所以，他的庙号就成了“玄宗”了。 |
| 武宗 | 最能打、有军功的皇帝。其实这个庙号，是略带贬义的。因为他还带有不顾国计民生，虽有赫赫战功，却让国家走向衰弱的意味。如明武宗、汉武帝。 |
| 末帝 | 如名，最后一位皇帝。 |
| 恭帝 | 签条约投降的皇帝，有“拱手”之意。 |
| 献帝 | 被逼退位的皇帝，说的是谁不用我说了吧…… |
| 惠宗 | 曾经小有作为，与叛军努力战斗，失败，最后还是被人夺了权的皇帝。他和“献帝”有一个很大的区别是，他做皇帝的时候，是真皇帝而不是傀儡，所以也还是有尊重之意。如明惠宗（就是建文帝）、后周惠宗柴宗训。 |

除以上之外，还有一些比如端宗、顺帝、炀帝等，大多都只有两个意思：一是横征暴敛被推翻的皇帝；二是被征服者剿灭并带有嘲讽意味的庙号。

## 帝国卷三：

# 宰府的胸怀

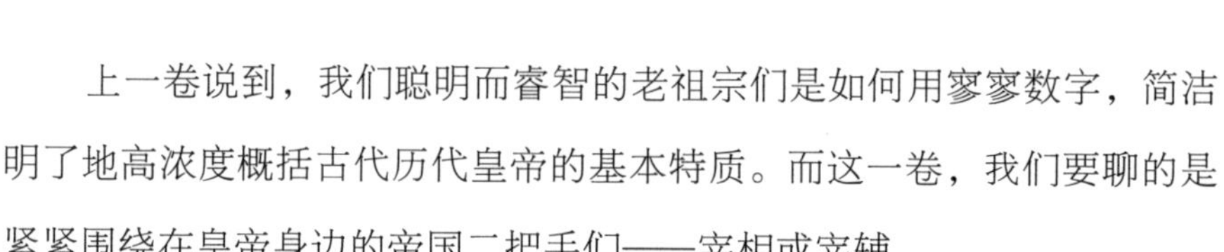

上一卷说到，我们聪明而睿智的老祖宗们是如何用寥寥数字，简洁明了地高浓度概括古代历代皇帝的基本特质。而这一卷，我们要聊的是紧紧围绕在皇帝身边的帝国二把手们——宰相或宰辅。

另外，因为一些暂时还无法细说的问题，导致本来唯一的“宰相”称号活生生多出了另一个，叫作“宰辅”。这两个称号从现象到本质几乎可以说是99.998%一样，可是人家就是横生出来了一个“宰辅”呀，所以没办法，现在史书里面只能把它们俩合二为一，称为“宰府”，用以纪念“宰相”最早的办公地点——东府。

好了，言归正传，让我们先来说说，“宰相”是怎么出现的。而在我开始叙述之前，请允许我再一次啰唆一遍：帝国，是以皇帝为国家首脑，以血缘世袭制产生继任者，且拥有统治国家和公民自由的所有权力，而没有法律或法定的程序限制君主如何行使权力的君主制政体。

显然，这是一个相对而言权力高度集中、行使起来较为简单粗暴的政治体制，在这样的政体下，国家的命运绝大多数都完全依赖“皇帝”这个国家首脑的个人能力。然而，“皇帝”也是人，也是只有一个脑袋两条胳膊两条腿，也有心中的苦。而随着皇权的不断扩大，皇帝的精力与皇权的增长是完全不成正比的。

什么意思呢？我来给大家举个例子，设计一个模型，然后不断往里面添加条件，你们就会明白了。主人公就用我们学生时代的超级明星张小明，他在这个故事里是一位风景秀丽柔美的小村的村长。村里面有三十几户约两百多号人。而作为一位勤劳勇敢、正直睿智的村长，张小明要求自己每天早晚都要绕村一周，检查下韩梅梅家的羊是不是都在；李雷家的庄稼怎么样了；李大四和王二家的娃儿长高长大了没。确定一切安好后，他才可以安然睡下，等待第二天黎明的到来，又是新的一天。

三年后，由于张小明的政绩突出，口碑良好，于是他被升为镇长。管一个五百多户、三千多人的小镇子。地盘一下子扩大了，张小明一天也就够绕着镇子走一圈儿了。当然，他还是会关照下，有没有人给店小二的酒楼捣乱；去刘一针的药铺问一问最近大家的身体怎么样；最后走到大门口问问看门的老兵庞爷爷今日有没有可疑人等出没。

又三年后，张小明再次因为突出的政绩和优秀的能力，从镇长升级成了一座城市的市长。这下子他可威风了，全市上下两万多户，十万左右的人口，都归他张大人管。同时，周围的村长、镇长都要向他报告。这时候的张小明，哦不，张大人已经不需要，当然也不可能每天自己绕城一周，检查工作了。他的衙门里开始需要手下，比如帮忙想点子出主意的师爷；维持公共治安的捕快；负责跑腿的衙役；还有帮着磨墨写字的书童。这个时候读者们会问了，这官儿不是越做越简单了吗？

如果你真的这么想，那可是真是要从三维空间错到二维去了。相信大家在各自的工作学习中，都曾有过打理一个小团队的经验。比如，做一个小组长小领导，带着十来个人叱咤风云。我想，这里绝大多数人，都有过以下类似的经历，那就是十几个人十几张嘴，十几个大脑几十双手脚，可谓是性格迥异、百花齐放。他们都会听你的吗？有些人很有逻辑，却无法沟通；有些人很好沟通，但没有能力；有些人很有能力，却脾气不好。终于来了个全方位人才，你还要考虑他会不会越俎代庖，动摇根本。

好，折腾了半天，队员们始终没能听从你的安排，好在你是一个勤劳吃苦的好干部，十几个人的事儿，大爷一个人包了！好，可以，那么现在，我把你团队的人数再乘以一百，变成一个一千多人的团队。

你怎么办？之前咱一个十几号人的团队，沟通都成问题，这一千个人还不炸锅了？怎么？没关系？您是活雷锋外加钢铁战士？一千多号人的事儿包了，一样干完！

可是如果我再把这个数字乘以一百，变成十万人的团队！你，怎么办？这个时候，你会愕然发现，你不是多了十万个手下，而是十万个麻烦。别说你给这十万个人每人下达一个命令，就算沟通没有障碍，和他们每个人说一句话的字数总和都要远远超过一篇耶鲁大学的博士生毕业论文！如果再算上之前我提出的一系列状况，比如这十万种迥异的个性，性别的差异，年龄的差距，健康程度的不同，本地和外地的文化区别，各种层出不穷的情况……

这简直就是一场灾难，你会发现就算只是带着十万人出去走一下午，能平安地回来，都是万幸了。

然而，我们的张小明张大人，他能被提拔为市长，就说明他可以克服以上的一切困难。他有远超普通人的经历，既能一举完成一千人的工作，又能妥善安排打点十万人的工作，安抚好他们的情绪。他不愧为被领导赏识的好干部！

已经开始佩服张小明了吗？别慌，他还只是个市长，拿王守仁来说，王守仁既是圣人，也是朝廷的大官，嘉靖六年总督两广及江西、湖广军务，管领近千万百姓，可调集四省军队。那么，作为帝国的最高首脑，皇帝呢？比如大明的皇帝，两京十三个省，近亿的人口都要归他管！

而这就是我说的随着皇权的不断扩大，皇帝的精力与皇权的增长是完全不成正比的。

我们回到张小明身上，细心的读者发现，我在说到张小明做市长的时候，有提到师爷、捕快、衙役还有书童。我再形象一点，用现在的话说，比尔·盖茨再神，他也要秘书和总经理吧？

于是，在帝制这个极端强调中央集权的体系里，皇帝为了能处理好这一股脑千头万绪的事物，终于不得不把自己的权力分给他的“总经理”，这也就是“宰相”的由来。于是，在专制集权的制度里，统治者竟然被逼不得不“分权”，这也算是历史的一种无声幽默吧。

那么上一卷，我们说了很多皇帝，甚至画了个表，来了个大归类。而这一卷，针对这些皇帝，我会不会也画个表，列出各种各样的宰相呢？不会。因为皇帝的个性虽有千奇百怪，但是，宰相却只能有一种——那就是能把皇帝的事情办好的宰相。准确来说，是只有把皇帝要做的事情做到最好，才能做宰相。

北宋仁宗朝关于宰相就有这样两件事。第一件是年轻的范仲淹气势汹汹地冲进老宰相王曾的家里质问他，为何放任当朝宰相吕夷简结党营私贪污受贿，而王曾却反问范仲淹，吕夷简任宰相，政令自中书省门下至全国各地，全数畅通，无一人敢违背，这就不是好宰相了吗？第二件是吕夷简隐退之前，提醒热情洋溢、主张变法的范仲淹，这世上根本没有君子小人之别，只有大私心和小私心之分。

在这里，我们一定要绕开道德问题直戳事实真相来看。吕夷简在世的时候，仁宗朝可谓风调雨顺，百姓安居乐业。当范仲淹做副宰相的时候，向仁宗要人有人，要权有权，要钱有钱，可是他又做成什么事了？手握中国古代历史上千年难得一见的全明星宰职队伍（文武双全的韩琦；外交大臣富弼；大科学家沈括；大文学家欧阳修；传说级开封府尹龙图阁大学士包拯；史学家司马光）以及仁宗盛世时无限的大好局面，可最终却让国家混乱不堪，惨淡收场，自己都觉得颜面无存，辞职隐退。

在这里，我无意指责范夫子。不管庆历新政是否成功，不管范仲淹的政治抱负是否实现，他都不愧是一位圣人，不愧是中华民族的脊梁。只是我的问题是，什么样的人，才是宰相，才是好宰相，才能是有作为的好宰相，才能坐得了宰相的位置。

在很小的时候，我曾与父亲讨论，宰相和皇帝到底谁更厉害。我觉得皇帝最厉害，父亲则是微微一笑，让我自己再好好想想。半晌过后，我豁然开朗地点点头，是宰相厉害。

皇帝是靠着宗法制世袭而来，虽然由全国最好的老师教导着，但他毕竟更靠血缘。但是宰相不一样，历经寒窗苦读、金榜题名还要在地方磨炼，经历我上面说的一系列磨难，才能一步一步走到这个一人之下，万人之上的位置上。稍有不慎，他就会跌落万丈深渊，永无回头之日。

这样的人，虽非天子，也依然是人中蛟龙，变幻莫测，深不见底，却也始终如一。所以，我不认为，因为皇帝有很多种，所以应对皇帝的宰相也有很多种。宰相从来都只有一种，不仅要能应付各种各样的皇帝，还要能应付各种各样的下属，国际形势，自然变迁。

向他们致敬吧！宰相肚里能撑船，这不是一句简单的谚语，更不是一句笑话。大家注意这个“撑”字，它的意思不是你吃饭吃饱撑着了，而是“撑船”。要“撑船”，就一定在“水”上。那么，在中国古代的政治比喻里，什么是“水”？西周时有这样一句话：“水能载舟，亦能覆舟。”这个“水”就是人民，那么“船”是什么意思，就显而易见了。一句“宰相肚里能撑船”，哪里只是感叹宰相的胸怀宽广，那根本就是一位可以装得下江山社稷、黎民百姓的智慧伟人！

最后，让我来解释一下一开始说的“因为一些暂时还无法细说的问题，导致本来唯一的‘宰相’称号活生生多出了另一个，叫作‘宰辅’”。这个无法细说的原因就是出名的例外皇帝朱元璋。他一生有无数个例外，比如唯一一位平民老百姓（乞丐）开国做的皇帝；唯一一次自南向北统一的王朝；最后一个汉人王朝；等等。然而，他最大的例外，就是在他当皇帝的大部分时间里，是没有“宰相”的。

对你没看错，我也没写错，不仅名义上“没有”，实际上也没有。大明太祖洪武十三年（1380年），胡惟庸案爆发（一说是朱元璋精心设计的）。大明太祖皇帝朱元璋怒杀近万名朝廷官员，并立刻废除东西府（东府平章事；西府枢密院），朱元璋直接亲政面对六部尚书。

之前我说了，宰相的出现，是因为皇帝的精力不足以支撑过大的皇权。就像前文说的张小明能搞得定一千个人的事，却无力一一亲自应对十万人。

可是我们的大明太祖朱元璋却凭空暴喝一声，我能！于是中国历史上的又一个奇迹出现，我们的大明太祖皇帝每天只能睡两个时辰不到，就连吃饭喝水都在疯狂地批奏折看文件。史称“太祖事必躬亲，夜不能寐”，常常忙到连床都上不了，在龙椅上靠着打个盹儿就继续接着干活。他愣是在没有“宰相”的时期里，直接控制六部尚书，完成了惊人的壮举，把刚刚开国的大明以最快的速度发展到了空前的强度。

大明太祖皇帝是好样的，简直是劳模，可是他的皇太孙明惠宗（也就是建文帝）朱允炆就晕了。爷爷从小为了生计奔波，身体强壮，一顿能吃三大碗米饭，可以三天三夜不睡觉，但他不行啊……可能是太祖皇帝自己太苦了，所以一向宠溺这个他深爱的皇太孙，这就导致了朱允炆同学在亲政的那四年，虽努力，却还是搞得里里外外一塌糊涂，被燕王朱棣一棒槌打倒，赶下了皇位。

按说成祖皇帝朱棣是老四，从小在军营里长大，太祖皇帝因为他母亲地位低下也不太喜欢他。所以为了生计，朱棣的童年只能强身健体，左右逢源。他的身体素质绝对棒棒，也不会说像建文帝那样贪图享受。

可是……当他真的当了皇帝，也被他爹曾经的工作能力给惊呆了！朱棣每天没日没夜地干活，拿刀的手写字都要写断了，可是，事情还是没完没了。他几乎要崩溃了。

于是没办法，朱棣重新恢复了当年宋代的学士制度，组建内阁，帮他干活。当然，朱棣不傻，自己老爹为啥废了“宰相”他是明白的。他也是崇尚集权制度的，何况，成祖皇帝虽然诡计多端，但他绝对算得上是千古难得的勤政的几个皇帝之一。

于是内阁组建之初，设首辅正六品大学士一位，次辅从六品学士六位。虽然这帮人天天跟着皇帝，但是他们的官位真的是比绿豆还要小。

要知道在京城里，随意丢块砖头都能砸倒两三个六品官员，何况学士不加“大”，太监都不怕。

朱棣的设立起初是好的，毕竟国家事多，他实在是分身乏术。万一他累倒了，总得有人兜个底吧。可是事情后来的发展却完全超出了太祖、成祖两位皇帝的构想。成祖皇帝驾崩后，他的太子（也是长子）朱高炽即位，也就是明仁宗。既然叫仁宗，他肯定也是个努力勤政的好皇帝，可是要命的问题来了，明仁宗身体不好，他就算再努力，再有内阁的人帮他，也处理不来那么多事情啊！在高强度的工作下，明仁宗本就千疮百孔的身体每况愈下，终于，他倒下了。

但国不可一日无君，太子还小，他还要再坚持一段时间。于是仁宗皇帝不得已，为了国事，只得让内阁的学士们开始兼职。

其实内阁的问题不在于没有能力，而是权力太小，只有六品，而且朱棣为了不让他们做大，下了死命令不准子孙后代改内阁的品级。可惜啊可惜，成祖皇帝精明了一辈子，却忘记了一句俗语“上有政策，下有对策”。

到了身体衰弱的明仁宗这里，他充分发挥了超人的想象力。你不是不给我改内阁的品级吗？那我就让他们兼职。兼职什么权力大呢？

对了，没错，就是六部……于是，从这里开始，大明的内阁开始正式走向宰职的舞台。本来他们就离皇帝很近，再兼职六部的侍郎（从二品）甚至尚书（正二品），这就是披着内阁外套的“宰相”。当然我们还是要尊重一下大明皇帝的，既然太祖皇帝废了“宰相”，那么就称这些内阁大学士们为“宰辅”，即如同“宰相”般的“内阁首辅”。甚至在张廷玉先生编著的明史里，都用“宰相之才”来评判大明的首辅大人，这真是让人又好气又好笑。不知太祖皇帝在天之灵，看见这一切会有何感想。

顺便一说，明仁宗皇帝在位一年以后就因为积劳成疾病故了。他的长子又做了皇帝，即明宣宗。明宣宗身体比他爹要好，但他终究比不过太祖皇帝和成祖皇帝，忙到三十岁头发都没了，和一个老头子一样都搞不定那么多事情。而且，由于内阁做大了，什么事儿都敢管，这些人手握六部尚书，还有随意翻看皇帝奏折甚至拿御笔的权力，都快要无法无天了。

忍无可忍的明宣宗，终于做了一件让我们这些后生晚辈们气得要砸东西的事情。那就是设立司礼监教太监读书，然后开设东厂，监督这些大学士们，还给予了他们的总管司礼监掌印太监决策权……于是，继宰辅之后，太监们又做大了，大明后期党争之乱，始源于此。

唉，说起来这笔糊涂账都不知道该记谁的。

到了这里，我思考再三，还是忍不住想先插播一段：帝制，作为最中央集权，权力最集中的政治制度，却在人类的历史上出现极多的分权过量而引发混乱的时代；而专门用来限制集权的共和制，反而最终都将缓慢地走向集权制，对，说的就是罗马时代的古典共和制！而介于“集权”和“分权”之间，利用大宪章不断在“集权”和“分权”的中间区域迂回滚打的王权制度，却总是可笑的、不得不依附于一个更加强大而统一的集权领袖。于是，人类历史上就出现了一个神奇的跨区域、跨国家的国际化政体——王权神授，政教一体。当然，这都是后话了，这里先按下不表。

历史是幽默的，人类总是想在历史面前挑战它的车轮，自以为改变的了它的方向，甚至在这之初，人类真的以为自己做到了。然而，当我们一再跟着车轮走下去的时候才会又好气又好笑地发现，无论我们怎么使劲，这辆历史的大车，终究会固执地驶向那个方向。

而那些个弯弯绕绕却最终通向同一个轮回的轮辙印记，仿佛在默默地嘲笑着人类的肆意和骄狂。

## 帝国卷四：

# 中国古代封建王朝政治制度与思想的变迁

之前，我们用了两卷来分别说中国古代帝王和宰相。那么今天就让我们来看看，看清楚这千年的古王朝政治制度变迁。

时间回到公元前2000多年，华夏大地的部族领袖禹去世了，他的儿子启因不满部族长老们因其偏好而立伯益为族长，遂率领九州之兵于王京之下，杀伯益和不服从他的长老们，自立为王，定国号为夏，拉开了中国帝制时代的序幕。

夏朝建立之初，帝启彻底废除了禅让制度，将全国上下改为由父系家长制家庭为基础的世袭制。以王室分封各部族为先，各级贵族以血缘为联系，严格区分姓氏。除王室的姓氏之外，所有由王室出生或因王室而出现的其他姓氏，又以封地建立新姓氏。在各级贵族之间，就依姓氏的区别建立了各自的宗族关系。这种宗族关系虽然沿袭了旧的氏族组织的遗制，但在实际上是以父权家长制为核心，按其辈分高低和族属血缘亲疏等关系来确定各级贵族的等级地位。（《礼记》上载："昔者，……夏后氏贵爵而尚齿……"）

这种根据血缘宗亲而缔结的朝廷国家等级观念，自夏朝开始，历经商朝，在西周宣王的时代，彻底融入了九州大地的每一个角落。这也就是后世史学家们所说的“分封制”。

西周末年，周幽王烽火戏诸侯换褒姒一笑，彻底激怒了天下诸侯，以至于当北方的少数民族犬戎部落杀向西周首都镐京的时候，各路诸侯竟都按兵不动，任凭周幽王自取灭亡。

最终，镐京告破，周幽王的子嗣死伤惨重，唯有他的长子姬宜臼逃得一命到了洛阳，号召天下诸侯勤王，成了周朝的统治者，即周平王，史称东周。

只可惜，因为这场浩劫，各路诸侯逐渐做大，不再听命于周天子。他们各自为战，争抢土地，大的诸侯国吞并小的诸侯国；而小的诸侯则联合起来对抗那些强大的诸侯国，并在这个过程中通过谋略和外交让自己强大起来。

而这就是春秋五霸、战国七雄的时代。

公元前256年，秦孝文王攻破洛阳，西周灭国，周天子赧王及王室宗亲皆被废为平民，迁出成周城与王城，并将象征天下王权的“九鼎”放在咸阳宫前。也就在三十五年后，秦国一扫六合，再次统一了华夏大地，结束了五百多年的混乱纷争。秦王嬴政登基，称自己为始皇帝。

通过吸取这五百多年混乱的沉痛教训，秦始皇认为，不能再依赖分封宗亲为诸侯来镇守天下江山了。想当年，周天子分封天下，其麾下周王室的亲戚们一旦取得了他们的土地，就会立刻互相疏远和进行战争，而周天子却无力阻止他们，而这才是周朝后半段时期的混战根源。

于是，秦始皇当机立断，改设九州之地为三十六郡，每郡设有最高长官“守”负责整个“郡”的管理；负责军事的“尉”统辖整个“郡”的军队调动与训练，听命于“守”；督查机构人员“监”负责监察“守”和“尉”，并向皇帝汇报地方情况，比如有没有私下勾结做出一些威胁统一团结的事情，或者玩忽职守、危害百姓、贪污受贿造成国家损失等。以上“守”“尉”“监”每郡各一。郡下设县，长官为“县令”，时刻要与郡守保持信息通畅并汇报工作，一郡能管三个县，并层层向上级汇报，以此来拱卫皇权。其中郡守与县令，是由皇帝直接任命的。不过这一次，不再是通过宗法制和血缘关系，而是根据个人的功绩和能力分配，并由秦始皇亲自派出的特派员“监”来进行督查和管理。

然而，在做完了以上这些后，秦始皇依然不放心，他又在全国各地自上而下地大力推行法制，以谋求制度更加稳定。

可是，这最终造成的结果却是秦始皇始料未及，做梦都没想到的。一来，分封制历经夏商周三朝有近两千年的历史，这样的宗法早就深入民心，一时难以剔除。二来，此时秦朝的郡县制（注意，是这个时候的郡县制）有一个极大的缺陷，那就是地方政府的权限依旧超级大，只不过它们更向中央集中了而已。

这两点直接导致了一个可怕的后果，那就是，分封制下的诸侯，虽然容易不听中央政权的使唤，但毕竟为了维护他在当地的地位，他们对老百姓是很好的（不然谁帮你打仗，谁在危难关头挺你为你卖命），这也是为什么对于弱小的人民来说，他们心理上更倾向于分封的诸侯们。而郡县制，说起来它是用来巩固全国统治，而实际上它只是用来加固皇帝对全国土地的所有权的。被派下去的管理者“守”“尉”“监”，因为并不拥有土地，会被调动，而且，他们大多还是混战时期秦朝一统天下的功臣们。大家想想，这种时期的功臣们大多都是骁勇斗狠的武将，所以他们并不会像以往的诸侯那样爱民如子。再加上秦朝不断地强调国家法度，动不动就审问、判刑。不过十年，秦朝的人心在秦始皇还在的时代，就开始散了。

赵高的反叛、秦二世胡亥的暴虐、李斯最后的愚蠢、太子扶苏的仁德与凄凉，是很多影视文学作品都津津乐道的题材。只不过，真实的历史远比这残酷得多。是的，如果是宅心仁厚的扶苏太子即位，或许还能拉得回秦朝这辆对着悬崖狂奔的马车，可惜因为李斯不知为何被猪油蒙了心一顿胡乱操作，导致太子扶苏被害，自己也被赵高害死了。胡亥即位。

此时，大秦天下已经被法家和地方官员的专制搞得怨声载道；秦始皇在的时候还不断地拉人去砌长城；接着他又开始大兴土木修阿房宫；还有，那个至今据说还没挖到真的，里面摆着长生不老药、到处都是水银机关的秦陵。

骆驼就要倒了，稻草哪里都是。秦二世胡亥一即位，就与赵高一同享乐作恶，夜夜笙歌宴会，不理天下大事。可要命的是，郡县制政体下的国家，最依赖的就是皇帝和地方的“监”丞的互通和沟通，那是维系帝国政权稳定的生命线啊！

可是胡亥就是可以不管，赵高也由着他不管。终于，最后一根稻草落下了。秦二世元年七月（公元前209年），蕲县大泽乡天降大雨，洪水阻断了道路。这下可急坏了一支前往渔阳服徭役的施工队，要知道按照秦朝律法，服役的人如果不能按时到达，那可是要杀头的。在万般无奈，走投无路之下，队长陈胜站了出来，振臂高呼：“王侯将相，宁有种乎！”

于是，中国历史上第一场农民起义、第一场反抗政府压迫的战争，就这样轰轰烈烈地展开了。当然，这是历史学上的定义，回到当下，陈胜、吴广的农民起义，在当时的环境里，最重要的意义不是第一场农民起义，而是第一个跳出来反对大秦的人。陈胜、吴广向世人们揭示了，这个看似强大到不可战胜的大秦，不过是顶着坚固的外壳，里面全是黑漆漆的混沌。

陈胜、吴广的起义，成了可以燎原的星星之火。在他们之后，无数反秦的队伍迅速壮大起来，地方政府遂迅速向中央告急，请求指示……可是还是不要打扰胡亥和赵高喝酒了吧……

于是，项羽背水一战；刘邦约法三章，咸阳被破。秦，亡。之后楚汉之争，刘邦于垓下重创项羽。项羽虽靠着天神般的武勇突围而出，但最终还是在乌江自刎，一代霸王就此陨落，汉朝开国。

汉高祖刘邦即位之初，就遇到了一个痛苦难题。用什么政体呢？郡县制？秦朝的例子就摆着呢，还是他自己亲手灭的；分封制，春秋战国之乱，离他也不远，他也深知其害，怎么办？

人在选择困难的时候，总要找个人问。皇帝也一样，很巧，汉高祖真的找到了一个可以解决这个问题的人，而从历史上来看，这个效果还算是积极的。

准确地说，汉高祖找来的是四个人，他们就是东园公唐秉、夏黄公崔广、绮里季吴实、甪里先生周术。传说这四位是周朝晚期，集合诸子百家无一不通的超级大学者大教授，当年秦始皇最仰仗的四圣，被尊为圣人，合称商山四皓。汉高祖就问他们，自己该怎么办。

这四位异口同声，坚定地对高祖说，按祖制。这里说的祖制，不是后来皇帝们口中的家法，而是《周礼》，即西周的制度。因为商山四皓，本就是周朝末期之人。

汉高祖明白了，可是，这周朝后期诸侯纷争的灾祸应该怎么避免呢？苦思冥想的汉高祖灵机一动，想了个机灵法子。于是，人类历史上一个奇葩的事件诞生了，谁说历史不能倒退？这不，汉朝就是个政治制度倒退，还活了四百多年的例子……

自此，汉高祖重新启用了分封制，分封天下宗亲氏族。不过为了削弱他们的力量，这里不是让他们的嫡子或长子继承他们的诸侯爵位，而是把他们家长子、幼子、嫡子、庶子、远房姨妈家的小叔子的儿子……全部给封了。什么意思呢？打个比方，老张是个大诸侯，手里有块很大的土地。他的儿子张大、张三、张五、张七在他百年之后全部封侯，可是土地还是老张的那么大块地，只不过是四个人分。至于谁多谁少，让朝廷看着办。这样的结果就是，这些诸侯越来越小，最终也就无力对抗皇权了。

汉高祖之后，汉文帝和汉景帝更加彻底地贯彻了这个做法。他们俩都是主张无为而治，垂衣拱手的皇帝，尤其是汉文帝，据说还在皇宫后面自己耕地，提倡吃绿色食物，过向往的生活。

这样就完美了，就让每个人都幸福，就真的达到爱与和平了吗？当然不是，汉朝的统治者们想得很好，可是该来的还是会来，而且还来得和周朝一模一样。

谁说诸侯国小，就不是威胁了？陈胜、吴广还敢跳起来打大秦呢！别看不起只有一个小县城的诸侯势力，麻雀虽小，还五脏俱全呢，何况个别胸怀天下的诸侯枭雄们！起因是汉武大帝非要举国之力搞黄沙的远征，打得匈奴搬到了大漠里啃沙子还不放过，非要霍去病和卫青把他们全灭绝了。他是伟大了，做到了，可是国家也被他打空了。弄了个桑弘羊来搞经济，结果经济是搞起来了，可惜是泡沫，还间接地坑了一千年后的王安石一把。汉武帝后期，百姓们纷纷穷困潦倒，国家揭不开锅，国家政权四分五裂，某些发战争财的外戚们慢慢开始做大，于是动摇汉朝皇权的外戚之乱，肇始于此。

由于外戚对皇权的干涉越来越大，越来越深，导致汉朝皇帝的权力不断地流失，最终导致汉朝走上了和周朝一样的老路。

即皇权衰落→诸侯做大→诸侯纷争→诸侯继续做大→皇权继续衰落，以至于为了维系皇权的强大，汉朝皇帝不得不攀附更强大的诸侯。于是东汉中平六年（189年）四月、汉灵帝驾崩，长子刘辩继位为汉少帝，宦官擅权，大将军何进为杀宦官召并州牧董卓入京，好不容易解决了宦官，董卓叛乱了……为了平定董卓，汉献帝号召天下诸侯群雄来战董卓，最后折腾了个七荤八素，终于是在李傕的帮助下，干掉了董卓，结果李傕又做大了；李傕做大后，没得办法又去汜水关找郭汜，郭汜干掉李傕以后，干了件比李傕还狠的事情，就是把皇帝身边的老臣全部杀了个干净。为了搞定郭汜，不得已，又找来了曹操，于是曹操搞定了郭汜以后又挟天子令诸侯，于是……

天下又大乱！大家仔细回想一下，三国演义头三十回，是不是和东周的春秋时代很像？而三国演义的后期，不就是战国七雄的再现吗？

终于，在魏蜀吴之争相继落幕后，“忍者神龟”司马懿不断隐忍，活过了诸葛亮、姜维、孙权、曹操、曹丕、曹叡等人之后，终于控制了魏国，又让儿子司马昭忍了一辈子，最终孙子司马炎取代了魏，建立了晋。

晋的建立，依然是沿袭了汉朝的政治制度，又开始分封。可是，这回轮到宗亲们不干了。五百年来，他们早就摸清楚了统治者的套路了。于是，惊天动地的八王之乱就此展开。这是中国历史上最混乱，最血腥，波及宗亲最广的皇室之乱!

从189年至581年，这近四百年的时间里，中原大地上一直是战火纷飞，民不聊生。历经东汉末年、三国、两晋、南北朝，这四百年浩劫之后，终于在隋文帝的安抚中逐渐平息安定了下来。可惜好景不长，隋文帝之子杨广夺得了皇帝的宝座，即隋炀帝，又开始了一系列暴政。

眼看中原大地又要陷入混乱之时，太原太守李渊立即起兵，趁着隋炀帝东征，突袭晋阳，直取长安。几场大战打得是干净利落。李渊愣是抢在四方诸侯与隋炀帝反应过来之前，建立了巨大的力量。这场隋唐之战，其实远没有演义小说《说唐》那样的惊险豪迈。

大业十三年（618年）五月，李渊称帝，改国号为唐，定年号为武德元年。又八年后，李渊终于彻底荡平了所有反唐势力，并再次恢复了两汉时期的大统一疆界。

其实，李姓不是汉姓，李家天子不是完全的汉族天子，这个我想大家也有所耳闻了。所以，作为第一个非汉族的统治者，唐高祖李渊和唐太宗李世民其实在当政之初不是那么有自信的。那么，怎么办呢？李家皇帝想了个办法，他们认道家祖师爷老子李耳为自己的祖宗。所以唐朝在很长一段时间里，都是以道教为国教的。

就在李渊准备大展拳脚，一扫百年动乱的颓势之时，一场多方策划已久的政变突然发生，那就是著名的玄武门之变。唐高祖武德九年（626年）六月初四，李渊的次子，秦王李世民突然发难，在帝都长安城太极宫玄武门射杀皇太子李建成和他的同党齐王李元吉。接着，李世民带着他秦王府的士兵直接进入皇宫，向唐高祖兵谏。

万般无奈之下的唐高祖只得宣布退位，禅让于秦王李世民，即后来的唐太宗。

唐太宗即位后，一个持续了千年的老问题，再一次摆在了他的桌前。

唐朝，应该走哪一条路线呢？是“分封”还是“郡县”？思考良久后，唐太宗选择了郡县。历史上并没有留下他为什么决定这么做的印记。不过，聪明的唐太宗吸取了秦始皇的教训，他的郡县制在某种程度上糅合了一些分封制的想法。

首先就是著名的府兵制。唐朝的地方最大长官，叫作节度使。节度使拥有开府建衙的权力，他可以自己在当地招兵买马，屯粮练兵。当然，这一切的开销也自己解决。取而代之的，地方如果出现了山贼匪徒，那么当地的治安维护也一切由节度使自己搞定。这样一来，地方节度使在当地就有了自己的根基和人脉，他们会为了保住自己的节度使头衔，以及让自己的势力发展壮大，得到更多人的支持，而一定会善待当地百姓。

因为这些节度使深深地知道，如果他们弄得民怨四起，惊动了朝廷，一旦皇帝一声令下让他们搬家，离开自己的根据地，换个地方当节度使的话，那就全完了。唐朝的节度使，十个里面有九个死在了搬家的路上。

所以在唐朝当官，最大的荣誉莫过于“建节”。而唐朝的这些地方势力也不叫“诸侯”，而叫“藩镇”。

还有，到底让谁做节度使，以及怎么样才能确保送去做节度使的人，既和唐朝皇家有紧密的联系，又不会是酒囊饭袋呢？唐太宗又出一招，那就是完善隋朝时提出的科举制。

这时候的科举，还不是我们后来所津津乐道的那个科举。这里的科举，不过是为了在一大堆开国功臣以及皇亲国戚的后人中，选出合适的人选，并以减少现在在朝为官的老爷家的少爷，为了未来“长期饭票”导致朝廷大乱斗造成混乱局面为目的的政治手段。简单来说，为啥是张家的少爷当官而不是李家的二公子呢？那么，你俩来一场考试，谁分数高谁上，这样总不能再说皇帝偏袒谁了吧？

唐朝近三百年只有六位草根老百姓中了进士，这六位仁兄家里曾经也出过朝廷命官，只不过家道中落了而已。

当然，唐太宗也不傻，这种让地方可以自己开府建衙、收买人心、招兵买马的结果，他是不可能不知道的。于是，他加强了郡县制里面另一拨人的力量，那就是“监”的权力。

当然，这里读者可能会问，当一方节度使做大以后，他的钱粮实力膨胀到连“监”都能收买和要挟的话，那该如何是好？

这里我们又不得不佩服唐太宗的智慧了，唐朝的这些个“监”还真有点厉害。而且，别的不说，他们都是绝对忠诚于皇帝的。

唐朝的“监”，叫作“监军”。他们全都是宫里宦官，都是曾经陪着皇帝一起念书长大的公公们。他们本身就手握兵权，甚至还带着一部分自己的部队就驻扎在节度使的府上。如果节度使有什么二心，这些人可以立刻就地解除节度使的兵权，让他们直接完蛋。

从这里开始，在中国古代的政治制度里，在这场权力的游戏里，多出了一个新角色，那就是那些宦官，俗称“太监”。其实这些人，根本从来没想过要加入政治旋涡，他们不过是一群在皇权与相权的斗争中，被强行拉进来的可怜人。

言归正传，宦官对于皇帝的忠诚，不仅仅只是因为他们和皇帝关系亲密，更因为他们的权力本就是皇权的延伸。甚至说，没有皇权，就不会有他们。于是，唐朝就在这样三方势力的互相协作与制衡下，开始了茁壮的发展。

那么这样的唐朝“郡县”制是不是就真的填补了秦朝时的漏洞呢？其实，那个要命的漏洞依然没有解决。目前看来，一切安好，那是因为唐太宗健康勤政，没有问题；唐高宗身体不好，但是勤政，问题也不大，就是把武则天给宠大了；武则天夺权称女皇帝，虽然抢了李家江山，但在这个制度下对权力的制衡，也没问题，因为客观来讲，她也是个勤政健康的皇帝。再到后来，唐玄宗早期，也没出问题，还造出了一个开元盛世；到开元晚期，出事儿了。

为啥我要在这里啰啰唆唆列出自太宗到玄宗这一路的执政路线呢？因为这个制度的致命漏洞恰恰就在这之间，无形地变得越来越大。之前我们在秦朝的时候说过，维系郡县制的生命线，就是皇帝和“监”的联系。它的维系条件十分苛刻，就是皇帝必须勤政，必须身体好。

在唐朝初期到中叶盛世这一百多年里，无论是太宗、高宗，还是武则天、早期的玄宗，他们都做到了小心谨慎地维系这一条线。即放权给节度使，让他们经营好当地老百姓和土地；监军看好节度使，随时报告他们是否有异动；皇帝每天和监军联系，保证节度使的工作和态度都对帝国、对皇帝是积极的，是忠诚的。

可是到了开元晚期，唐玄宗因为太过富裕，每天拿着花卷想蘸白糖蘸白糖，想蘸红糖蘸红糖。他开始浪了，开始放飞自我了。于是，他走上了那条没有回头的老路，夜夜笙歌，通宵宴会。于是监军的奏报，他不看了；节度使的异动，他不管了；老百姓的怨声，他听不见了。

他哪里会注意到，在这盛世的背后，越来越多的，不再是仓库里的米粒，而是远方被兼并了土地的可怜农民们。他们睁着愤怒燃烧的眼睛，四处奔走。这时，有个矮胖子把他们召集起来，在他们耳边低语：

“别怕，跟着我，我可是河东节度使，皇帝不管，我管你们吃饭。”

于是，唐玄宗天宝十四年（755年）十二月，这个矮胖子在再三确认大唐政治枢纽已经成为一梭子绚丽华美的烟幕后，突然起兵。与此同时，早就与他密谋联合的好几路节度使纷纷揭竿而起，带着被他们忽悠的愤怒老百姓们，杀监军，与这个矮胖子的军队合成一股洪流，涌向长安！

史称：安史之乱！

这场近十年的内战，直接把唐朝曾经所有的辉煌灿烂，烧得一干二净。盛唐从此走向了衰落。安史之乱后，朝廷为了避免再次出现这样大规模的兵变，开始给宦官担任的监军加权，并开始通过调动节度使，来削弱他们的力量。

一个可怕的局面就此形成了，地方的节度使是一定不愿意服从调度的，为了自保，他们只得不断地加强自己在地方的实力，用以对抗监军；而朝廷为了让节度使服从调遣，则只得不断给监军加权加兵。

于是，中国古代封建历史上的怪物，武装太监就此出现，并在之后一千多年的岁月里，占据了很大的一块历史地位。

由于监军的权力被不断加强，终于有一天，这些武装太监的权力已经膨胀得足以撼动唐朝皇帝的时候，比安史之乱还要可怕的灾难出现了。唐朝的皇帝从此再也长不大，都是些小孩子，这些太监各个上能废立皇帝，甚至屠杀李家皇族；下能欺负节度使，独揽大权，公然为非作歹。唐朝朝堂之上妖魔横行，威严全无；朝野之外，群雄割据，各个藩镇混战不断。

飒飒西风满院栽，蕊寒香冷蝶难来。他年我若为青帝，报与桃花一处开……

待到秋来九月八，我花开后百花杀。冲天香阵透长安，满城尽带黄金甲……

广明元年（880年）十二月初五，在这两首诗的吟唱声中，黄巢攻入了长安，灭唐，杀尽太监。

天下又大乱，史称：五代十国。

不过，这将是最后一次大乱了，因为，宋朝的建立。

959年，后周世宗柴荣远征燕云十六州，在途中不幸病逝。半年后，殿前都点检赵匡胤，以抵御契丹南下为由，向北出兵，途经陈桥驿。在那儿，他被士兵们突然披上了黄袍。史称黄袍加身，陈桥兵变，北宋开国。

同样的问题，现在又来到了宋太祖赵匡胤手中。

是分封，还是郡县？

这时，北宋的第一宰相，昭勋阁二十四功臣之首，传说中有大罗金仙下凡之称的赵普，在这里向大宋皇帝提出，不能再这样下去了！

无论是分封还是郡县，都有致命的漏洞，都会在最后出现无可遏制的大乱！无论如何，不可以再出现诸侯割据或是群雄纷争的局面了！

在这里，在大宋，我们必须做出改变！

宋太祖赵匡胤沉重地点了点头。他家里曾六代为官，从唐末横穿五代十国，见证这场动乱的全过程。他知道，必须做出改变了。

他们做到了，魔咒被打破了。首先，赵普和太祖皇帝先把节度使和世袭的诸侯制给全部废掉了。节度使和王爵从此成了一个只能领赏钱却没有任何官位品级的荣誉头衔。各军区的士兵操练由专门的教头负责。当需要带兵打仗的时候，则由朝廷从枢密院直接指派将领。做到兵不知将，将不知兵，以此来保证不会出现藩镇割据的局面。

接着，他们俩又把官位拆成三份为“官”“职”“差”。其中“官”只拿朝廷的俸禄；“职”才拥有真正实权，但要真正行使起来，还必须要有“差”的令。三者缺一不可，这样就直接切断了朝廷官场上的垄断链。

然后，监察机构也不要用太监了，设立御史台，专门找那些饱读诗书、满腹经纶却又固执己见，不通人际俗世的书生来做监察御史。这些人，不为名，不为钱，不怕死，不怕挨揍威胁，一门心思就为了打击朝廷中的歪风邪气而存在。

最后，重新定义科举，并严厉监管考试过程。让科举真正成为全国选拔人才的重要制度。一切在大宋为官者，必须先通过科举考试，否则一概不允录用。部分对国家有卓越贡献的官员，可以让自己的儿子领取朝廷的恩荫，保留官位的俸禄，但没有任何权利。

不管后世人说宋朝有诸般不好，但他们确实做到了，让朝廷和百姓团结起来，在面对各种困难时，能做到万众一心。皇帝带头做表率，带领全国人民一起读书。宋朝的文人、科学家、艺术家在全世界的历史上，可谓是极盛时代！两宋三百十九年，没有出现过全国性质的大型内乱，没有诸侯纷争，没有藩镇割据。以至于南宋直到灭亡之时，全国的经济依然没有衰落的迹象。甚至于，元朝虽然最终灭了宋，他们还坚决地全样照搬了宋朝的政治制度。

明朝建立后，依旧照搬了宋元时期的政治制度。这中间只有一个小插曲，自以为是的朱元璋废除了丞相制度，用更强大的集权手段，将皇权死死握在手中。这直接导致了皇权的压力过于倒向明朝的皇帝。以至于明朝的皇帝，个个被这个压力压榨得喘不过气来，最终催生了内阁和司礼监这两个副产品，并一直延续到了清朝。

纵观明清历史，我们可以确定，内阁就是宰相换了个名字，实际的权力和扮演的角色和宰相一点区别都没有。但是司礼监这个妖怪般的地方，仿佛就是唐朝宦官独大时期的监军。司礼监掌印太监主管政令批行，御马监主管兵符交接，他们的权力甚至还超过了当年祸乱唐朝的监军太监。

是的，我们中国古代的封建政治制度与思想的巅峰，就在宋朝。当历史走到明朝的时候，我们又一次开始了倒退。所以，才会有明朝末年魏忠贤的阉党之乱，宦官掌权，无恶不作。

综上所述，啰唆了这么多，在这最后，我给大家画一条线吧！算是对中国古代封建历史的政治制度与思想变化的一个总结。

我们的封建历史的政治制度与思想起源于夏朝开国，而分封制的成型与完善则在西周。到了秦朝时有一个很大的进步，那就是郡县制的有效实施。而在汉代，则是一个历史性的退步，我们又回到了分封制。东汉末年，历经几百年混乱后，迎来了唐朝的稳定，郡县制再一次出现，这次相比于秦朝，前进了一小步。而唐朝后期之乱，也与秦末之乱有诸多相似之处。最终，在又经历了一百年左右的五代十国之乱后，我们古代封建的政治制度和思想迎来了一次史诗级的进步，那就是宋代的将兵制的诞生和真正的科举制。元朝全搬照抄了宋代的体制，但到了明清时代，因为皇权的再一次高度集中，而导致了封建政治制度与思想略有所后退。

帝国人物故事卷：

# 圣法兰西帝国的序章

1793年6月，法国土伦监狱。在这里，被沉重的铁索与残酷的监工所束缚的法国底层的无辜人民，宛如活在人间地狱。

天可怜见
千万别抬头！
天可怜见
在这里直到死去。
太阳，正烈
这儿酷烈宛如地狱！
天可怜见
还得煎熬二十年！
我未曾有错！
慈悲的天父，请聆听我的祈祷！
天可怜见
天父不曾听见。
我坚信，她会等我，

我坚信她会等我回家。

天可怜见

他们早就已经把你遗忘。

放我自由！我不要在这儿化为尘土！啊！

天可怜见

千万不要抬头。

天可怜见，还有多久，

你才能让我解脱而去？

天可怜见

此生永远为奴。

天可怜见

你正活在自己的坟墓，

天可怜见

在这里，直到死去。

“纳波莱奥内准将！如今，在王党分子的要求和策应之下，英国、奥地利、荷兰、西班牙等国组成的联军，已经直接侵入我国腹地了。其中，英、荷两军已经包围了我国的北部重镇敦刻尔克；奥地利军已经突破了美因兹，开始向瓦楞西思合围。与此同时，撒丁军从东部逼近了格勒诺布尔。西班牙军也从南面越过了东比利牛斯山脉。更为严重的是，之前一直盘踞在土伦城内的前王室分子，居然为了防止我们占领土伦，并获得英军的庇护，将拥有三十艘战舰的地中海舰队与土伦要塞一并送给了英军！布宛纳巴准将，你是我国有史以来最年轻最具天赋的准将，对于你的能力我毫不怀疑。此刻，我请求你，带着全法兰西共和国人民的民意，务必收复土伦。国之重任，尽托付于尔手……法兰西万岁！”

二十六年前……

科西嘉岛是一个美丽和谐的地方。这里气候适宜，冬不寒冷，夏不酷热，盛产上好的葡萄酒和橄榄油，就连它的土地和岩石，都是玫瑰红色的。这里的原著岛民们善良诚恳，勤劳睿智。尤其是他们和一般的土著比起来，个性更加开放，全然不封闭，而且一直与周围的几个邻国保持着非常友好的关系。

可是，你若认为这里的原著岛民的善良会招来欺凌的话，那就大错特错了。在这里，在科西嘉百年的历史里，但凡敢侮辱科西嘉岛民的外来者，都被他们用匕首捅穿了心脏。在这里，男孩也好、女孩也好，世世代代地守着他们的岛，守着他们的家。

在这片岛上，还有一个传说。在很久很久以前，科西嘉岛上有一棵愿望树，叶子都是三瓣的。一瓣叶子代表祈求，一瓣叶子代表希望，一瓣叶子代表爱情。只有唯一的一片叶子，是四瓣。如果谁能找到唯一的那片四瓣的叶子，谁就能给全岛的人带来荣耀与幸福。因为那最后的一瓣叶子，代表着科西嘉的英雄。

1768年，科西嘉岛的暴风雨之夜来临。这一年5月，法国国王路易十六偷偷和热内亚签订了一项秘密协议，其中包括法国对科西嘉岛的合法拥有权。之后，路易十六忽然对科西嘉大肆用兵。坚强的科西嘉人，在他们的抵抗军领袖卡洛及他年仅十九岁、已经怀孕的妻子莱蒂齐亚的带领下，顽强地与法国皇帝战斗着，并一再向热内亚求援。

然而，热内亚就这样冰冷地背叛了科西嘉岛。虽然卡洛和莱蒂齐亚的英勇毋庸置疑，但在强大的法国国王面前，终于还是在一年的抗战后，独木难支、节节败退。最终，卡洛不得不和法国谈判，在保障科西嘉岛民人身安全的条件下，于1769年8月被迫投降于法国。

也正是在这一天，科西嘉反抗军的领袖卡洛和莱蒂齐亚的儿子出生，取名纳波莱奥内。虽然莱蒂齐亚外表是一位娇小可爱的少女，但她的内心却比大多数比她高大的男人还要刚强。莱蒂齐亚没有因为科西嘉屈辱的投降而忘记了曾经的荣耀，即使在她的丈夫，科西嘉人民反抗军的领袖卡洛都失去斗志以后，她都未曾冷却心中的那团火。莱蒂齐亚从小就给她的小纳波莱奥内讲恺撒、尼禄以及亚历山大的故事，她一遍又一遍地讲给孩子听，并耐心地教他读书写字。

九年后，因为卡洛表现良好，法国国王批准他的儿子小纳波莱奥内去当地的贵族军官学校布列纳军校上学，学费由法国国王全权负责。然而，小纳波莱奥内并没有因此而骄傲自大。他凭借母亲教会他的知识，在第一年就以优异的成绩考到了全校第一，一举拿下了全额奖学金。

虽然小纳波莱奥内的学位是法国国王亲自批下的，但这更多的是做给科西嘉人民看的，安抚他们踌躇不定的民心，麻醉他们反抗军的斗志。小纳波莱奥内作为一个失去故土的贫穷（相对于法国贵族）学生，在学校里总是会受到欺负。

何况，他还那么的瘦弱，又矮又小，家里无权无势无财，甚至有着不光彩的过去。

或许是受到目前的教育影响，小纳波莱奥内并没有因为以上所有的不利条件，而向那些敢于挑衅、欺负他的法国贵族低头。他可以接受孤独、被孤立、被挤到独自坐在篱笆的角落默默看书。但如果有人胆敢在他看书的时候打扰他，他会毫不犹豫地对其挥舞起拳头，并鼓足腮帮向那人呐喊。布列纳军校校长曾回忆说："他的身体坚硬如花岗岩；他的个性飞扬如火山喷发；他的声音洪亮宛如雄狮的怒吼。"

可惜，无论小纳波莱奥内再如何刚强，他终究是失去故土之人。所有的这些挑衅终于在某一天爆发了。几个法国贵族学生把他毒打一顿并绑起来嘲笑他：

"你不是自称勇猛无敌的科西嘉人吗，怎么就被我们打败了？"

"你等着！我们科西嘉人以一当十，等我长大了一定找你们报仇！"

"哟！一个打理教会庭院家的儿子也配长大？"

"你们给我听好了！我纳波莱奥内宁可一辈子在工厂当工人，也不做你们法国最后的艺术家！"

这一天后，纳波莱奥内下定决心，一定要离开这里，前往更加宽广的地方。于是，纳波莱奥内又以第一名的成绩，从布列纳军官学校考到了当时的欧洲之星——巴黎军官学校。

临行前，母亲莱蒂齐亚把珍藏的所有关于科西嘉岛的史书，都给了纳波莱奥内，嘱咐他要好好研读，永远不要忘记故土。然后，莱蒂齐亚拿出了一个科西嘉岛的圣物，将它郑重地放在儿子的手中。

这个圣物，就是科西嘉最古老的传说中的四瓣叶片的三叶草。

在那儿，他又用令人惊叹的才华，连跳两级，以年仅十六岁的年龄，从巴黎军官学校毕业，并直接在法国拉斐尔炮兵团里任少尉一职。

在这荣耀的第一天，纳波莱奥内写信告诉自己的母亲，并在结尾处留下了这样一句话："只有剑柄属于法国，而剑刃，则是我自己的！"

到了拉斐尔炮兵团的驻地以后，纳波莱奥内通过职务之便，利用一切可能的机会，继续疯狂地读书。在他在炮兵团最初的两年里，他读完了罗马史、法国史、印度史，了解了欧洲各个国家在各个时期的不同作战方式。同时，他还写了十几篇文章，为自己的科西嘉岛申诉自由和平等。他甚至还一度驳斥了法国著名哲学家卢梭先生的《论人类不平等的起源和基础》一书中的观点。

在纳波莱奥内十八岁那一年，已经荣升少校的他，申请回到了科西嘉岛。在那里，他一边为自己人民的自由奔走努力，一边用他在巴黎军官学院和拉斐尔炮兵团里学来的知识，迅速武装了整个科西嘉岛。他是个天生的数学家、应用物理学家、化学家以及地质学家。他亲自测量了科西嘉岛四周各处的水位和流向变化、土地与岩石的结构成分，并计算炮弹射程距离与爆炸半径。他用极短的时间，将科西嘉岛建成了一座钢铁要塞！

一座属于他自己的钢铁要塞！

1789年7月14日，就在纳波莱奥内二十岁的这一年，轰动全欧洲的，激烈反对王权制的法国大革命爆发。这场革命，不仅仅只是关系到法国政局的动荡，它还严重地导致了过往的贵族和宗教特权不断受到自由主义政治组织及上街抗议的民众的冲击，其旧的观念在这个冲击中，逐渐被全新的天赋人权、三权分立等民主思想所取代。本已经衰落至极的王权神授制更加摇摇欲坠。

借此机会，纳波莱奥内迅速准备在自己的老家科西嘉起事，以谋求独立。可惜，整个法国革命党都低估了王党的实力。以路易十六为首的王党，立刻向英国和罗马教廷求救。一瞬间，有好多股法兰西起义军都被扑灭了，王党再次占据了优势。

无奈，纳波莱奥内只得再次蛰伏下来，等待下个机会。此时，他的母亲认为，革命军虽然暂时受挫，但是全国革命的趋势已经无法阻挡。她建议纳波莱奥内借此机会回到军中，加入资本主义为首的革命军。

1791年，因法国皇帝路易十六再次勾结罗马教廷，企图以割让法国国土为代价，引欧洲其他国家的军队进入法国剿灭革命党的阴谋被戳穿识破后，法国人民再也不能容忍了。路易十六的国王头衔被废黜，一年后，代表了大工商业资产阶级的吉伦特派上台执政，法兰西共和国成立，就此取代了法兰西王国。

1793年1月21日，被废除的路易十六企图逃亡英国失败被捕后，被公开处死。一个月后，以罗马教廷和英国为首的反法兰西第一同盟就此成立。他们联合了欧洲除俄国以外几乎所有的国家，同时从四面八方攻打法兰西共和国。这些依然坚持以王权神授为政体统治的国家发誓要将法兰西共和国连根拔起，剿灭殆尽。

于是，就有了开头那一段。在法国王党分子余孽的策应之下，英国、奥地利、荷兰、西班牙、热内亚、萨丁等几乎全部罗马教廷下的国家组成的联军，直接从四面八方攻进了法国。北部重镇敦刻尔克和美因兹、西部重镇瓦楞西思、东部重镇格勒诺布尔以及南面的防线东比利牛斯山脉全数告破。更为严重的是，法兰西共和国的海军基地，拥有三十艘战舰的一整个地中海舰队与坚固的土伦要塞一并倒向了反法同盟。

土伦的倒戈震惊了整个法兰西共和国！但同时，这也激起了法国人民反抗教廷与王权统治的决心。在法兰西将军卡尔托的带领下，法军开始组织军队反击反法同盟。此时，最重要的就是夺回土伦要塞，而负责土伦要塞防务的，正是法国百年的老对手——英国人。

同时，罗马教廷为了阻止法兰西革命军夺回土伦要塞，又征召了那不勒斯、皮特爱蒙两军前来协助英军，同时又下令让西班牙军向土伦要塞靠拢。

1793年9月，英、法两军在土伦展开激烈的战斗。卡尔托将军深知反法同盟军势大，必须速战速决。所以他在卡伦投入了三万法兰西革命军，兵分四路突袭土伦要塞。然而，英军早就想到了卡尔托会这么打，英军总司令一边命各道路的驻军向土伦要塞且战且退拖时间，一边命令缴获的法军地中海舰队全力开火，疯狂轰炸卡尔托的法兰西革命军。

所以，虽然卡尔托夺回了不少道路，但法兰西革命军却损失惨重，更重要的是，那不勒斯、皮特爱蒙和西班牙的三支军队就要靠拢到土伦了。而且法兰西的全部主力都在围攻土伦，用来应付南、西、东三个方向的军队防守都不够，最多只能为夺回土伦争取时间。

怎么办？！就在卡尔托焦头烂额的时候，纳波莱奥内站了出来。他大胆（我觉得甚至应该用疯狂这个词）地提出了一个建议。这个建议在当时当下来看，可谓是癫狂、发疯，甚至失去理智的，那就是调集全法兰西所有的大炮，并让位处里昂的工厂全力生产更多大炮和弹药。他要全力轰炸法兰西自己的地中海舰队！

军事会议上的法兰西将领们都蒙了，有些人惊慌不定、手足无措；有些人则愤怒地跳起来指责纳波莱奥内，甚至要以叛国罪处决他！然而，纳波莱奥内却依然不为所动，他用雄狮般的声音和气魄镇住全场，游说卡尔托将军。是的，地中海舰队曾是法兰西的骄傲，但现在它们已经落到了英国人手上。而英国之所以能负隅顽抗法兰西革命军的突击，并不是因为土伦要塞的坚固，而是因为这支舰队的火炮压制力太强！如果不能尽快解决地中海舰队，我们就不能快速夺回土伦，那法兰西就真的完蛋了。反之，只要我们能夺回土伦，就一定能打赢这场战斗。如果这场生死存亡的战争能胜利，那牺牲一支地中海舰队算什么？到了那时候，我们可以组建无数的无敌舰队！

卡尔托被说动了。其实他也早就听说过纳波莱奥内的很多传闻，他即刻破格提拔他为准将，全权主持这场炮击。

纳波莱奥内为了有效地封锁英军的大小停泊场，使其舰队无法立足。他在埃吉利耶特海角和巴拉去耶海角各设一座大型堡垒，并且分别配置三十门发射三十六磅炮弹和二十四磅炮弹的火炮，四门发射十六磅赤热炮弹的火炮，以及十门戈美尔式臼炮，形成一扇巨大的火力网。

在连天的炮火声中，地中海舰队连同英国本部舰队全数被击沉。不仅如此，在这可怕的火力网覆盖下，前来支援的那不勒斯、皮特爱蒙和西班牙三军根本无法靠近土伦要塞。而驻扎在土伦要塞里的英军也无法突围出去。

至此，土伦要塞攻防战的优势，开始倒向了法兰西革命军。原本应该优哉游哉等待的英军与反法同盟军变成了热锅上的蚂蚁，而本应紧张着急的法兰西革命军则腾出了一只手前去支援另外三条战线，并同时取得了卓越的效果。

12月，土伦要塞的英军终于支撑不住了，他们开始向来时的方向四散奔逃。法兰西革命军成功收复了土伦要塞，并沉重地打击了反法同盟军的信心。1794年，在卡尔托和纳波莱奥内的追击之下，反法兰西第一同盟彻底被击溃，被赶出了法国国境。而纳波莱奥内则在这一刻，成了全法兰西共和国的英雄！

1795年10月，在纳波莱奥内彻底歼灭所有法兰西王党余孽，授勋巴黎卫戍司令的那一夜，他向全法国、全欧洲、全世界，用他科西嘉岛的语言，念出了他的名字，他真正的，继承于他祖先的名字——拿破仑·波拿巴。

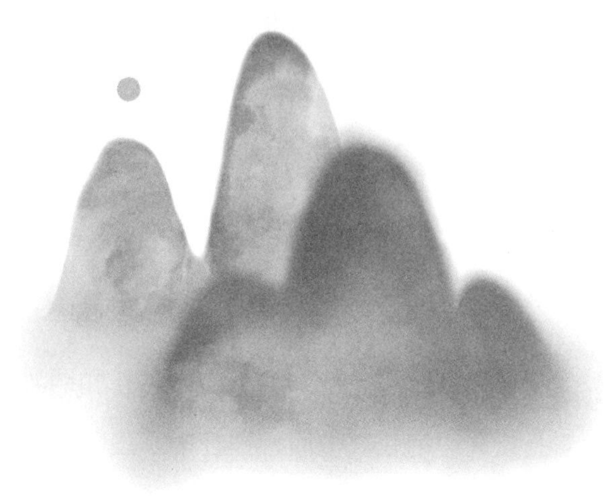

帝国人物故事卷：

# 黄金王座

红色，是决心者的沸腾热血！

黑色，是已逝百年的混沌暗淡！

红色，那是崭新世界之黎明！

黑色，那是长夜将尽破晓在即！

前情提要：1768年，法国国王路易十六突然对科西嘉岛发难，命数万法军强攻科西嘉岛。科西嘉的岛民在历经一年的艰难抵抗后，与第二年8月被迫投降。同月，科西嘉岛反抗军领袖的妻子莱蒂齐亚诞下一子取名纳波莱奥内，并精心教育他。十六年后，纳波莱奥内以第一名的成绩，先后于布列纳军校、巴黎军校毕业，以少尉之衔进入拉斐尔炮兵团服役并继续进修。1793年1月21日，被废除的法国皇帝路易十六企图逃亡英国失败被捕后，被公开处死。不久，法兰西共和国成立。此举直接引发了欧洲教廷联合英格兰组成第一次反法同盟围攻法兰西共和国。在人数众多、来势汹汹的反法同盟面前，法兰西共和国顿时四面告急，军事重镇土伦连带着最强的地中海舰队几乎毫无抵抗地投降了英军。同年9月，纳波莱奥内加入了法兰西共和国军。在他神奇而大胆的策略下，法兰西共和国军一举围歼了英军，且成功阻击了来犯的那不勒斯、皮特爱蒙和西班牙三路援军，将反法同盟赶出了国境。1795年，纳波莱奥内在彻底歼灭了所有法国国王路易十六的王党余孽后，被授予了卫戍司令。也就在那一夜，纳波莱奥内正式改名为拿破仑·波拿巴。

1795年，伴随着第一次反法同盟的失败与法国国王路易十六的王党被彻底歼灭，法兰西共和国正式矗立在了仍以王权神授、政教一体为主的欧洲大陆上。

而这场席卷了欧洲中央的暴风雨，不仅没有逐渐平息，反而随着各国地下流淌的暗流，愈加变得狂暴了起来……

教廷方面，对于第一次反法同盟的战败最不服气的，就是年代与法兰西一样久远的、曾经教皇所在地之一的奥地利。

在奥地利国王弗朗茨二世的脑袋中，奥地利仍旧是罗马教廷统辖内拥有最强军队的国家。对于在土伦战役中法兰西共和国军一举挫败了占尽优势的英军这个事实，他一直保持着嗤之以鼻的态度。

“不过是个西海蛮族，有什么了不起的？且看我奥地利的世代王族怎么碾死法兰西这帮大逆不道的雏儿！”

1796年3月，奥地利国王弗朗茨二世调集全国军队于北意大利（罗马教廷下的一个省，非今日的意大利国家），意图再犯法兰西共和国。碰巧，这边厢刚刚当上法兰西共和国总司令的拿破仑正好在这时被调到了北意大利。

弗朗茨二世一看，心中大喜：“好你个拿破仑，真是踏破铁鞋无觅处，得来全不费功夫，如果来的是法军大元帅卡尔托，那我还有点担心。可来的却是你区区一个二十六岁的小新人！哈哈，来啊，我大奥地利的第一王牌，全国兵马大元帅维尔姆泽何在？来，你去给对面那个新兵上一课，让他见识下什么叫作战争！”

“吼！”达格伯特·西蒙德·冯·维尔姆泽，时年七十二岁，可谓是奥地利的老黄忠了。据说，他年轻的时候，曾趁着伟大的太阳王路易十四陨落，七破法军，大破法国重镇米兰，差点就能砸了太阳王的凡尔赛宫。当年的路易十五听到他名字就哆嗦。

同时，为了支援维尔姆泽，弗朗茨二世还派出了另外两员威名赫赫的猛将，一个是被称为教皇先锋的约瑟夫·阿尔文齐（十四岁参军，一直当先锋当到了四十一岁成了将军），另一个则是莱茵战神博利厄（超级猛男，每次打仗都带头冲锋，从头冲到尾，不用下场的。）

对此，弗朗茨二世坚信，他引以为傲的奥地利军将在维尔姆泽、阿尔文齐和博利厄的带领下，如同洪水一般，把由初出茅庐的小将拿破仑带领的法兰西共和国军冲进美丽的蓝色多瑙河，成为维也纳音乐诗人们笔下的笑话。

果然，一切如弗朗茨二世所料。老元帅维尔姆泽虽七十二岁高龄，但依然骑着战马走在中军的最前沿，带领奥军稳步推进，把法军的先锋诺尔当将军压得节节败退。同时，在奥军侧翼，也有六十岁高龄的大将军阿尔文齐首战就一举击溃了法军的侧翼统帅莫洛，并迫使其撤退。

“将军，我不能理解，如果不是为了这一百七十五名学者和那山一样的辎重，我们早就到前线了，也不至于放任莫洛和诺尔当将军被打得那么惨。您可要知道，对面可是赫赫有名的维尔姆泽元帅啊！”

“耐心和战术，我的布里埃内书记（随军记录员）。路易斯·亚历山大·贝蒂埃参谋长曾一再提醒我，记得让这些学者和驴子走在中间。”

拿破仑微微一笑，随即，他登上了一处高坡，对全军朗声道，“法兰西的士兵们！今天晚上，将是战役前最后的休息。从第二天破晓开始，我要求你们每一个人，包括我，都不准脱下靴子，都不准停下脚步！他们以为我们的目标是守住北意大利？是挡住维尔姆泽和阿尔文齐吗？不，是时候让奥地利的国王，在他的皇宫里，享受那暴风雨带来的战栗吧！”

次日清晨，奥军先锋，被称为莱茵战神的博利厄率先来到了拿破仑军前。此时的战神阁下，正举着长矛，准备开始冲锋。他惊恐地看见那一字排开的无数大粗钢管，以及拿破仑那森冷的微笑。

那是足足两千门二十四磅的大型火炮！

三轮炮击过后，莱茵战神顶着被烧焦的帽子灰溜溜地逃走了。拿破仑即刻下令，全军不准休息，立刻突进至普利拉莫洛。

可怜的博利厄，刚刚坐下没多久，就愕然发现，拿破仑的两千门大炮又对着他架了起来。

这一次，博利厄连一轮炮击都扛不住了，掉头就走。拿破仑丝毫不让，全速急行军追击，来到了这一战的宿命之地——巴诺萨。

在这里，奥军的灵魂领袖，百战百胜大元帅达格伯特·西蒙德·冯·维尔姆泽，率领六万奥军精锐等待着拿破仑。

前方博利厄的一再战败，让弗朗茨二世警觉了起来。他预感到这个名叫拿破仑的法兰西小将可能远比自己想象的要麻烦得多。为了保险起见，弗朗茨二世下令，让维尔姆泽驻守巴诺萨；侧翼的阿尔文齐立刻向维尔姆泽靠拢。同时，又从奥地利其他地区抽调三万援军，由维尔姆泽的老部下科斯·达诺维奇率领，即刻支援巴诺萨，合围拿破仑。

“维尔姆泽！声名赫赫的维尔姆泽！你驻守坚城，以逸待劳，军力是拿破仑的两倍。法军一再急行军，据说在一周内连靴子都没脱过，虽然他们势头正盛，但此时也一定已经是强弩之末了吧？”

“老元帅，你撑住！只要两个晚上，阿尔文齐和科斯·达诺维奇马上就到！”

在巴诺萨，维尔姆泽从战报上得知，拿破仑深谙大炮之道。当年他在土伦打败英军靠的就是巨型炮击火力网，而对付大炮，最好的方法就是抗住第一轮炮击，然后冲到大炮的面前，一切就结束了。

更何况，我维尔姆泽的兵力是你拿破仑的三倍有余，我若守城，你还能集中兵力攻我一点，我的人数反而劣势；但，我若出城来战，劣势的一定是你！

只要抗住第一轮炮击，赢的就是我！

可怜的维尔姆泽，他真的尽力了，可惜，他老了。维尔姆泽的算盘完全就在拿破仑的预料之内，并且他已经想好了完全的应对之策。

破晓，法、奥两军在鼓声中正式交战。七十二岁的老将维尔姆泽亲自骑马上前督战。在奥军的冲锋号角吹响后，法军的两千门大炮随之也发出了震天的怒吼。

很好，一切就如计划那般，法军炮击过后必然是手忙脚乱地重新填充炮弹和火药，而这个时候就是奥军骑兵撕破法军的绝佳时刻！

第一轮炮击的硝烟散去了，透过望远镜，维尔姆泽紧张得瞳孔猛地缩成一点！硝烟过后，奥军的骑兵竟然并没能冲过阵地。其原因是，法军的骑兵竟然是配合着炮击一起冲锋的，他们截住了奥军的骑兵！

“疯子！屠夫！刽子手！这样做简直就是让自己的战士去送死！你就那么想赢？”

维尔姆泽的咒骂声还没停，又一轮“轰隆”声来了，那是第二轮炮击。

“什么？怎么可能？怎么可能会这么快就填充完毕了？”

说时迟那时快，紧接着，第三轮炮击又落了下来。

拿破仑笑了，他有些潇洒地、意味深长地看了看奔走在炮兵阵地的一百七十五名学者。没错，这些人都是法兰西最顶尖的数学家、地质学家和应用物理学家。他们早在行军的路上就计算好了，要在哪几片地形布下炮兵阵地，要怎样的射击角度才会只杀伤敌军而不会误伤友军。

他们甚至还天才地把火药和炮弹的填充物捆在一起打包，研究出一种可以快速填充的子母弹！

在维尔姆泽不可置信的目光中，法军骑兵配合着一轮又一轮的炮击，一路掩杀过来，直接推平了巴诺萨城。一路上奥军个个面面相觑、不知所措，被拿破仑衔尾追杀，一直败退到曼图雅才堪堪稳住。经老元帅一清点，死伤竟高达四万！

可是，拿破仑还没有停下，他一不做二不休，直接把小小的曼图雅死死围住。一夜间，又有六千奥军直接投降了法军。维尔姆泽元帅的士气瞬间降到了冰点。

终于，在侧翼的阿尔文齐来了，他虽没能赶上巴诺萨之战，但总算抢在曼图雅失守前赶到了。与此同时，姗姗来迟的三万奥地利生力军首领科斯·卡诺维奇也赶来了，他与阿尔文齐在城外合兵一处，全权交由阿尔文齐指挥。此时，奥地利方，联合在曼图雅城内的维尔姆泽元帅在内，又有了约六万士兵。

法兰西与奥地利的军力对比又变成了1：3，战事就此陷入了胶着，奥军似乎暂时迎来了喘息之机。

很不幸，只是似乎。各方休整一天后，拿破仑再次率军挑战，他大胆地将全军直面对准阿尔文齐和科斯·卡诺维奇，而毫不在意自己的侧翼正全数暴露在曼图雅城下。

拿破仑是算准城内的奥军早已经吓破了胆，不敢出城迎战了。望着城外的对峙，城内的维尔姆泽元帅焦急万分，他已经领教过了拿破仑炮兵大阵的厉害，却苦于不能告知城外阿尔文齐这个阵势的厉害。

面对拿破仑黑洞洞的两千门大炮和逐渐延展开的两翼骑兵，阿尔文齐也是一头雾水。不过他知道一个基本道理，那就是大炮需要填充时间。

“我可是教皇先锋，十四岁就开始冲锋陷阵了。如今五十年过去了，还没有我阿尔文齐冲不过去的阵地……”

维尔姆泽元帅痛苦地叹了口气，他知道奥军完蛋了。果不其然，阿尔文齐的英勇变成了死亡冲锋。拿破仑故技重施，利用炮兵射击、骑兵拦截，最后步兵压阵，极轻松地就击破了阿尔文齐军。唯一不同的是，六十多岁的老阿尔文齐的英勇，丝毫不逊于五十年前，他骑着战马，尽全力与拿破仑不断迂回周旋。或许连拿破仑都低估了阿尔文齐的坚韧，这一仗，法军愣是从1796年底打到了1797年初，打到阿尔文齐的军队几乎全部损失殆尽，老将军身中四枪三刀，才不得不撤退。

同时法军这边也被拖得很惨。毕竟，为了疯狂抢时间而连续数月的急行军，终于把这支法军的每一个士兵的精力都榨干了。他们之所以还在坚持，是因为他们的拿破仑将军也和他们一样，不合眼、不脱衣、少吃饭、不躺下睡觉。

1797年2月，拿破仑再次击败了卷土重来的阿尔文齐将军以及奥军最后的两万士兵。弗朗茨二世被迫向法军投降，以割让北意大利全境为代价结束了这场战争。一个月后，老元帅维尔姆泽在生日的第二天，终于因劳累和内疚病逝。

大胜奥地利，并没有给拿破仑带来一场温馨的度假休息。相反，他在匆匆与妻子约瑟芬·博阿尔内结婚后，就迅速率军赶往南边的埃及战场。

有情报显示，盘踞在埃及的两个古老势力马穆鲁克人和奥斯曼人，正欲对法兰西共和国图谋不轨。

“士兵们！四十个世纪在金字塔上看着你们！”

1797年底，拿破仑再次扛起他那两千门超级大炮，远征埃及，发动了著名的金字塔战役。他仅用半年的时间就彻底击溃了马穆鲁克人和奥斯曼人，并占领了当时埃及的中心亚力山卓。

这场仗我就不细说了，整个过程跟打奥地利几乎没区别。具体操作就是，法兰西军架起那两千门大炮一顿狂轰；两翼骑兵一齐出动围追堵截；马穆鲁克人和奥斯曼人先是一波气势汹汹的死亡冲锋，然后就是彻底败退。唯一区别是背景换成了沙漠和狮身人面像而已。哦对了，那个可怜的狮身人面像还因为拿破仑的炮击被误伤了。（所以啊，那一百七十五个学者管两千门炮，还是太勉强了吗？）

这里再多说一句拿破仑的名言：“两个马穆鲁克兵绝对能打赢三个法国兵，一百个法国兵与一百个马穆鲁克兵势均力敌；三百个法国兵大都能打胜三百个马穆鲁克兵，而一千个法国兵总能打败一千五百个马穆鲁克兵。”这说明了什么？同志们，首先科技是第一生产力，其次完美的协同合作才是成功的关键啊！

扯远了。8月，在扫清亚力山卓以后，拿破仑顺势向开罗挺近。此时，他的后方，用来保障后勤补给的法兰西地中海舰队忽然被不知名敌人偷袭，全军覆没。法军军心受挫，只好被迫向地中海东岸（今叙利亚）转移。

谁承想，等法军刚刚转移到地中海东岸，早已埋伏好的土耳其军突然杀出，将拿破仑团团围住。

思虑再三后，拿破仑决定向阿克尔城突围。好不容易冲了出去，又遭遇了埃及残余势力的围堵。法军士气持续低落。

此时正是酷暑，战场上尸体众多来不及及时处理，导致埃及战场大面积爆发了瘟疫，法军再度损失惨重，士气跌入低谷。好在瘟疫无眼，埃及和土耳其方面军也因此损失惨重，终于法军得以向北撤退。

在法军退到阿布基尔的时候，他们终于碰到了那个百年来宿命中的对手。

“地中海舰队的毁灭，原来是你们干的。”

“参谋长，不好意思，这没你说话的地方。叫你的将军出来。”

“将军？”

“是的。”

“不好意思，我做不到。”

“那你就告诉他，如果他不出来，你们一个也别想活着回到巴黎。包括他！”

“您误会我的意思了，我是说，我做不到，而不是我不想。”

“贝蒂埃，你玩儿什么花招？”

“霍雷肖·纳尔逊将军，英格兰的英雄，您真的误会我了，我的意思是，我们的将军，早就不在这儿了。”

“什么！？”

……

巴黎，卢浮宫议事大堂。

“拿破仑将军……”

“是的，是我。”

“德国、瑞典、西班牙、热内亚还有英格兰，甚至以及战败的奥地利。他们……他们又来了！”

“好的，知道了，告诉他们，我回来了。”

……

伟岸的、睿智的、天赋异禀的、无上尊荣的神之长子啊！你说你还要躲在那黄金王座之后多久才肯出现在我面前？而那时候，我将会夺下你的荆棘冠，撕下你的红色长袍，拿过并高举你的权杖！

那么，现在，你怕了吗？胆小的教皇大人？

说着，拿破仑将那条镶着科西嘉祖传四叶草的项链戴上，望向远方。远方灯火通明，烛光摇曳。

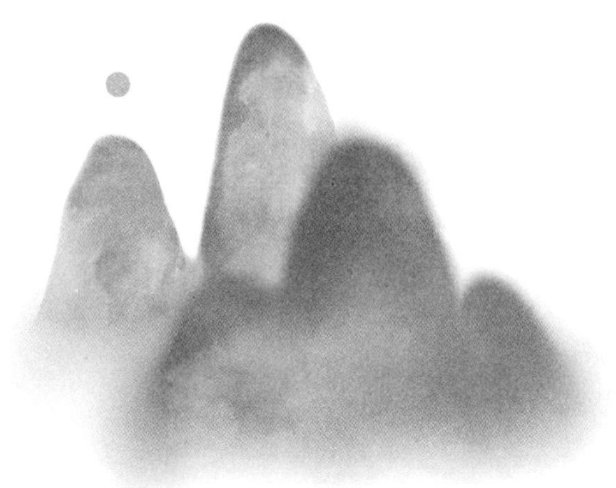

## 帝国人物故事卷：

# 雾月

你可听见那歌声？

愤怒人民心中的歌声？

那是一个再也不愿为奴的民族的呼声！

当你跳动的心脏，

应和那战鼓的声响，

新的曙光将被开启，

当明天来到！

你可愿加入我们的征程？

你可愿坚强地站在我们一方？

超越街垒之上，

是否有你理想之邦？

请加入战斗吧，

你将得到自由权利！

你可听歌声回响？

愤怒人民心中的歌声？

那是民族不愿再为奴的音乐正在激荡！

当你跳动的心脏，

应和那战鼓的声响，

新的曙光将被开启，

当明天来到！

前情提要：1796年3月，在第一次反法同盟被拿破仑击败后。罗马教廷宝座下的“花园”奥地利，在国王弗朗茨二世的命令下，以老元帅达格伯特·西蒙德·冯·维尔姆泽和老将军威瑟夫·阿尔文齐为首，向法兰西共和国宣战。法兰西共和国这边当即派出戍卫司令拿破仑前去北意大利迎战。奥地利惨败，维尔姆泽和阿尔文齐双双被拿破仑击溃，在来年2月被迫与法军签订停战协议。紧接着，拿破仑挥军南下，直取埃及。他又一举击溃了盘踞在那里的马穆鲁克人和奥斯曼人，并打下了埃及的中心亚力山卓。可惜，因为战线过长，天气酷暑又中了土耳其人的埋伏，法军只好撤退。然而，就在这撤军的路上，法军遭到了突然出现的英军的拦截。同时在罗马教皇的黄金宝座之下，第二次反法同盟正在悄然地凝聚……

1799年8月，在埃及接连遭到马穆鲁克、奥斯曼以及土耳其军围攻的拿破仑被迫撤退。途经阿布基尔的时候，又遭到了英格兰将军霍拉肖·威尔逊的埋伏，法军舰队全数被击沉。同时，德国、瑞典、西班牙、热内亚以及奥地利五国大军一并开始向法兰西边境靠拢。

当此时，思维敏锐的拿破仑立刻反应过来要发生什么了。他当机立断把法兰西远征军的指挥权交给了他一生最信任的副将，贝蒂埃参谋长。他本人则带着五百护卫秘密乘小船在黑夜中返回巴黎主持大局。

整个计划，只有贝蒂埃一个人知道。

回到巴黎的拿破仑才发现，局势比他想象的还要差。这第二次反法同盟显然是蓄谋已久的，他们在奥地利军的带领下，在莱茵战场连战连胜。法军节节败退，刚刚夺取的北意大利省已经有三分之二被打下来了。

不仅如此，除了教皇座下的德国、瑞典、西班牙、热内亚、奥地利五大国联军以外，拿破仑还听说，远在极北之地的俄罗斯帝国（注：沙俄是帝权）的统治者，沙皇保罗·彼得洛维奇（以下称保罗一世）会见了罗马教皇的天使（不是带着光圈长翅膀飞的那个，是教皇的使者）。

这是个非常、超级、极其危险的信号！因为这次见面，很有可能代表着强大的沙皇将要开始向欧洲中部用兵了。

既然提到了沙俄，这里就稍微多说两句。“沙俄”，全称“俄罗斯帝国”，政体是帝制，第一代皇帝就是大名鼎鼎的彼得大帝。起初这只是一个在教皇都懒得管的极北之地的一个小公国，后来历经不断的扩张战争，发展成了一个横跨欧亚的，还是没人管的大公国，国名叫“莫斯科大公国”。

后来，随着东罗马的沦陷，东正教被天主教当作异教徒给放逐到了北边，刚巧碰上了那时还没啥文化，但是战斗力很强的莫斯科人。于是，这些落难的东正教教徒就开始留在莫斯科大公国并为其带来了文化上的大进步。所以，其实在很长一段时间里，莫斯科大公国的政体很像后罗马共和国的时代。国家领袖是最高执行官。

直到1721年，为了统一不断扩张的莫斯科大公国，这一任的最高执行官彼得·阿列克谢耶维奇废除了古老的古典共和政体，自立为“帝”，迁都至圣彼得堡，改国名为俄罗斯帝国。问题来了，这个国家的文明来自东罗马，要知道，别管东罗马还是西罗马，那片大地上直到1721年，还没有过“皇帝”啊！那“皇帝”到底是个什么呢？或者说，“皇帝”应该叫什么呢？

聪明的读者朋友们发现，这里有个逻辑问题说不通。前面说了，欧洲没有皇帝，是王权神授、政教一体，最高统治者是教皇，下面是各国国王。那彼得·阿列克谢耶维奇为什么会有“皇帝”和“帝权”这个概念呢？

这就是为什么我迟迟不把俄罗斯放在欧洲里面。其实这里的奥妙很简单，大家翻开地图看看，俄罗斯是不是紧贴着中国？我再请大家把这个地图对比下我们的汉、晋、唐、宋、元、明、清的地图。你们一定会愕然发现，中国北境的边疆线基本上一直在那条线上。而在汉、晋、唐、宋时期，在这条线的北边，有着匈奴、突厥、契丹、蒙古、女真等少数民族。而到了元代早期，那里又是大蒙古帝国分裂出来的小国地区；接着到了明朝，朵颜三卫、鞑靼、兀良哈还有后来的女真氏，也都在那儿活动。这些少数民族自古就与中原的汉人发生冲突、贸易、交涉以及宗教往来。中原汉地的帝制一直对他们有着很深很深的影响。

还有，其中最重要的是，当年莫斯科大公国还曾经与明朝有过密切的往来！

种种的一切都指向俄罗斯这个民族的人是知道“帝制”是什么的。这也是为什么，彼得·阿列克谢耶维奇在经受过欧洲教育后，竟然会那么果断地做出一个完全与欧洲人不相同的做法。

不过问题还是会绕回来，“皇帝”，这个词欧洲人没有一个确切的定义啊？“英白拉多”（Imperator）？不行不行，那是古罗马恺撒的独占称号；“奥古斯都”（Augustus）？不行不行，那是屋大维的独占称号。更何况，这两个称号本就是共和制独裁者的象征。那么……

想到这儿，彼得•阿列克谢耶维奇忽然临机一动，那就叫“Caeser”。（其实就是“恺撒”，如果用俄语来念，谐音就是“沙”，这也是为啥俄罗斯帝国统治者叫“沙皇”。）

不过很可惜，虽然那时候的沙俄已经有了很大的土地面积，但由于那个地方的气候太差（零下60摄氏度，还没暖气、羽绒服），有没有沙俄，教皇都不想管。百年来，几代教皇也就直接把他们同北欧的维京人一样处理了。

扯了这么多就是为了告诉各位读者，这一次代表天主教神之使者的教皇，竟然亲自派出天使向又穷又苦又没文化还是异教徒东正教的沙俄求援结盟，再算上和前死敌，以圣公教为首的英国，这次反法同盟简直就是斗了千年的基督门派大联合。

没办法，这实在是被拿破仑给逼疯了。

回到北意大利战场，教皇这次钦点了他的座下大元帅米高•冯•梅拉斯带领五国联军；另一边，沙皇保罗一世也派出了沙俄的名将亚历山大•苏沃洛夫元帅领兵五万。两支部队合计超过十万人，一并开向阿尔卑斯山脉。

再插一句，梅拉斯元帅是奥地利人，苏沃洛夫元帅祖籍竟然也是奥地利人。真不知到底是上帝偏爱奥地利，还是教皇偏爱奥地利……

面对来势汹汹的教皇与沙皇的联军，法兰西这边竟然选择了视而不见，关起门来搞内斗。话说当年法国大革命的时候，激进的革命党雅各宾派，在罗伯斯庇尔的领导下和拿破仑的大炮下，终于扫平了王党的势力。可是好景不长，趁着拿破仑在外征战四方的时候，一家独大的雅各宾派内部竟然连续独立出了吉伦特派、立宪派和斐拉扬派。这还没完，剩下的雅各宾派又分裂成了以严厉恐怖主义为首的民主革命党和反严厉恐怖主义的东丹党。而在巴黎民间，一部分雅各宾派的人又以拉拢贫民和小业主为主，成立了一个什么无裤套派。

面对这一帮马上就要被教皇千刀万剐却依然熟视无睹坚持内讧吵架的混账，拿破仑气得在卢浮宫议院里把桌子拍得“砰砰”响。

然而，正如名言所说“你永远也叫不醒装睡的人”一般，不管拿破仑如何怒吼，把桌子都拍碎，这群议会大佬除了甩给他一句“将军您不是有兵吗”，愣是没人理他。

拿破仑苦不堪言。那边厢霍拉肖·威尔逊死死压住自己的参谋长贝蒂埃，让他无暇脱身。眼看教皇和沙皇就要杀过阿尔卑斯山脉了，而这边这群人又吵得没完没了。在这样严峻的形势之下，拿破仑做出了又一个大胆的决定。

1799年11月9日，拿破仑带着他的五百亲兵突袭督政府和参议院，他直接不分青红皂白地把所有革命党的人全部抓起来一股脑丢进了巴黎监狱。之后，他立刻控制了巴黎银行，并用五十万法郎重组了市政府，他自己为首席执政官。

最后，拿破仑走上街头，大声向巴黎的民众们演说，控诉革命党的种种罪行与一切昏庸的所作所为。有趣的是，就连拿破仑自己都没想到，他在法国人民心中竟然有这样崇高的地位。那一天，巴黎万人空巷，围聚在拿破仑的身边，高呼着他的名字，发誓向他效忠！

史称：雾月政变。

在人民海浪般的欢呼声中，拿破仑点起三万七千士兵，前往阿尔卑斯山脉，进入北意大利阻击教皇和沙皇的联军。

此时已经是1800年5月，教皇和沙皇的联军已经突破了法军在莱茵河布下的所有防线。尽管拿破仑在雾月政变后立刻赶往战场，但他还是让梅拉斯元帅来到了蒙泰贝洛。

尽管一路上行军劳惫，拿破仑依然在抵达的第二天就选择了与梅拉斯正面决战。法军这边还是老战术，大炮等距离架好，骑兵两翼散开随时准备出击；而梅拉斯这边，竟然也是骑兵两翼散开。这样的阵形倒是让拿破仑很意外，也让他感觉到了一丝不对劲。

果然，当首轮炮击轰响过后，梅拉斯并没有像维尔姆泽或阿尔文齐那样拼命冲向大炮阵地，而是两翼散开，直接越过了法军阵地，扑向法军后方，突袭法军的后援。

拿破仑不慌不乱，立刻也让自己的骑兵向南北两个方向冲锋，阻截反法同盟的骑兵。

而这个命令刚刚下达下去的时候，拿破仑忽然反应了过来。坏了，中计了！果然，就在法军骑兵去阻截反法同盟军的骑兵时，梅拉斯的中军忽然以一股排山倒海之势向拿破仑的中军冲了过来。

失去骑兵掩护的法军炮兵阵地立刻就被反法同盟军突破了。拿破仑大惊失色，自他十九岁起兵以来，从未有过如此大败。法军阵型乱作一团，仓皇逃窜，一直退到博尔米达河东面的马伦哥才稳住阵脚。

一经清点，法军还剩下两万九千人，但拿破仑却皱起了眉头。因为他的制胜王牌大炮只剩下五门了。

很明显蒙泰贝洛一战，梅拉斯的目标不是法军士兵，而是瞄准了法军的大炮。这也难怪，拿破仑这几年来叱咤风云、百战百胜，靠的就是大炮。总不能指望人家每次都被你同一个战术用同样的方式碾压。

人嘛，总是要进步的。

前方探子来报，沙俄的军队已经抵达亚历山大里亚要塞，与梅拉斯元帅合兵一处，准备彻底剿灭拿破仑。尤其麻烦的是，为了确保能彻底击溃拿破仑，沙皇撤回了苏沃洛夫，自己亲自领兵出征！

与此同时，梅拉斯本人亲自领兵，已经追到了马伦哥。没有任何犹豫，拿破仑立刻跳上战马举全军突然猛击梅拉斯部。梅拉斯没料到拿破仑竟然在失了大炮后，还敢主动出战。在鏖战八小时后，梅拉斯悻悻退回亚历山大里亚要塞。

在路上，梅拉斯做了个小动作，他把通往亚历山大里亚要塞的一座桥给拆了。

这边拿破仑并没有立刻乘胜追击，梅拉斯的败退让他有些困惑。整个这场战斗，他都有种梅拉斯没有尽力的感觉，就好像，这场战斗就是为了撤退一样。

就在拿破仑不断揣测梅拉斯用意的时候，他的先锋官加尔达带来了一个消息。梅拉斯在马伦哥之战后，被吓破了胆子。他不仅在回到亚历山大里亚要塞后不断感叹拿破仑的强大，还把通往亚历山大里亚的桥给拆了，此刻，已经启程向热内亚方向撤退了。

拿破仑起初有些不信，他又派出了几轮探子，发现都与加尔达的说法一模一样。于是，拿破仑决定兵分两路，一路向亚历山大里亚进军；另一路则去通往热内亚的路上埋伏。

他要把教皇和沙皇的军队全部吃掉！

临行前，不知是拿破仑敏锐的嗅觉察觉到了什么，还是他下意识地觉得五门大炮真不够用。他命路易·夏尔·安东瓦尼·德赛·德·维古（以下称德赛）将军领五千士兵在马伦哥待命，等待他下一轮的火炮运输，再前往战场。

6月14日上午，当拿破仑的第一梯队正要摸到亚历山大里亚要塞的时候，他赫然发现，那个该死的，应该已经被毁掉的桥竟然还在那儿！不仅如此，河面上竟然还多了四座浮桥。

“梅拉斯！”拿破仑仰天狂吼。形势至此，他已经是箭在弦上不得不发了。拿破仑尽可能让自己冷静下来，摆好那可怜的五门大炮，同时让全军列为防守阵形。

说时迟那时快，这边法军刚刚摆好阵型，那边亚历山大里亚要塞忽然城门全开！教皇的五国联军和沙皇的远征军倾巢而出，团团包围了拿破仑。

面临绝境，拿破仑没有胆怯，他亲自骑上战马，手持火枪奔走在法军各个阵地。他用自己的身体，护住法军的士气，不让他们立刻混乱。

可是，反法同盟军的人数实在是太多了。不到三个小时，法军还是渐渐支撑不住了。关键时刻，之前被拿破仑派去阻截梅拉斯的第二梯队因及早发现梅拉斯并未撤退，而及时赶到了战场，并一举动摇了梅拉斯的左翼。

拿破仑大喜，他立刻集中起剩下的所有力量，企图向梅拉斯的左翼突围而去。

梅拉斯也是沙场老将，他早就料到拿破仑应该会有预备队。所以，梅拉斯自己也预留了一手，在第二梯队动摇了自己的左翼以后，梅拉斯也把自己的预备队派上，在背后狠狠地反捅了法军一刀。

法军突围失败。拿破仑再次陷入危机。而因为刚刚的变阵突围失败，法军最后的五门大炮也全部完蛋了，这最后的一丝士气全部透支完毕，法军即将崩溃。

梅拉斯大喜，他立刻命传令官向维也纳送去捷报，上说战无不胜的拿破仑已经被他打败生擒。他又命随军的维也纳军乐团吹响了象征胜利的凯旋之音。

正在梅拉斯沉浸在打败拿破仑的喜悦之中时，一声轰隆巨响，把他从美好的梦幻中炸醒。

那是大炮的轰鸣。

大炮？法军哪来的大炮？

没等梅拉斯缓过神来，又一轮大炮炸开了花，直接把他的战马给炸死了。

疲惫的拿破仑终于露出了一丝笑容。德赛，你终于来了。

来者正是留在马伦哥等大炮的德赛将军。他可没在马伦哥傻等着，而是一直派出斥候紧盯着前线战场。得知拿破仑中计陷入危机后，焦急万分的德赛没等后援到齐，带着十三门大炮就用马拉着跑来支援拿破仑。

之前认定自己一定大胜的反法同盟军彻底被这十三门大炮给炸蒙了，一个个惶恐地呆立在原地。而法军这边也不灵光，他们谁也没有反应过来，是自己的大炮到了。

只有拿破仑反应过来了！这是一个反冲锋的机会，他拉起战马的缰绳，高呼着法兰西万岁，冲向了反法同盟军。

第二个反应过来的是梅拉斯元帅，老将不愧是老将。他立刻换了匹马，下令反法同盟军全力阻击拿破仑并与他誓死一搏。而他自己则率领轻骑兵去突袭德赛的炮兵阵地。因为此时战场一片混乱，德赛的人数只有寥寥千人，这根本护不住那十三门大炮。

只要拿下大炮，胜利还是属于教皇的！

梅拉斯的计策生效了，面对再一次集结冲锋且人多势众的反法同盟军，刚刚凝聚起来一点点精神的法军又陷入了混乱。

只是这一次恐怕真的不可逆转了。

拿破仑看穿了梅拉斯的企图，但他的法军早已经筋疲力尽，无力阻拦了。

怎么办！在这一刻，拿破仑开始不断回想他在军校书本里学到的一切可能逆转局势的方法。

他端起了火枪，深吸一口气，稳住剧烈颤抖的手腕，瞄准了梅拉斯。

“砰！”梅拉斯一头从战马上倒栽下来。可是，他还没有死。负伤之下的梅拉斯什么都不管了，换了一匹战马去继续指挥冲锋。

“砰！”又一声，拿破仑再次命中。梅拉斯再次掉下马来，但他还是没死，又一次换上战马不管不顾地冲向德赛。

世界在拿破仑的面前忽然安静了下来，他从容地装填好弹药，再次瞄准梅拉斯。而此时，梅拉斯也拿起了火枪，瞄准了德赛。

“砰！”“砰！”两声枪响，梅拉斯掉下马来。他还是没死，但已经重伤的梅拉斯终于还是没法指挥战斗，被迫被手下抬走了。

而德赛将军却依然屹立在那儿指挥着炮击，拿破仑疲惫地一笑。这是九死一生、惊险万分的战斗，但他又胜利了。当梅拉斯和苏沃洛夫退去的时候，拿破仑立刻跑向了他的德赛将军激动地拥抱他。

然后，拿破仑看到他手上沾满了鲜血。

不是他自己的，是德赛的。那一枪，终究还是命中了德赛。

“能和将军您一同并肩战斗，是我德赛此生的荣耀。”说完，德赛永远闭上了眼睛。拿破仑死死抱住德赛的躯体失声痛哭。

这是拿破仑一生，唯一一次痛哭。哪怕在滑铁卢，他都不曾落泪……

马伦哥、亚历山大里亚一战，反法同盟军先胜后败，在巨大优势下被拿破仑逆转。沙皇保罗一世宣布撤出反法同盟，并于班师回国后的第二年遇刺身亡，整个反法同盟的士气遭受重创。拿破仑随即乘胜追击，又于霍恩林登大败反法同盟，严重挫败奥地利和德国的军队，并逼迫奥地利国王弗朗茨二世签订《吕内维尔条约》。在这个条约里，拿破仑逼迫教皇承认法兰西共和国的成立，并认可拿破仑为法兰西共和国的执政官。至此，教皇的军队彻底撤出了第二次反法同盟。

只剩下英国了。此时，刚好英国首相，倾向教皇一方的小威廉·皮特因政治斗争被撤职软禁，换成了注重经济恢复的亨利·阿丁顿。于是，英国立刻选择了撤回在埃及与法国交战的军队，并与拿破仑签订了《亚眠和约》。

其中包括：英国近年来占领的殖民地除保留荷兰以外，全数归还法国；英国退出它在地中海和亚得里亚海的所有港口和岛屿，并专门规定英国应从马耳他撤军，由法、英、俄、奥、普、西六国保证马耳他的独立和中立；法国则同意从那不勒斯、罗马和厄尔巴岛撤军，埃及归还奥斯曼帝国。双方都承认爱奥尼亚七岛共和国。

带着战胜的荣耀及伤痛与哀思，拿破仑回到了巴黎。一路上法国人民将鲜花的花瓣撒向他们的英雄，拿破仑接下这些花瓣，望向天空，随即将手中的花瓣也撒向向他欢呼的人民。

“就在这儿，我要建立一座伟大的丰碑，用以记录我无上的功绩。上面刻满我麾下得胜归来的将军们的名字，其名曰‘凯旋门’！”

“上面一定会有你的名字，我亲爱的马伦巴之花——路易·夏尔·安东瓦尼·德赛·德·维古将军。”

1802年8月，胜利班师回到巴黎的拿破仑当即修改了共和国宪法，宣布他将永久执政。宣布宪法的当天，巴黎的老百姓们疯狂地向他欢呼致意，并同时向他宣誓效忠和支持。

再没有什么可以阻止拿破仑的了。1804年11月6日，命运中的时刻来临了。拿破仑将法兰西共和国改为法兰西帝国并颁布了他自己修订的法律，一部甚至影响到今天欧洲法律的典籍——《民法典》(又称《拿破仑法典》)。12月2日，在这一天，在法国巴黎圣母院，拿破仑加冕称帝。在加冕礼上，拿破仑微笑着从教皇庇护七世手里拿走了皇冠，自己戴到了头上，又从主教的手里拿走了后冠戴在了自己妻子的头上。

接着，他头顶皇冠，一只手拉着自己的皇后，另一只手高举过头顶。无数法兰西的大臣、士兵、青壮年、老幼妇孺们皆向拿破仑跪下高呼：

法兰西万岁！拿破仑万岁！

“是的，我终于加冕为皇！这并非上帝所赐，皆因我一人而起。”拿破仑转头望向早已经脸色惨白的教皇庇护七世，“把这个糟老头给我带下去囚禁起来。欧罗巴大陆只有一位皇帝，那就是我——来自科西嘉岛的拿破仑·波拿巴！”

法兰西万岁！拿破仑万岁！

法兰西万岁！拿破仑万岁！

## 帝国人物故事卷：

# 帝皇，守国门！

明日将近；

命运多舛，随之转动。

受难者的救赎，遥远颠簸。

明日将近；

尽在吾手。

亲爱的人儿啊，我们可会重逢？

明日将近；

你远行在即；

而我，因你方获生命。

明日将近；

暴风骤起！

自由之垒；

孰留孰去？

明日将近！

自由旌旗，高高举起；

胜利之后新生至。

执子之手，战至最后！

你可曾听见人民的声音？

明日你我将遥不可及……

明日将是审判在即！

明日我等便知天父决策究竟如何？

命运伊始，时辰已至。

明日将近，直到破晓！

直到黎明；

明日将近；

直到天明！

我命由我不由天。

前情提要：1799年8月，罗马教皇联合沙皇俄国以及英国，组成第二次反法同盟，三路出兵，围剿法兰西共和国。同月，拿破仑携五百亲兵在英军的包围下，秘密潜回了巴黎。面对国内深陷在斗争中，却对逐渐逼近的第二次反法同盟熟视无睹的督政府和参议院，拿破仑当机立断于同年11月9日突然发动政变，并一举重组了法兰西共和国，自任首席执政官。史称：雾月政变。第二年5月，拿破仑亲自带兵进入北意大利，与第二次反法同盟决战。法军先败后胜，重创反法同盟军，迫使奥地利与法国签订《吕内维尔条约》；英国与法国签订《亚眠和约》。得胜归来后的拿破仑于1802年5月修改宪法宣布永久执政。1804年11月6日，拿破仑改法兰西共和国为法兰西帝国。12月2日，拿破仑登基加冕为帝，软禁教皇。

1804年12月2日，拿破仑称帝，软禁教皇。消息一散播，第一个气到跳起来的竟然是英国，而不是这几年一直强烈反对、顽强抵抗，却还是被拿破仑蹂躏的教皇座下第一王，奥地利的弗朗茨二世。不过这也不难理解，弗朗茨二世这几年实在是被打惨了，估计那会儿就只能跪求拿破仑别一路北上把他的维也纳皇宫给拆了。

英国这边的愤怒其实是可以理解的。所谓《亚眠和约》不过是因为第二次反法同盟的突然败退，而不得不采取的权宜之计。要知道英法之间的仇恨，其实早就不止这些年了，说起来，这笔账甚至可以算到亚瑟王出生之前的时代。包括诺曼王朝、金雀花王朝、都铎王朝、玫瑰战争、狮子战争……

总而言之，英法世仇，这场仗是打定了的！只不过风水轮流转，法兰西平地里蹦出个拿破仑带领法兰西那是一路高歌猛进。虽然这个英国国王跟罗马教皇也有一段不共戴天的仇恨，但眼下，还是干掉拿破仑大帝要紧，只能拉教皇兄一把了。

所以，英国早在拿破仑称帝之前的1803年，已经在私下做一些小动作了。比如今天骚扰法国商队啊，明天击沉一艘法军战舰，再把英军舰队排成一条，不断逼近法国海岸线，等等。对于英国这种不严格遵守合约的挑衅行为，拿破仑决定干脆直接把合约撕了，跟英国公平公正公开地干一架。于是在1805年3月，拿破仑正式向英国宣战，轰轰烈烈的英法特拉加法尔海战，就此拉开了序幕。

英国这边的主将依旧是当年在埃及偷袭拿破仑的霍雷肖·纳尔逊将军，法军这边则依然由拿破仑亲自率领。平心而论，如果真的让纳尔逊将军与法军来打一场硬仗，去和拿破仑正面硬杠，他自己心里都没底儿。所以威尔将军使出了一招——求救。

那求谁呢？放眼望去，教皇领地一片火海，也只有沙俄有这个胆子和实力了。于是，英国即刻派出使臣，去找沙皇。

话说上一仗，沙皇保罗一世御驾亲征，结果在马伦哥被拿破仑反败为胜，铩羽而归。回去后不久，他老人家就因各种派系的不满被人暗杀了。好在他的王储，长子亚历山大·帕夫洛维奇（以下称亚历山大一世）躲在桌子下面逃过了这一劫，并在奶奶叶卡捷琳娜二世的帮助下继承了沙皇的位置。

父亲的屈辱当由儿子来继承，当英国使臣来到沙皇的王座前时，亚历山大一世当即答应再次出兵，在陆地上攻打拿破仑。

沙俄的加入，让拿破仑有些许为难。他到底是应该亲自指挥英法海战，还是去指挥法俄陆战呢？很快，前方传来战报，拿破仑看后立刻就不再迷茫了，他马上下旨，英法海战由西维斯特·德·维尔纳夫海军上将指挥，他自己则率主力陆军北上去迎战沙皇亚历山大一世。

是什么让拿破仑突然这么坚定地做出这个决策呢？因为，奥地利的弗朗茨二世又跑出来搞事情了。虽然之前他被拿破仑揍了好几顿，已经下定决心金盆洗手再也不闹腾了。但是，在受到英国的威尔将军一顿连蒙带骗后，又一次拿起来教皇的金字招牌，伙同瑞典、那不勒斯一齐出兵，号称神圣教皇军，并与沙俄和英国组成了第三次反法同盟，共计十万大军，讨伐拿破仑。

所以，拿破仑别无选择。而这场汇集了教皇、沙皇和法国皇帝的战争，在欧洲历史上有一个天下无敌的名字——三皇会战。

1805年10月，法军双拳并出。一面在西南海面上，由法兰西海军上将维尔纳夫率领，与英国海军英雄威尔中将展开特拉加法尔海战；另一面，由法兰西皇帝拿破仑一世率领七万大军前往北意大利阻击沙皇亚历山大一世和教皇联军的领袖弗朗茨二世。

10月21日，拿破仑击溃了教皇联军的先锋，正式进入北意大利战场。然而当下的战争形势却对法国非常不利。因为两个惊天噩耗从西南和东南两个方向传来。其一，是特拉加法尔海战以维尔纳夫将军及二十一艘法军战舰被俘，宣布法军惨败；其二，是普鲁士王国忽然宣布加入第三次反法同盟，举全国十五万大军，从拿破仑的后方杀来。

说说特拉加法尔海战吧！在百年后的今天，无数拿破仑的粉丝一说起这场海战就会捶胸顿足，感叹如果特拉加法尔海战法军能胜，那么拿破仑的结局肯定就不一样了。

持这种观点的朋友，显然对英国与欧洲的各种关系并不了解。我再举个近一点的例子。百年后，希特勒挑起了第二次世界大战。这个希特勒就如同当年的拿破仑一样，以电闪雷鸣的速度势不可挡地横扫了欧洲诸国，逼得以法国为首的欧洲联军集体困死在敦刻尔克。好在英军及时赶到，帮他们撤离，保存了欧洲反法西斯联军的最后一口元气。然而，希特勒依然不想放过这些人，他下令启动海狮计划，要横渡英吉利海峡，攻占伦敦。

被逼急了的英国皇家海军和皇家空军制订了一个轰炸柏林的计划，终于重创德国海军，并一举挫败了希特勒的海狮计划，保住了英国伦敦，并为后来加速灭亡的诺曼底登陆打下了基础。

好了，我们再回看法军在特拉加法尔海战的失利，最主要的恶果是让英军从此可以在欧洲制霸海上。可是陆地上，英军还是打不过法军。特拉加法尔海战只不过是暂时杜绝了拿破仑强行登陆英国，让英法海战变成英法陆战的可能性。

当时，在第二次世界大战欧洲战场，决定性的逆转及造成惨败的是，希特勒非要攻打苏联，结果被冻成了冰雕。而诺曼底登陆，其实不过只是个催化剂。没有伏尔加格勒和彼得格勒的胜利，诺曼底登陆最多不过是个美丽的肥皂泡，所谓制海权也不过只是暂时的。如果整个欧亚大陆都被打下来了，还怕一个小岛吗？

同样，英法特拉加法尔海战也是一个道理。英军的战胜，只是暂时杜绝了法军强渡英吉利海峡，攻占伦敦的可能性，这对英国人来说是至关重要，且绝对不能输，也输不起的。但对法军最主要的陆军部队来说，重中之重还是三皇会战。

更何况，特拉加法尔海战法军也并不是毫无斩获。英军的海军英雄霍拉肖·威尔将军战死；法军死伤三千多人，英国也付出了近两千人的代价。

所以，特拉加法尔海战对于英国来说，是一场伟大的、光荣的、里程碑式的胜利，它保证了英国国土的安全，并确定了英国海军霸主的地位。而对于法国来说，这是一场很痛的大败，但还远远不足以动摇拿破仑的根本。甚至对于拿破仑来说，还不如忽然参战的普鲁士王国那十五万大军要命。

回到三皇会战这边，面对教皇联军的突然增兵，拿破仑没有陷入绝望与被动。他再一次用他无与伦比的智慧和锋利的眼光，直接戳破了这声势浩大的第三次反法同盟！

当普鲁士与沙俄的军队扑过来的时候，拿破仑的选择不是立刻缩回阿尔卑斯山脉防守，也不是就地修建军寨架好大炮防守反击，而是不惜一切代价，全军冲锋，目标维也纳！

一路上，拿破仑根本不去理会沙俄、瑞典以及那不勒斯的军队，就打奥地利军，并一路向维也纳狂飙而去。拿破仑那毫不掩饰的疯狂，瞬间击穿了弗朗茨二世的心理防线，他慌慌张张地下令全反法同盟军要立刻向维也纳靠拢，绝对不能让拿破仑攻占维也纳。

拿破仑看似疯狂的举动和弗朗茨二世慌张混乱的下令，瞬间搅乱了整个反法同盟军的战略部署。此时沙俄的主帅米哈伊尔·库图佐夫元帅做出了一个错误的判断，他下令炸毁所有莱茵河上的桥梁，企图阻止拿破仑的突进，并让全军掉头转向，往维也纳靠拢。

这一炸，直接打乱了整个反法同盟军之前商议的一切部署。

另一方面，教皇联军里的那不勒斯、瑞典和三军一时间也慌了手脚，他们不知道是应该去支援维也纳，还是继续去围剿拿破仑。不过他们不需要思考了，因为拿破仑已经杀了过来。

一路狂飙的拿破仑，他带着军队就好像是在秋名山上飞驰，他用不可置信的领导力，开始在莱茵河战区“漂移”。本来他冲向的目标是维也纳，可在半途，他就能硬生生地大转弯“漂移”到了那不勒斯和瑞典的侧翼，在他们目瞪口呆、不可置信的神色中，拿破仑彻底将他们击成了飘散在空中的细雪，在狂风中飞散而去。接着，拿破仑又以惊人的速度，在沙俄军掉头转向的过程中，横冲过来，一下子把猝不及防的库图佐夫元帅直接撞出了奥地利。

这回弗朗茨二世是真的凉了，啥也别说了，跑吧！

1805年11月14日，罗马教皇的掌上明珠，欧洲的文化艺术中心，璀璨美丽的维也纳，宣告失陷。拿破仑一行雄赳赳气昂昂地入驻了弗朗茨二世的宫殿。

三皇会战的惨败，让俄罗斯帝国的沙皇亚历山大一世大怒，这位少年天子再也忍不住了，他撤回了库图佐夫元帅并狠狠地惩罚了他，然后他下旨御驾亲征。沙俄再增兵十万，与拿破仑决战。

此时，普鲁士的十五万大军，也终于尾随赶到，眼看法军就要腹背受敌了。拿破仑忽然在这里玩了一个小外交策略。他忽然派出手下向沙俄请和，表示自己其实根本不想打仗，这一切行为都是迫不得已，他有一个梦想，那就是希望可以用自己的青春去为法兰西搏明天。所以，大家可不可以好好聚在一起畅聊爱与和平，而不是战争呢？

说真的，拿破仑这一辈子治国、立法、打仗、科学、数学、建筑、艺术样样精通都没得说，唯独这个外交能力几乎为零。可是，我们的沙皇亚历山大一世，竟然相信了拿破仑这蹩脚理由。对此，我只能理解为，沙皇陛下要么太年轻，要么太自信，竟然相信拿破仑会跟他谈和平。

对此，亚历山大一世表示，只要拿破仑退兵回法兰西，把占领的土地和俘虏还给奥地利，并交出教皇且承认庇护七世是欧洲的统治者，再赔一大笔钱给沙俄，这事儿就这样了。为了表示自己的诚意，亚历山大一世还命位居前线的彼得·道格罗克夫将军将俄军后撤，并派出特使率先在和谈文件上签字，送给拿破仑。

拿破仑欣然答应，并在好好款待了沙俄特使后，将他连同文件送走了。

只不过，拿破仑并没把特使和文件送给亚历山大一世，而是转头丢给了普鲁士。普鲁士国王一看，不打了啊？那赶紧走了。

普鲁士一走，拿破仑立刻派出使臣痛骂沙皇的主将，讥讽道，你又不是沙皇，你怎么能替你主子妄下结论说要和我议和呢？

说完拿破仑立刻起兵，朝着满脸错愕的俄军冲了过去，一路打到了俄军的大本营——奥斯特里茨。

沙皇亚历山大一世马上反应过来，中计了！他一面派出使者去追回普鲁士国王，一面立刻率领全部俄军开始反击拿破仑。亚历山大一世深知俄军的人数远多过法军，而俄军的战斗力更不输于法军。他坚信，在绝对优势的兵力面前，这位欧洲人口中的军神，终将被他拉下神坛。

面对沙皇的全力反扑，拿破仑忽然怂了。他丝毫不做抵抗，立刻就放弃了用来拱卫奥斯特里茨的第一道防线——普拉岑高地。当拿破仑确认沙皇突破普拉岑高地以后，他立刻再次撤退，将法军撤出奥斯特里茨，转向了西南方向的，刚刚修建完成的布尔诺防御工事，摆出一副死守的架势。

沙皇继续前进，挥军直至布尔诺。此时，沙皇的军队声势到达了极点。他的军队，东起自特尔尼兹村，西至佐克尔尼兹村，横贯了整条哥尔德巴赫河岸！俄军战士们肩并着肩，手中的马刀晃得太阳都失去了颜色。不仅如此，沙皇还带来了三百五十门大火炮，他们将拿破仑团团包围在了正中央，直指布尔诺。那样子看来，就算是拿破仑遁到地底下，也要把他给轰出来。

“拿破仑啊拿破仑！饶你是被称为军神的存在，竟然也开始摆这种不思进取的铁桶阵型了？你看看，将所有的军队都以一个高密度的方式聚集在同一个地方，这不是等着让我把你们团团围住，彻底一网打尽吗？这种只有新手才会犯的错误，你竟然也犯了，真是糊涂啊！”

不过，沙皇的运气不太好，1805年12月1日，就在沙俄军约定好冲锋的这一天，刚巧大雾，能见度极低。为了防止拿破仑趁乱逃跑，沙皇决定推迟一天发动总攻。

那一日，在大雾之下，每一位俄军士兵，都把眼睛睁得溜圆，法军这边连一只鸽子都没能飞出去。只不过，在他们的背面有一支人马，悄悄从奥斯特里茨的村庄中现身，静悄悄地开了出去，向普拉岑高地摸去。

12月2日早晨，大雾散去，沙皇亚历山大一世一声令下，全军冲锋！十万俄军密密麻麻地一拥而上，饶是布尔诺防御工事坚固如斯，依旧在俄军的冲锋中颤抖，宛如惊涛骇浪中的一艘战舰，看似坚韧，实则随时有可能倾覆。

眼看法军的阵地正在一寸一寸缩小，拿破仑倒是镇定自若。他站立在布尔诺防御工事的顶端，拿着望远镜，一直紧盯着北方。

布尔诺防线的坚韧，超出了沙皇亚历山大一世的想象。为了加速这场战争的胜利，以免夜长梦多，他下令所有预备队和后队全军出击，猛攻布尔诺。

看到俄军全线出击，准备猛锤布尔诺的时候，拿破仑终于露出了微笑。他马上让手下对天放出一发信号弹。当一颗火红色的流星直冲天际的时候，亚历山大一世本能感到一丝不安。他下令，让驻扎在普拉岑高地的俄军主将立刻向他报告。

“启禀陛下，属下无能，普拉岑高地……失守了。”

亚历山大一世瞳孔猛缩。他什么都明白了，为什么一直强硬的拿破仑会突然丝毫不做抵抗地一再撤退；为什么拿破仑会主动求和；为什么最后的主战场一定是在布尔诺；为什么法军并没有在奥斯特里茨通往布尔诺的大道上进行阻击，而是孤注一掷地将全军直接放在了这一处。

所有的这一切，都是给亚历山大一世一个信号，那就是拿破仑希望亚历山大一世认为，法军已经黔驴技穷，目前只想死守已经打下的土地，毫无进取之心了。甚至就连“所有的军队都以一个高密度的方式，聚集在同一个地方”这种错误的布阵，都是做出来给亚历山大一世看的，就是为了让他认为法军已经全部在此，可以全军出击了。

“不要做你对手希望你做的事情，原因很简单，因为他希望你这么做。你是这么说的吧，我亲爱的贝蒂埃参谋长？”拿破仑放下了望远镜。当他看见贝蒂埃登上普拉岑高地的那一刻起，他就知道，战斗结束了，沙俄败局已定。

摊开地图来看（见卷末），沙俄的军队尽数在布尔诺与普拉岑的正中间，其首尾两端刚好被拿破仑死死掐住。沙皇亚历山大一世在四次冲锋无果后，无奈只得下令撤退。两日后，沙俄宣布退出反法同盟。

可怜的弗朗茨二世，被迫再次与法国签订停战协议，史称《普莱斯堡和约》。在这个和约中，弗朗茨二世被迫宣布退位，废除罗马教皇并承认欧洲的最高统治者是法兰西的皇帝拿破仑一世。从此，统治了欧洲超过一千多年的王权神授、政教一体的时代，彻底宣布结束。同时这也代表着，第三次反法同盟再一次以失败而告终。

就在《普莱斯堡和约》签订后不久，刚刚赢得特拉加法尔海战胜利的英国坐不住了。在英国看来，第三次反法同盟的失败，完全是由沙皇的过于轻敌所导致的。另一方面，由于信息沟通不畅和拿破仑使诈，导致普鲁士王国没能及时加入战场，也是第三次反法同盟失败的关键。于是，就在1806年的10月，英国伙同瑞典、那不勒斯以及普鲁士再次出兵围攻拿破仑。俄罗斯帝国那边，沙皇亚历山大一世也不甘于奥斯特里茨会战的失败，再次对法兰西帝国宣战。史称：第四次反法同盟。

此时，操之过急的英国忽略了一个很重要的问题。那就是拿破仑在这十年里，三破反法同盟。一步一步从一位少校，历经三朝（法兰西王国—法兰西共和国—法兰西帝国）坐到了法兰西帝国皇帝，乃至整个欧洲唯一的皇帝宝座上。此时，他还不足四十岁，这是他年轻气盛，体力最旺盛的时候。同时，这也是法军在其历史上最为辉煌的时候。

在这个风头上，一定要和法军硬碰硬，绝对是不明智的。

回到拿破仑这边，他很清楚第四次反法同盟成型的原因。那就是，在欧洲战场这边，虽然奥地利已经名存实亡，但是普鲁士作为前教皇时代的第二强国，还拥有着很强的实力。只有彻底击溃普鲁士，才能断送这些前朝拥戴者的一切幻想。

1806年10月上旬，拿破仑率领十五万大军，沿着班贝克、拜罗伊特地区向普鲁士推进。这是法军空前的一次出动，誓言必灭普鲁士。另一边，普鲁士王国的主将布伦瑞克公爵指挥的普鲁士萨克森联军，共计十万余人，在重镇耶拿和魏玛地域设防，迎战拿破仑。

10月14日，第四次反法同盟最大的一场战役爆发。由法军率先发起冲击。多年来，由拿破仑率领的法军一直都是在以劣势的人数迎击敌人。而这一次，经过无数胜仗的壮大，法军终于进行了一次公平的战斗对决。

这场战斗的结果实在没啥好说的。法军仅仅一次冲锋，普军受不了了，一触即溃。反法同盟各军共伤亡超过三万，损失火炮两百门。而法军这边伤亡不足五千。史称：耶拿战役。

耶拿战役大胜后，拿破仑继续乘胜追击，于10月14日与普军主帅布伦瑞克公爵在奥尔施泰特再次对阵。在法军无比先进的三连火炮战阵下，不伦瑞克公爵和他的兄弟施梅陶将军都先后受了致命伤。前来接替不伦瑞克公爵的梅伦多夫元帅也负了伤。普军指挥系统被法军彻底摧毁，全军群龙无首乱作一团。在法军的猎骑兵的围剿下，普军再次损失惨重，伤亡近两万，一路败退至柏林。史称：奥特战役。

在柏林，普鲁士国王威廉三世亲自上前线指挥。然而，经历了一系列败仗的普军，早已成了惊弓之鸟。此时任何的指挥都不能挽回普军全军覆灭的结局，不到一天，柏林被破，威廉三世立刻出逃至俄罗斯帝国。普鲁士，亡。

灭亡普鲁士并未让拿破仑就这样满足，因为沙皇亚历山大一世的援军再一次进入了欧洲战场，已经抵达了东普鲁士（和普鲁士不是一个国家）接上了正在狼狈逃窜的亡国君主威廉三世。

拿破仑一不做二不休，率领七万骑兵，直逼向沙俄的军队。这一次拿破仑竟然没有带上他的招牌大炮，也没有用上他最擅长的多兵种混合立体战阵，而是挑衅般地用俄军最擅长的全骑兵大阵冲锋来向沙皇挑战。

沙皇亚历山大一世怒了！是可忍孰不可忍，拿破仑竟然用沙俄最擅长的也是最野蛮的战斗方式来挑衅他！亚历山大一世下令俄军全阵出击，所有将领一律上前线，谁敢后退一步，立斩不赦，哪怕是拼干了最后一滴血，也不准回头。

要回来只有两种——要么是胜利者，要么是死人！

这一仗，法俄两军从早晨杀到黑夜，又从黑夜杀到黎明。杀得是昏天黑地，血流成河。难以置信的是，极善骑兵冲锋的俄军，竟然从一开始就被法军压着打，若不是受制于沙皇的格杀令，俄军早就撤退了。

法军这边也是叫苦不迭，在这一天一夜里，法军骑兵大阵已经来回冲杀了二十几轮，每一次都眼看俄军要崩溃，可就是冲不破。

第二天，法军的增援到了，一共来了三路，伙同这边拼了一天一夜的骑兵，法军人数达到了十一万。俄军终于支撑不住了，开始向后倒去。沙皇亚历山大一世气红了眼睛，挥断了马鞭，然而依旧无法阻止俄军的败势。无奈之下，只好再一次被迫撤退。而法军这边，虽胜，但怎么也是一场惨胜。当俄军退去的时候，许多法军立刻就脱下了头盔跌坐在地上喘气。

俄军退去后，拿破仑即刻在柏林和米兰下令，强迫欧洲大陆所有商旅不得与英国进行贸易，并封锁了所有通向不列颠港口的码头。可怜的英国终于为自己的鲁莽付出了巨大的代价，被迫宣布与法兰西议和。

于是，第四次反法同盟再次失败。

在四次反法同盟战争后，法兰西帝国终于迎来了得以休养生息的三年宝贵时光，可以好好发展下生产了。

可惜好景不长，由于拿破仑大帝对原欧洲各国残余势力的武力胁迫，导致这些原罗马教皇座下的势力暗暗联合在了一起。以前奥地利国王弗朗茨二世为首，组成了第五次反法同盟，在英国的帮助下，企图趁着拿破仑前往西班牙处理海盗的时候，从后方偷袭巴黎。

可惜，这个计划早就被神通的贝蒂埃参谋长知悉。他将计就计，明面儿上大肆宣传他的皇帝拿破仑在西班牙怎么着，背地里又像雾月政变时一样，偷偷把拿破仑接了回来，然后一举镇压了弗朗茨二世及其同党的阴谋，并迫使其签订了《维也纳和约》。

所以，第五次反法同盟又失败了……

此时的拿破仑，头顶皇冠，废除教皇，欺压英国，让整个欧洲都在他的掌控之内。放眼望去，四海之内，他的对手终于只剩下了最后的一个。

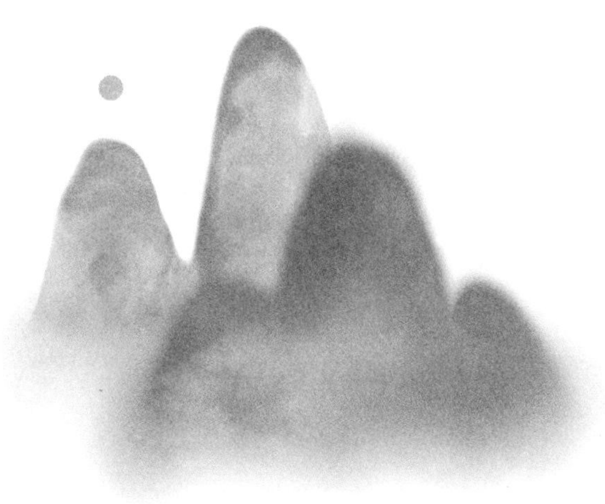

## 帝国人物故事卷：

# 燃烧的远征

我承认我比你矮，但你若因此而嘲笑我，我会砍掉你的头来削平我们之间的差距。而我的箴言一贯如此：王侯将相，宁有种乎！

——拿破仑·波拿巴

前情提要：1805年10月，法兰西帝国皇帝拿破仑一世御驾亲征，法军双拳并出，同时在特拉加法尔海和北意大利与欧洲反法同盟鏖战。并在四年内，五破反法同盟。废教皇、破奥地利、灭普鲁士、压制英国，一举统一欧洲。

1812年5月，俄罗斯帝国与法兰西帝国在利益、宗教及其他方面的冲突都同时到达了顶点。法兰西大帝拿破仑一世整合了全法兰西帝国所有的部队，以及全欧洲之兵，率领了拥有十二种语言共计五十七万人的大军，远征俄罗斯帝国。誓言，必灭沙皇！

从这时起，震烁史册的拿破仑战争，已经不再是保卫法兰西、反对罗马教皇的压迫、以构建更为民主自由的新世界为首要目的的战争；而是一场为了一己私欲、为了自己的声名富贵且带有强烈报复性行为而发动的侵略战争。

7月，在拿破仑的带领下，法军以闪电般的速度，瞬间就击溃了沙俄军的前锋，并直接进入了沙俄的国土。俄罗斯帝国的沙皇亚历山大一世当即下令，他将御驾亲征，带领全国所有军队，所有的将领并集结每一个俄罗斯帝国的人民，在每一寸土地上，与拿破仑周旋、战斗。

客观上来说，当年拿破仑以一人之力，直面全欧洲加上英国和沙俄数倍于自己的联军，都不曾落败过，何况现在法军的兵力还占优，而对手则只有一个沙俄。这场战斗的胜败应该不过是一瞬间的事情。

可是沙俄人民的激烈反抗情绪是拿破仑不曾料到的，而亚历山大一世此刻使用的游击战术，更是让拿破仑苦恼不已。

面对拿破仑威风赫赫、气势汹汹的不败法军，亚历山大一世命令全国的军队化为一个个以千人为单位的小队，在广袤的冻土平原上和拿破仑兜圈子。法军行动，俄军尾随；法军驻扎，俄军骚扰；法军前进，俄军后退。不仅如此，亚历山大一世还缺德地把一路上的水井填了，物资带走，带不走的烧掉，房屋先拆毁再烧掉，让法军在凛冽的寒风中瑟瑟发抖。

拿破仑怒了！俄军无休无止的骚扰，和耳朵边的苍蝇一样“嗡嗡嗡”，还没完了！

“法兰西大帝的怒火足以让这片大地伏尸百万、流血千里！”伴随着拿破仑的雄狮之吼，他做出了一个让他后悔一辈子的决定。

“不灭沙俄，誓不回头！”

为了彻底剿灭沙俄军的所有有生力量。拿破仑兵分六路，宛如巨人之手一般，向沙俄抓去。其中，四路纵队从东南西北四个方向扑向莫斯科的所有退路；剩下两路纵队一路攻打瓦卢蒂诺，一路攻打维捷斯克。

待两军会合后，直接扑向俄军拱卫莫斯科的第一重镇斯摩棱斯克。

亚历山大一世的计策奏效了，拿破仑终于分兵了！亚历山大一世立刻下令，沙俄在维捷斯克和瓦卢蒂诺的主力能战则战，不能战就走，立刻向斯摩棱斯克会合。

他有很强的预感，拿破仑必定就在中间这两路指挥战斗。他要尽可能地分化然后消耗拿破仑的有生力量，再将它一举击溃。而且……

亚历山大一世心中最后的战场不是斯摩棱斯克，而是紧靠莫斯科的博罗季诺！

维捷斯克和瓦卢蒂诺两处战役打得毫无悬念，法军完胜。俄军这边的消耗也不大，并为斯摩棱斯克战役的准备拖足了时间。于是，法军继续前进，俄军继续后撤。1812年8月14日，法军中军和俄军的主力同时汇聚到了斯摩棱斯克。16日清晨，战斗打响。在大炮的掩护之下，法军仅一个冲锋就将俄军逼到了城墙边上。斯摩棱斯克城内一片火海。俄军左翼指挥官，英勇的巴格拉季昂亲王立即率领麾下的骑兵部队冲出城门，死死顶住冲锋的法军，米哈伊尔元帅甚至亲自走上城墙督战，总算暂时是稳住了局势。

可是米哈伊尔元帅却始终无法安定下来，他感觉拿破仑根本没有在全力冲锋，反倒是像在等待什么一样。

法军已经全阵出击了，拿破仑这里是不会有援兵了，而且他现在胜券在握，他又绝不是那种话多玩弄敌人的领袖。

那他现在到底在等什么？坏了！

米哈伊尔元帅猛地惊醒过来，他即刻下令全军撤退，由巴格拉季昂亲王率领后卫稳住阵脚并逐步烧毁斯摩棱斯克的所有弹药、物资、粮草。

“撤！撤！撤！都给我撤出来，传令官！告诉所有正在前来的援军，都给我不准动，不准来救我！不然我大沙俄就要真的因为我死在这儿了！”

在最后关头，米哈伊尔元帅终于识破了拿破仑的计策。没错，拿破仑并没有在取得胜势之后立刻拿下斯摩棱斯克，而是选择了放缓进攻节奏。

他在等沙俄的援军，他要把沙俄所有的有生力量一网打尽！

斯摩棱斯克战役就这样结束了，法军再次大胜，俄军大败而走。不过这场战役的战果，对于拿破仑来讲，依然少得可怜。不仅连一粒面包屑都没抢到，折腾了半天还是没能重创俄军主力。

不过不打紧，拿破仑的目标也不是斯摩棱斯克，在他的计划里，能在斯摩棱斯克消灭俄军最好，消灭不了，就到那里去。

沙俄终于被逼到了悬崖边上。1812年9月4日。亚历山大一世亲自来到了博罗季诺。这里集合沙俄全国的精锐，共计三十万大军。

这里同样也汇集了俄军全部的高级将领：库图佐夫元帅（第三、第四次反法同盟的俄军主将，大家还记得他吗？）、米哈伊尔元帅、巴克莱将军、巴格拉季昂亲王、库莱索夫将军（沙俄的火炮总指挥）、图奇科夫将军。

亚历山大一世策马走上全军阵前高呼：“身后就是莫斯科，我们已经无路可退！唯有在此，为祖国而战，为祖国而死！”

话音刚落，就听轰隆一声炮响。

沙俄军全震蒙了，什么情况？法军不用休息的？

没错，拿破仑来了。他刚刚到博罗季诺附近，就看见沙俄军在热火朝天地建筑防御工事，还听说亚历山大一世在慷慨激昂地作战前演说。

机不可失时不再来，战士们冲啊！莫斯科就在眼前！就在这里，我们要彻底，把这些让我们喝了三个月寒风的俄罗斯人给彻底歼灭！

就这样，在后世史书中描写，打得惊天动地、山摇地动，双方各投入三十万大军，合计六十万的博罗季诺战役，开始了。

由于法军的突然冲锋，俄军猝不及防，火炮阵地率先被法军先轰炸了一轮，损失惨重，暂时失去了火力掩护能力。

可是，这里毕竟是俄罗斯，是冻土平原。一方面，不讲道理的凛冽寒风让拿破仑藏在炮兵里的学者，在大炮射程计算上出现了严重误差。拿破仑的六百门大炮，始终只有不足一半的有效射击率。另一方面，拿破仑过于强调急行军，不顾法军疲惫以及对气候的难以适应，又导致了法军士兵虽然抢到了先手，但依旧没能抢到先着，对俄军一击致命。

反应过来的沙俄军，在亚历山大一世的指挥下，逐步稳住了阵势。库莱索夫将军亲临现场，指挥火炮与法军对射，竟然将大炮行家拿破仑的火炮大阵给压了回去。

对此，拿破仑当即命令他的两翼骑兵奔驰而出，由在与第四次反法同盟的战斗中与沙俄骑兵对阵两天一夜的达武将军和缪拉将军率领，奔袭沙俄军的两翼。虽然达武和缪拉的速度都很快，在拿破仑军中有疾风将军之称，可惜还是因为战场过大，参战人数太多，而延误了时机。他俩迟到了。

沙俄这边，亚历山大一世立刻利用了这一点点的时间，迅速派出了巴格拉季昂亲王与巴克莱将军迎战。两军立时陷入了胶着状态。

仗打到了这个时候，无论是法军和俄军，还是亚历山大一世和拿破仑都很痛苦。所有的计谋、策略、预备队已经全部投入战场。法军靠着对拿破仑本人迷信般的崇拜，不顾疲倦地一再冲锋；俄军靠着保卫家国的血性和对气候环境的强大适应力苦苦支撑。

此时此刻，只要天平两端的任何一方，有哪怕一点点质量的改变，都会立刻形成灾难性的崩坏。

1812年9月7日下午五点，天平的质量终于发生改变了。俄军骑兵的精神领袖，巴格拉季昂亲王被法军的疾风将军达武一枪打死，俄军右翼被动摇了，开始不可遏制地后退。库图佐夫元帅只得亲自顶上去接替巴格拉季昂的位置，死守俄军在侧翼的重要支点，在拉耶夫斯基高地上的一处堡垒。

左翼，鏖战另一位疾风将军缪拉的俄国主将巴克莱，也被打伤，被迫撤离战场。前来顶替巴克莱的图奇科夫刚一出来，就被缪拉一枪撂翻到马下，当场死亡。俄军的左右两翼均被撼动。全阵开始出现大面积的扭动。这种扭动直接波及了俄军的中央大阵。

敏锐的拿破仑怎可能放过这样一个机会？他当即亲自纵马冲入战场，高喊着“法兰西万岁”。皇帝的冲锋，仿佛一针肾上腺激素打在了法军的心脏，本已经筋疲力尽、昏昏欲睡，在冻土平原的寒风中摇摇欲坠的的法军，再一次焕发了宛如初春般的生机。他们也一同高呼着“法兰西万岁”随着他们心中宛若神明一样的皇帝冲破了沙俄的中军，一举击穿了俄军炮兵阵地，俄军火炮总指挥库台索夫将军阵亡。

不久后，死守拉耶夫斯基高地的库图佐夫元帅再也支撑不住了，他虽然击伤了达武，使其被迫脱离战场。但俄军败局已定，已是无力回天了。

沙皇亚历山大一世下令，全军撤退。

这一仗，俄军高级将领除巴克莱、库图佐夫和米哈伊尔元帅，其余竟然全部阵亡无一生还。俄军损失火炮高达五百八十七门，战死四万八千，伤兵超过十万。可以说，沙俄的国之根本，已经被动摇。其惨烈程度，甚至可比二战时的伏尔加格勒保卫战。

法军这边也够呛，军官伤亡二十八人，其中包括法军的骑兵双星达武和缪拉，他俩双双重伤（抢救有效）脱离战场；亲兵卫蒙布兰将军战死，拿破仑本人也中了几枪。法军全军伤亡超过两万，是名副其实的惨胜。

法军战胜后，拿破仑下令原地休息。然而贝蒂埃参谋长却一再坚持让拿破仑咬住最后一口气，死追现在还没逃远的库图佐夫元帅。

可惜大帝并没有听。这也是他第一次固执地没有听贝蒂埃的话。

9月10日，拿破仑四面合围莫斯科，并要挟亚历山大一世退位、削去帝号，改为俄罗斯亲王，向他俯首称臣。

然而，一件令拿破仑和他的法军，还有其余十一种语言的欧洲各军都震惊的事情发生了。

在莫斯科，迎接拿破仑的不是亚历山大一世的俯首称臣；不是亚历山大一世的负隅顽抗；更不是亚历山大一世以死殉国的尸体。

而是一场烈焰滔天的大火。

这场大火将老莫斯科的一切，上至宫殿下至平民，所有的房屋都焚烧殆尽！

这场大火，代表着上至俄罗斯帝国沙皇亚历山大一世，下至每一位莫斯科甚至俄罗斯人民的心声。

我们败了，但我们绝不认输！来更北的西伯利亚找我们吧，我们绝不认输！

绝不！

# 帝国人物故事卷：

# 陨星

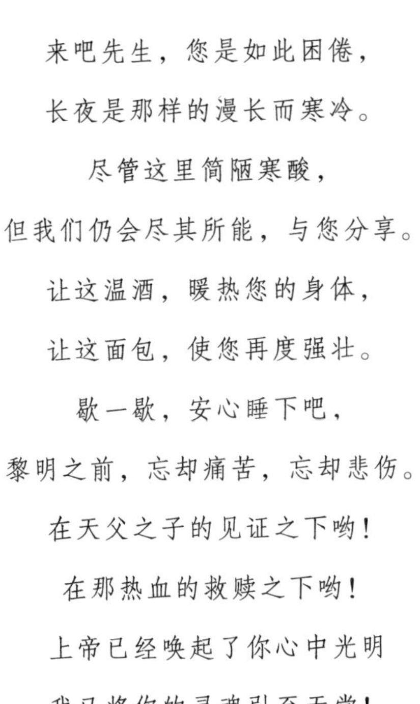

来吧先生，您是如此困倦，
长夜是那样的漫长而寒冷。
尽管这里简陋寒酸，
但我们仍会尽其所能，与您分享。
让这温酒，暖热您的身体，
让这面包，使您再度强壮。
歇一歇，安心睡下吧，
黎明之前，忘却痛苦，忘却悲伤。
在天父之子的见证之下哟！
在那热血的救赎之下哟！
上帝已经唤起了你心中光明
我已将你的灵魂引至天堂！

前情提要：1812年5月，法兰西帝国与俄罗斯帝国在利益、宗教及其他方面的冲突都到达了顶点。法兰西大帝拿破仑一世，举全欧洲之兵，领包括十二种语言，共计五十七万人的军队，远征俄罗斯帝国。法军兵分六路，扑向莫斯科；俄军坚壁清野，且战且退。沙俄方在经历了瓦卢蒂诺、维捷斯克以及斯摩棱斯克三次战术性撤退后，于博罗季诺与法军决战。法俄博罗季诺之战，双方共投入近六十万人，最终以法军微弱的优势，惨胜沙俄。数日后，法军四面合围莫斯科，沙皇亚历山大一世放火烧城，北撤进入西伯利亚平原，继续与法军周旋。

"皇帝陛下！你为什么不去追库图佐夫元帅？"

"区区一个元帅，如何能和沙皇相提并论？"

"不！不！不！不是这样的！我的皇帝陛下，先不说我们的后勤补给和士兵健康已经成了一个巨大的问题。即使我们抓住了沙皇，库图佐夫还能另立一个，这根本于事无补。但，如果我们抓到的是库图佐夫元帅，那我们就可以逼迫沙皇向我们投降签合约了！皇帝陛下哟，您好好想想，这片大陆上，历代国家的统治者，哪一个不是只值十几个金币的赎金？能撼动局势的，从来都是拥兵自重的大领主。"

"住嘴，贝蒂埃！你是在给我上历史课吗？你只不过是我的参谋长，我才是全军的统帅，法国人的皇帝！我要的不是让沙俄屈服，我要的是，彻底地，消灭它！"

1812年9月20日。拿破仑不顾众将的劝阻，执意下令全军跨过莫斯科，顶着冰冷刺骨、寒风凛冽的暴风雪，进入西伯利亚平原，追击沙皇。

沙皇亚历山大一世，头也不回地向东北方向退去，拿破仑则昼夜不停地在后面衔尾追杀。翻涌的热血和过分的狂傲，终于蒙蔽了这位战神的眼睛。

他根本没有注意到，在苍茫的寒冰暴风中，有数队俄军的骑兵，常常在白夜的风雪中，悄然闪过，尾随在这支疲惫而匆忙的远征军前后左右。

“塔鲁季诺机动计划，启动。”

正当拿破仑在暴雪中靠着毅力坚强而困难地前进时，他的身后忽然传来一阵尖锐的警报声。

“报！皇帝陛下，我军南方补给线突然被俄军切断！前往前线的辎重被洗劫一空。请求指示！”

“雕虫小技！一定又是库图佐夫那个老狐狸干的。不用管他，我只需一队骑兵就能解决这个问题。剩下的人，跟我继续前进！”

可是，还没走到一天，警报声又传来了。

“报！皇帝陛下，我军左翼哨兵卫突遇大队俄军袭击，死伤百人。”

“不理他们！再派哨兵卫，并加强戒备。”

没过多久，警报声再次响起。

“报！皇帝陛下，哨兵来报，昨日前去支援南方补给线的骑兵队疑似遭遇敌将库图佐夫本部人马，全部阵亡！我们的煤炭快用光了，请您速下指示！”

“报！皇帝陛下，前方遭遇俄军侦察部队偷袭，他们趁我军疲惫，射中我们十几人后，迅速脱离战场了。”

拿破仑沉默了。半晌，他下令：“全军继续前进，斥候部队全部出击，寻求俄军主力。缪拉，你带两个军前往南方，务必夺回并稳固我们的补给线。”

缪拉得令后，知道事情严重了，飞一般地向南方奔去。而拿破仑本部则继续前进。可是，还没走两步，警报声又响了。

“报！皇帝陛下，大批俄军骑兵从我军后方冲出，我军被打了个措手不及，建制已乱，请陛下指示！”

“达武！你立刻带人前往后方迎击俄军，我则带领全军攻向小雅洛加斯拉维茨。莱茵大公路德维希！你领三个军进入切尔尼什尼亚河，一定要保障好另一路从斯摩棱斯克的补给线，不得有失，不然我把你就地枪决！”

安排妥当的拿破仑，立刻率军进攻小雅洛加斯拉维茨，并顺利地拿下了这里。好在俄军似乎没料到法军会攻打这里，以至于这里竟然还有残余的俄军补给。

小雅洛加斯拉维茨的物资终于让法军喘了一口气回来。同时，在经历了一系列恶心人的噩耗后，终于传来了一个好消息。达武顺利击溃了偷袭法军后队的俄军，并重整旗鼓，开始向小雅洛加斯拉维茨靠拢。

然而好景不长，就在达武的好消息到来之后，缪拉出问题了。他先是在风尘仆仆赶往南方的路上，忽然被俄军偷袭。等到缪拉整队迎击的时候，俄军又不见了。于是缪拉只好赶路，没赶几步，他又被偷袭了，法军只得再次列阵，然后俄军又跑了。

就这样，来来回回反反复复的，缪拉的精神和肉体受到了亿万点暴击。他做出了一个无比愚蠢的决定。

“不管俄军，直取两道。”

这一招正中库图佐夫元帅下怀。在卢卡加，因为缪拉不管不顾地急行军，他被俄军截了个正着，被迫与俄军打遭遇战。结果就是，缪拉悲催地发现，俄军怎么越打越多，最后竟然直接被添油加醋战术给打崩了。

缪拉军全线溃散，脱离战场。

拿破仑蒙了，他是真蒙了，不知所措。自他十九岁起兵以来，什么硬仗狠仗打不赢的仗他都打过。马伦哥挺过来了；奥斯特维茨打赢了；博罗季诺撑住了，什么阴谋诡计、英雄好汉、绝世名将都被他疯狂殴打了好几次。可这一次，他却真实地感到，从来没有打过这么憋屈的仗。

要打吧，就是打不着人；不打吧，又总在被人搞。还有那该死的天气，西伯利亚的暴风雪难道就不能消停会儿？

可怜头疼欲裂的拿破仑在这时又听到了警报声。他登上了小雅洛加斯拉维茨的一个制高点向远处望去。

这一次，拿破仑确定，俄军是来真的了，是不会撤退了。只可惜，这一次，轮到法军不得不退了。

在经过库图佐夫一个月的游击战不断侵袭骚扰，这里偷个人那里抢块肉，这里摸摸那里搞搞以后，这支声势浩大的法军宛如一只不断被滚刀削来削去的大土豆。如今，竟然在不知不觉间，只有不到出征时一半的人数了。

就这不足一半的人数，还被库图佐夫偷袭了后队，然后达武分走了几个军，缪拉分走了几个军（还被败光了），莱茵大公路德维希又分走了几个，攻打小雅洛加斯拉维茨又损失了一些。

没得说了，在激战几小时后，拿破仑下令全军撤退，并让达武迅速向自己靠拢。此时，参谋长贝蒂埃提出，既然要撤，就要在尽可能保存法军有生力量的条件下撤。他建议拿破仑向南，往缪拉被击败的卢卡加撤退。那里有俄军的辎重粮草，而且俄军也不会想到，法军在南方连连失利后，还会往那里撤退。

还没等贝蒂埃说完，拿破仑就立刻否决了这个建议。他以莱茵大公据守斯摩棱斯克至切尔尼什尼亚河的补给线为由，下令全军原路返回斯摩棱斯克。

贝蒂埃强烈反对，说莱茵大公早就该带着补给前来了。可是他没来，这本身就说明这里出问题了。如果我们还往这里走，那一定是自寻死路。不用俄军冲锋，我们就已经被饿死冻死累死了。

可是拿破仑偏不，以往对贝蒂埃言听计从的拿破仑，在这次远征中不知道是抽了哪根神经，就是要跟贝蒂埃对着干。

果然，一切真如贝蒂埃所说，伤疲不堪的法军来到斯摩棱斯克的时候发现，这里一片狼藉，他们的莱茵大公路德维希本人和那些要命的辎重，都谜一般地不见了。

此时，库图佐夫正式联合了能动弹的全部俄军，照着拿破仑本尊就杀了过来。拿破仑无奈，只得再次后退。

在别列金娜河，库图佐夫追上了拿破仑。昔日百战百胜无一败绩的雄狮铁军，在历经数月无休无止的漫天暴雪和饥寒交迫后，崩溃了。三十万法军自相踩踏，慌不择路地跑过边境线。

乱军之中，库图佐夫什么都不管了，他率领俄军精锐不顾一切地径直奔向拿破仑。

天赐良机，此时不杀拿破仑，若让他逃回巴黎，那便是龙游大海，虎入深山，沙俄将永无宁日！

此时的法军乱作一团，任凭拿破仑挥断了马鞭依然于事无补。眼看库图佐夫的精锐就要围杀过来，疾风将军达武再次暴走，他死死顶住了库图佐夫元帅，并击伤了他，还沉重地打击了俄军嚣张的气焰，保住了自己的皇帝。

戏剧性的是，连达武自己都没想到，一代名将，击败了神话一般的拿破仑的俄罗斯帝国元帅库图佐夫，竟然因为被达武所伤，在这不久后就直接病逝了。

库图佐夫的突然病逝一下子就挫败了沙俄好不容易燃起的烈焰之气。好在沙皇亚历山大一世即刻意识到了这一点，他再次御驾亲征，亲自接过了库图佐夫的位置，指挥沙俄军越过边境，攻入法兰西帝国。

这一缓，最后还是让拿破仑遁回了巴黎。虽然远征沙俄惨败，但拿破仑依旧是法兰西的神话，是法兰西的天。他在回到巴黎后，迅速重整了数万法军迎击沙皇亚历山大一世。

最危险的时刻到来了，面对法兰西帝国的激烈抵抗，亚历山大一世并没有选择用蛮力。作为俄罗斯帝国历史上盛名仅次于彼得大帝的沙皇，亚历山大一世的智慧更是寻常的西方统治者难以企及的。

1813年1月，亚历山大一世搬出了在他那儿避难的普鲁士国王威廉三世，号召全欧洲不满拿破仑的国家联合起来，组建第六次反法同盟！

很快，被法军占领的普鲁士、奥地利、瑞典、萨克森随着沙皇亚历山大一世一同揭竿而起。而在这些年里被拿破仑挤兑得够呛的英国，也宣布加入第六次反法同盟，带着他们的日不落舰队横渡英吉利海峡，围攻巴黎。

昔日威风八面的法兰西帝国霎时间四面楚歌，岌岌可危。第六次反法同盟的声势之浩大，远胜于前五次的任何一次。

更何况，在法兰西帝国这边，因拿破仑远征俄国落败，而导致国势衰弱不堪，军队疲惫乏力，伤残无数。

第六次反法同盟出征之时，亚历山大一世纵马在众军之首，高呼一月之内，必灭法兰西！

法兰西大帝拿破仑·波拿巴，后世被人称为，即便沦为阶下之囚，即便被禁锢在一隅之地，即便在屈辱逝世、百年之后，也依然能回应法国人民心中的祈愿，将无穷的神奇梦幻变，将任何不可能化为奇迹的传说之人！

第六次反法同盟，在沙皇亚历山大一世的带领下，全军共有四十万，而拿破仑的法军，还远不足十万。（有一说法军有效战力不过八万五千人。）但在这样的情况下，拿破仑竟然连战连胜！先是在吕岑战役大败普鲁士；又在包岑战役大败亚历山大一世。接着，他以令人难以置信的武勇反攻萨克森王国，并占领了德累斯顿，俘虏了萨克森王国的国王。

接着，拿破仑发动莱比锡战役。他率领十万法军，与四十万的反法同盟军在莱比锡一带血战。这一仗，拿破仑在面对三倍于自己的同盟军且己方弹药不足的情况下，且战且退，通过不断骚扰引诱，将反法同盟军引入拉罗蒂埃河，再次重创反法同盟军，并一举拿下了普鲁士的重镇布伦埃城。接着，拿破仑一鼓作气，指挥法军发动尚波贝尔战役、蒙米拉战役、夏托蒂埃战役和沃尚战役。他连战连胜，将英国、瑞典、普鲁士、奥地利打得节节败退。

在绝境中，他第六次再败反法同盟！

亚历山大一世傻眼了，他从来没低估过拿破仑的战斗力，相反，在他看来，库图佐夫击败拿破仑，侥幸远多过能力。所以，即便他占据了绝对的优势，他也一定要组建反法同盟，要用最稳妥的方式击败拿破仑。

可是，他哪里想过拿破仑强大到如此可怕！强大如上古时期的欧洲传说中不可匹敌的诸神一般！

难道就这样认输，就这样库图佐夫元帅白死了，就这样接受失败吗？

他明明伤痕累累；他明明元气大伤；他明明没有足够的军队……

等等，对啊，法军没有足够的军队！强撑着一口气的，从来不是我，是拿破仑！

所以他才要不断地进攻，不断地胜利，不断地主动袭击我们！

拨开层层迷雾，亚历山大一世终于看见了那扇通往胜利的大门。

在这里，亚历山大一世就好比一个有高超技巧的锁匠。之前，他费尽心思，想尽一切手法，要打开拿破仑的大门。

可是他就是开不开。如今，拨开层层迷雾，亚历山大一世笑着发现，原来，那不过是一扇已经破败腐朽的木门而已。

于是，亚历山大一世一脚踹开了那扇门，攻进了拿破仑的宫殿。

就在第六次反法同盟军气势低落，行将解体的时候，亚历山大一世忽然暴走，他不顾一切地开始向前冲锋。包括反法同盟军在内，没有人知道他要干什么。亚历山大一世无视拿破仑军的堵截，无视自己的后队辎重补给被法军慌张地切断。

在他的眼里，只有一个目标，最后的目标，那就是巴黎！第一个反应过来的是达武，他即刻率领陆军列阵阻击亚历山大一世，然而亚历山大一世根本没有管他。在丢出一队人马缠住达武后，他根本不做任何停留，继续扑向巴黎。

第二个反应过来的是贝蒂埃，他用最快的速度组织炮兵阵地，在亚历山大一世的沿途猛烈轰击沙俄军。可是亚历山大一世的眼睛好像进入了选择性失明状态一般。他无视一切炮火，沐浴在枪林弹雨中，直冲巴黎。

贝蒂埃这个急啊，无奈他苦于法军没有足够的骑兵。于是，他将最后的希望寄托在缪拉的身上。他将所有骑兵的指挥权全部交给了缪拉，希望他带领全部的骑兵，能够挡住亚历山大一世孤注一掷的冲锋。

法兰西帝国、拿破仑大帝，这是法军在历史长河中战斗力的顶点，那时的法军，在拿破仑的旗下，群星闪耀。其中最亮的那一颗，当属马伦哥之花德赛，然后就是第一幕僚，参谋长贝蒂埃。在这两人之后的，就是双星，皆有疾风将军之称的达武和缪拉。

令人唏嘘不已的是，缪拉最后投降了。于是，巴黎被攻破了。

1814年3月31日，拿破仑退位，被押送至厄尔瓜岛软禁。王储（太子）罗马王拿破仑二世被废除，法兰西帝国灭亡。

为了戏谑拿破仑，亚历山大一世联合第六次反法同盟的诸国，请教皇庇护七世立其为“厄尔瓜的皇帝”。

拿破仑没再多说什么。他比在座的任何人都懂成王败寇的道理。他披上了青年时的大衣，独自撑船，孤傲地远去了。

## 帝国人物故事卷：

# 科西嘉的镇魂挽歌

我曾统领雄师百万，现在却空无一人；我曾横扫三大洲，如今却无立足之地。耶稣远胜于我，他没有一兵一卒，未占领过方寸之地，他的国却建立在万人心中。世间有两种武器：精神和剑。从长远来看，精神必将打败利剑！

——拿破仑·波拿巴

前情提要：1812年9月，拿破仑在急迫俄罗斯帝国首都莫斯科后，不顾补给漫长而不能至，执意继续领兵北伐，追击沙皇亚历山大一世。沙俄方的元帅库图佐夫启动了塔鲁季诺机动计划，利用俄罗斯帝国特殊的气候、地形以及强大的骑兵机动部队展开游击战，彻底打乱了拿破仑法军的部署，并一次次地切断了法军的补给线，逼迫拿破仑撤军，并在别列金娜河彻底击溃了法军，拿破仑元气大伤。接着，亚历山大一世组织第六次反法同盟，率领欧洲诸国围攻拿破仑。然而，强横的拿破仑，竟然在莱茵战场上，以孱弱的兵力一次又一次地战胜了反法同盟联军，并一度占据上风，从守势转为了攻势。危急时刻，亚历山大一世看穿了拿破仑兵力不够的弱点，孤注一掷，全军直奔巴黎，终于击败了拿破仑。1814年3月31日，拿破仑被迫退位，流放厄尔瓜岛。

在宇宙万物的体系中，人类本来是平等的，这种平等只能为以后的某一桩事故所破坏：贫富的差别是很可以加以说明的，而且在说明的时候不必采用压迫和贪婪之类刺耳的、难听的字眼。压迫往往是财富的后果，而很少是或决不是致富的手段；虽然贪婪会使一个人不致陷入赤贫的境地，但一般说来它却使他变得懦怯，发不了大财。

可是，还有一种不能用真正自然的或宗教的理由来解释的更大的差别，那就是把人们分成“国王”和“臣民”的差别。阳性与阴性是自然做出的差别，善与恶是上苍做出的差别；但是有一类人降生世间，怎么会高出于其余的人之上，俨然像一个新的人种那样与众不同，倒是值得加以探究，了解他们究竟是促进人类幸福的手段还是招致人类苦难的手段。

在世界的古代社会，根据《圣经》上的记载来看，并没有帝王；这种情况所产生的结果是，当时没有什么战争；而现在使人类陷入混乱的，乃是帝王的傲慢。如今荷兰甚至没有国王，却在近百年来比欧洲任何君主政体的国家安享了更多的和平。古代的历史也可以证实这种说法；因为最初一批宗族首领所过的恬静的田园生活本身自有一种乐趣，这种乐趣当我们读到犹太王族史的时候便消失了。

——托马斯·潘恩《常识》

# 王国卷

# 王国卷一：王国风云

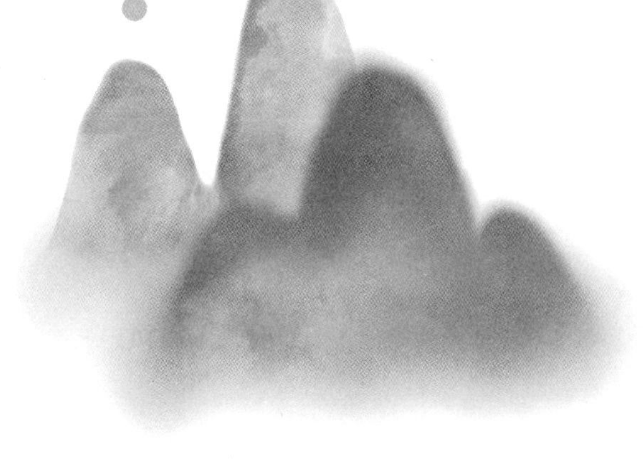

“王国”的定义之混乱，行政体制之复杂，呈现形式之多样性简直如同一潭深不见底的浑水。

首先，我们还是从这个政体的历史定义说起。“王国”的定义是：以国王为国家首脑的君主制政体国家，以血缘世袭制产生继任者，且拥有统治国家和公民自由的所有权力，而有法律或法定的程序限制君主如何行使权力的政体。这个定义乍一看和“帝国”的定义几乎一模一样，这也是为什么很多人总是分不清什么是“王国”什么是“帝国”。

那么，它们的区别到底在哪里呢？大家仔细看定义的最后一句话，“有法律或法定的程序限制君主如何行使权力……”

这就是“王国”和“帝国”唯一且最重要的区别。在帝国里，“皇帝”是天子，是天神下凡，金龙转世，有百灵护体，名义上拥有国家一切包括更替法律在内的所有权。

而“国王”则不是，他们既没有神话背景做铺垫，也没有垄断全国一切资源的权力，名义上，他和他的家族，就是这个国家的象征。而在这个国家真正可以行使权力的，并非法律限定的某个人（因为法律经常被胜利者随意修改），而是掌控了最多生存资源（具体来说是钱、盐、铁、人口和粮食）的那个人。

这就直接导致了在很漫长的一段岁月里面，国家的秩序树立，并非遵循某项法律和传统，而是非常不文明的弱肉强食、适者生存的道理。

谁的拳头最硬，谁的资源储备最厚，谁就是老大。而国王嘛，往往只是用于平衡国内这些大贵族、大军阀、大领主们之间关系的一个天平，用以维系这个国家基本保持团结稳定的一根绳子。

最近几年以来，有个非常热播的美剧叫《权力的游戏》，这部剧就是一个很好体现“王国”政体的模子。在这部剧里面，全国上下被分为了“狮”“狼”“玫瑰”“龙”等共计十大家族。他们围绕着中间铁王座的国王，各自镇守一方。这十大家族的兵、钱、粮全部都是自治，名义上，他们口中高喊着是守护这个王国的领土，实际上都是各自为战，只是为了保护自己的财产。

在这里，铁工座上的国王如要联系他们，都得恭恭敬敬地用“请”字。当然为了达到这十大家族彼此之间的和平，他们也需要，至少是在表面上拥戴这个国王，做他们之间的利益平衡和仲裁。

不难看出，这样的一个政体，是非常脆弱的，极端容易引发暴乱和反叛，且非常不利于人类社会发展。毕竟这种谁的拳头大，谁就做大爷的社会环境只会不断地滋生黑暗和战争。

看过《权力的游戏》的读者朋友们可以深刻地体会到，在这部剧里面的每一集每一天都是灰暗的，都是密谋遍布的。它很好地诠释了这样一句话：

“我若弱小，那便是无边无际的诡计阴谋；我若强大，那便是飞扬跋扈的强权暴政！”

于是，在人类的远古时代，刚刚迈入文明的时候，这些天天沐浴在燎原战火和阴谋诡计的王国大多都比较短命，政权交替甚至达到了一年几替的地步。这也是为什么，在古典欧洲戏剧小说里面，大多说的是战士的勇猛和女巫的黑魔法。因为在那样一个时代里，每一个人，每时每刻都在想如何让自己获得更多的资源和军队，如何算计才能做掉比自己更强大的对手，扩张自己的势力，直到被消灭。

与浪漫的骑士公主小说不同，黑暗、血腥、暴力、饥饿、疾病，这是那个时代的现实。甚至在欧洲人自己的历史书上，都称其为黑暗年代。

那个时候是基督教的出现，一定程度上熄灭了这片无边无际的战火，给那个黑暗时代的人带来了破晓的光明。

公元元年，天主教崛起。他们倡导着世界人类本属同源同根，都是天父上帝的孩子，应当互相友爱、止战言和，共同在上帝面前忏悔赎罪。

于是，那些贪婪暴力的，你争我夺的战争，终于逐渐熄灭了。曾经一度相互猜忌暗算千年的国王们和大领主们，开始拥有了信仰，以及对信仰的敬畏。他们虔诚地围绕在了上帝的膝前。

于是，在王国的政体里面最主要的一个形式，在欧洲历经近两个世纪的政体，终于浮出了水面。

那就是王权神授，政教一体。

围绕在上帝的光辉前，乱战而不知敬畏的人类诸王们，开始有了信仰，继而有了敬畏。于是，真正牢不可破的秩序和法律从此刻开始构建起来，从教会和大教堂的建立开始。

这是欧洲文明真正前进的一大步，它摆脱了一个原始而野蛮的状况，即从“我比你强大，所以我主宰你”，变成了“我受神之嘱托，前来照顾、保护以及拯救你。”

从这一刻开始，诸王诸国的法律被冠以天主教会神圣的名义。这里的法律，不再仅仅只是“人之为”而变成了“神授意”。若要更替法律，必须由王国的统治阶层和教廷二者共同协商，才能修改。

如果人类无法裁决，那就交给上帝吧！而上帝的使者，就是教会里的主教们。他们的作用，就是监管某些王国可能依然还会出现一些完全不讲道理的战争狂人。一旦这样的人出现，那么主教们会联合其他所有信奉天主教的王国，合力围剿这个“异端”以达到“和平”。

最后，这些主教的首领，早期被称为“教宗”，在公元382年以后，被改为“教皇”。

教皇，在奉行天主教的国家内，有着至高无上的权力，被称为是神的化身。教皇的诞生绝不世袭，他们全部由最德高望重、最睿智聪明、最有学识的，天文、地理、历史、政治、音乐、绘画、建筑、雕刻无一不通的集大成者来担任。

每当前一任教皇去世，教廷总坛就会根据所有有资格参加选举的主教名单先选出合适的候选人。一般为十二名，而后大家进入名为甘多尔宫的清静处闭门祈祷，求圣神给予指示，然后彼此不记名投票。根据不同的结果可能要多次投票确认，最终推选出新一任的教皇。当候选人们闭门祈祷选举时，虔诚的信徒们就在门外祈祷等候结果，如果当天没有选出，烟囱里就冒出黑烟，一旦选出就冒白烟。然后宫门大开，新任教皇到阳台上接受信众祝贺并宣布赐福和大赦。

而每当有国王过世，新国王即将诞生之际，教皇就会亲自手捧皇冠，前往那个国家，为即将成为新国王的王储祈福，并将被祝福的黄金王冠戴在新王的头上。预示着这个新国王，是被上帝祝福的，是被诸国诸王们所认同的，是合理合法的。

也就是说，教廷的权力凌驾于一切王国的王权之上。（对比下帝国的皇权，皇帝才是一切的主宰，宗教势力靠边站，皇帝才是统治一切的人，名义上没有任何势力可以限制皇权。）

于是，在信奉天主教的国家里，始终笼罩着天空的战争与阴谋终于消散了开来。

这样……就结束了吗？就永久和平了吗？就真的达到爱与和平了吗？

就如同圣子耶稣，最终被他深爱的门徒犹大所出卖被害一样。早期的古代诸王们在教皇和天主教的带领下，确实是度过了一段美丽、富饶且和平的岁月。伟大的历史学者，托马斯·潘恩先生曾无奈地说："如果人良心的激发是苍天可鉴的、始终如一的和坚贞不渝的，那么人们就不需要别的立法者了。但事实却不是这样，一个人一定会觉着有必要拿出自己的一部分财产，或是出钱以换取其他人的保护；小心谨慎的原则在别的任何场合都提醒他要权衡利弊，现在这个原则同样适用，促使他必须要这么做。由于想到正是我们亲手提供了受苦的根源，所以，我们感到格外痛心。"

终有一天，天主教的教廷不再满足于仅仅只是"活跃""制衡""统治"这片大地上的王国。扩张、占领、威慑、胁迫，这些离经叛道的思想宛如恶毒的种子开始在这些神职人员的心中发芽。天主教那拥有博大胸怀和济世爱人的教义，从此开始偏离方向，变为要成为世界上唯一且最高贵最权威的宗教，甚至拥有了统治世界这个可怕的欲望。

不知不觉间，他们又开始走回了曾经黑暗时代里的那条悲伤的老路。只是这一次，在教皇和大主教旗下的不再是乱作一团，互相如野兽般搏杀的军阀领主们，而是早已集结在一起，训练有素，指挥统一，信仰坚定，目的明确，绝不会为了苟且得到富裕的资源而背叛教廷的天主教诸国们。

一种比资源掠夺更加可怕的战争形式出现了，那是真正你死我活的战争。他们称自己为十字军。也就在这里，让我来为大家拉开真实的欧亚诸王国历史的帘幕。

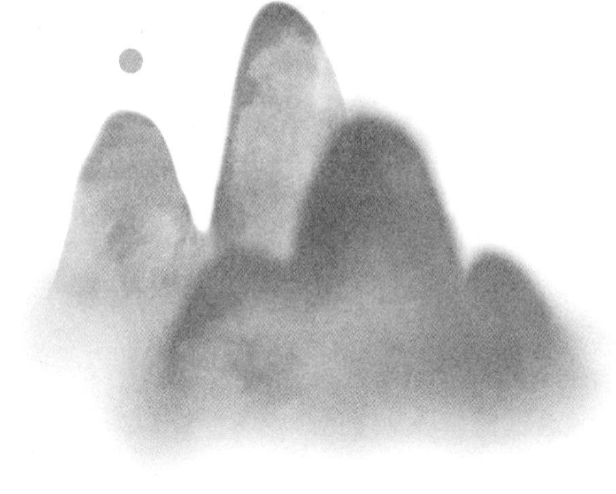

王国卷二：

# 古代诸王

在教皇的黄金年代里，到底都有哪些王国呢？

普鲁士王国位处于当代的立陶宛以南、波兰东北部维斯瓦河河口以西，其领土涵盖以但泽为中心的西普鲁士地区以及俄罗斯加里宁格勒原东普鲁士地区，首都为柏林。早先为拉脱维亚人和立陶宛人的祖先之国，直到后来与波兰王国交战了两百年，被迫退至勃兰登堡并建立狮子要塞用以御敌。1426年，神圣罗马帝国教廷出面调和，普鲁士终于与波兰止战，但被迫使用德语。古普鲁士语也因此消失。

东普鲁士公园位处今东普鲁士的北部，立陶宛的梅梅尔地区以及俄罗斯加里宁格勒州，包括今波兰南部的马祖尔省以及古普鲁士人在波罗的海东南海岸的领地，首都为哥尼斯堡（现称加里宁格勒）。东普鲁士的统治者，为神圣罗马帝国教廷下，第一代十字军东征时成立的天主教耶路撒冷的德意志弟兄圣母骑士团，又称条顿骑士团，团长即是国王，为霍亨索伦家族。在十五世纪被卷入普鲁士王国与波兰王国的战斗中，于1466年被波兰击败，神圣罗马帝国教廷即刻出面调停，使得波兰人撤出东普鲁士公国，但条顿骑士团必须允许波兰人加入。

波兰王国位处今波兰共和国再加上今立陶宛的疆域。远古时期为一个名为希斯拉夫的部落氏族。公元十世纪末期，希斯拉夫氏族日趋衰落，旗下多个氏族互相争斗，直到一个名为波兰的氏族，在首领皮亚斯特·梅什克的带领下将所有的氏族都打败了，首都在克拉科夫，信仰是基督教，（注意：非天主教。天主教和基督教虽同根同源但绝不能混为一谈。）与神圣罗马帝国教廷为敌。曾与神圣罗马帝国教廷下的条顿骑士团有长达两百年的战争，最终与教皇和解。1505年，因波兰人民反对波兰皇室对沙皇的一系列阿谀奉承、丧权辱国、卑躬屈膝的行为，波兰王国议会通过修改宪法的方式，逼退了波兰国王，将首都从克拉科夫迁到华沙，波兰也从王国变成了波兰共和国。

西班牙王国位处于欧洲西南部的伊比利亚半岛，地处欧洲与非洲的交界处，西邻葡萄牙，北濒比斯开湾，东北部与法国及安道尔接壤，南隔直布罗陀海峡还包括地中海中的巴利阿里群岛，大西洋的加那利群岛及非洲的休达和梅利利亚，首都是马德里。西班牙人早年有从遥远的不列颠岛渡洋来的凯尔特人、北欧雪域来的挪威人和维京人，以及腓尼基人。

公元前218年，罗马共和国征服了这片土地并统治它近五百年。五百年后，伴随着罗马共和国崩溃，信仰伊斯兰教的阿拉伯人和摩尔人入侵，建立了西哥特王朝。又三百年后，伴随着神圣罗马帝国教廷的建立及壮大，被穆斯林统治的西班牙人民，在阿方索家族的带领下，先后在卡斯特利亚和阿拉贡这两个行省宣布独立，并在神圣罗马教皇的骑士团的帮助下，彻底击败了盘踞在此处的穆斯林势力。之后，卡斯特利亚和阿拉贡这两个公国在联姻了数代后，终于合并为一个国家，即西班牙王国，并宣誓永远效忠神圣罗马帝国教廷。

葡萄牙王国位处欧洲伊比利亚半岛，与西班牙遥相对应，南邻大西洋海岸并包括了大西洋的亚速群岛和马德拉群岛，西部直达欧洲的最西郊——罗卡，首都为里斯本。葡萄牙王国本源自阿拉贡公国和卡斯特利亚公国，其国王家族是天主教反抗穆斯林统治的阿方索家族的一个分支，甚至其成立还要早于西班牙。但不论怎么说，由于其血脉来源阿方索家族来自阿拉贡和卡斯特利亚，所以葡萄牙也不得不承认与西班牙共本同源。1179年，神圣罗马教皇将黄金王冠戴在了葡萄牙国王阿方索·恩里克斯的头上，葡萄牙王国建立。

瑞典王国，北欧五王之首，位于斯堪的纳维亚半岛。它西邻挪威，东北与芬兰接壤，西南濒临斯卡格拉克海峡和卡特加特海峡，东边为波罗的海与波的尼亚湾，首都为斯德哥尔摩。早年的瑞典人皆为本地的一些土著渔民和以抢劫为生的维京人。直到公元十世纪，神圣罗马帝国教廷的触手从丹麦进入了这个地方。在教廷的帮助下，这些生活疾苦、过着刀头舔血的渔民和维京人终于建立了自己的城市，并于1100年建国且被教皇承认。然而，神圣罗马帝国教廷为了维护自己的利益，不断地剥削这个自由的城邦。为了反击神圣罗马帝国教廷，瑞典王国于1397年加入卡尔玛同盟，改国教天主教为路德宗，用以对抗神圣罗马教廷的汉萨同盟。

丹麦王国，北欧五王之一，最早的北欧王国，最先将天主教引入北欧并曾一度统一北欧。位处法罗群岛和格陵兰，北部隔北海和波罗的海与瑞典和挪威相望，并与之合称为斯堪的纳维亚国家，南部与德国接壤，首都兼第一大城市是哥本哈根。1397年，为了对抗神圣罗马帝国教廷的剥削，丹麦王国改国教为路德宗，并组建了卡尔玛同盟，由丹麦女王玛格丽特一世为盟主，麾下海军之强大，就连被称为教皇之手的西班牙无敌舰队也不敢触之锋芒。1563年，因铁血镇压瑞典革命党而发动了北境之战，最终被瑞典击败，失去了盟主的地位。

挪威王国，北欧五王之一，位于斯堪的纳维亚半岛西，领土南北狭长，海岸线漫长曲折，沿海岛屿众多，又称“万岛之国”。领土与瑞典、芬兰、俄罗斯接壤，属地还包括斯瓦尔巴群岛和扬马延岛，首都为奥斯陆。是伴随着瑞典崛起而崛起的一个小王国。因挪威地理位置位处水道贸易要冲，神圣罗马帝国教廷胁迫其必须归顺汉萨联盟主管。为对抗教廷，挪威随瑞典以其附属国的身份于1397年加入卡尔玛联盟。1563年联合瑞典发动北境之战，并击败了丹麦，摆脱了卡尔玛的控制，但它仍旧是瑞典附属国，直到1905才宣布独立。

芬兰王国，北欧五王之一，与瑞典、挪威、俄罗斯接壤，南临芬兰湾，西濒波的尼亚湾，全国有三分之一在北极圈内，又称“千湖之国”。十二世纪前为瑞典的一个行省，后变为自治省，又改为瑞典的附属国。1397年随同瑞典加入卡尔玛联盟。并于十五世纪与俄罗斯帝国开始了长达四百多年的战争，直到十九世纪末期彻底被沙皇尼古拉二世占领，到1905年才恢复独立，只不过那时已经不是芬兰王国而是芬兰共和国了。

冰岛王国，北欧五王之末，是欧洲最西部的国家，位于北大西洋中部，靠近北极圈，地下有多个海洋火山，又称“冰与火之国”。一直为丹麦的附属国，早先由维京人统治，但一直以来都没有强大的军事实力，公元十一世纪后被丹麦彻底兼并，但仍旧有自己的国王和自治权。二次世界大战后被纳粹彻底摧毁，直到1944年才以共和国的身份重建。

法兰西王，今法国的位置。早前为西法兰克王国，历经卡佩王朝、瓦卢瓦王朝、波旁王朝及奥尔良王朝。欧洲最早的封建王国，神圣罗马帝国教廷下第一大国，被誉为欧洲之星，莱茵联盟的霸主。全盛时期疆土达到了整个欧罗巴大陆的一半再加上整个不列颠岛。直到太阳王路易十四陨落后，才日趋衰落。

英格兰王国位于不列颠岛的南方，首都曾是卡梅洛特，后改为伦敦，是身世最为坎坷神奇的王国。原本为凯尔特蛮族的后人，后被西法兰克王国的人击败被迫向其诚服，成立了诺曼底王朝。然而西法兰克王国并不满意于英格兰王国的诚服，他们在百年后对英格兰发动了侵略战争，彻底征服了英格兰，由法国王室的血脉建立了金雀花王朝。在这一段时间里，英格兰的官方文字都是法语。1455年，英格兰血族的后裔约克公爵发动了名为玫瑰战争的国家夺回战，与法兰西王国的玛格丽特皇后展开了历经三代的战争。玛格丽特皇后虽然击败杀死了约克公爵，但随后被他的儿子爱德华三世所击溃，并赶出了不列颠岛，建立了约克王朝。然而好景不长，爱德华三世之子理查三世是一位疯王，最终被新贵族亨利·都铎所打败，约克王朝改为都铎王朝。国教曾为天主教，但因亨利八世婚姻事件与神圣罗马帝国教廷闹崩并脱离教皇体系，改天主教为圣公教，且与教皇数次开战并战胜，迫使教皇被迫承认圣公教的存在。

苏格兰王国位于不列颠岛的北方，包括北部诸个小岛，首都是爱丁堡。苏格兰的年代甚至比英格兰还要久远。传说曾在过去与未来的永恒之王亚瑟·阿尔托利亚·潘德拉贡的人格魅力下，臣服于英格兰。在亚瑟死后，又独立了出去。以至与英格兰分庭抗礼至今，两者分分合合，与法兰西王国一起互相纠缠不清，尤其在玛丽女王时期达到了巅峰。直至如今，苏格兰虽名义上归于英联邦管辖，但法律上享有自治权、自己的语言、自己的皇家体系以及自己的货币。如今苏格兰法定上仍然信奉天主教，归属于神圣罗马教皇管辖。

爱尔兰王国位处大西洋沿岸，东靠爱尔兰海，与不列颠岛隔海相望，那里的百姓曾是一群自由淳朴的渔民。十一世纪被英格兰国王征服者威廉侵略，并在其后四百年的时间里不断与英格兰的暴力统治抗争。直到1555年，爱尔兰大公在神圣罗马教皇亚历山大三世的帮助下，终于摆脱了英格兰的统治并独立出自己的王国。1801年后，拿破仑发起远征，击败了神圣罗马教皇，占领了维也纳。失去了教皇庇护的爱尔兰王国再次沦陷于已经由苏格兰和英格兰合并的大不列颠联合王国（英国）。直到1921年，爱尔兰有两个郡再次独立了出来，称为北爱尔兰，直到今天。

神圣罗马帝国全称为神圣罗马德意志与日耳曼天主同盟，又称神圣罗马帝国教廷。主要城市分别是日耳曼尼亚、米兰、维也纳、斯图加特、慕尼黑、科隆和法兰克福。统治者是教皇，麾下率主教们在各国各地，是欧洲大陆的实际统治者，诸王之王，神的化身。一切中世纪时期战争的始作俑者和终结者；文学艺术（欧洲的艺术主要指绘画和雕塑）与音乐导向的指引者。哪里都会有教皇的“天使”（教皇座下的使臣，不是那个长翅膀顶着光圈的），哪里都会有教皇的耳目，哪里都是教皇的土地，一切的生命即是教皇的恩赐。

看完以上的介绍，是不是对欧洲在中世纪时期的势力分布有了一个基本概念了呢？哈哈别急！我在之后的文章里，会更加详细地说到这一个个故事。

王国卷三：

# 不列颠年代记（上）七王征服者

在欧罗巴大陆的北部以西，再稍稍往北偏移一些的，即是传说中的迷雾之地——不列颠群岛。在这片被海浪与大雾包裹着的岛上，住着崇拜着达努神族与半神的英雄芬恩的盎格鲁人、撒克逊人和凯尔特人。

这里是那样的遥远，远到连处于黄金年代鼎盛时期的教皇之光，也难以照进这片山峰海雾。

但这丝毫不妨碍文明的光辉在此茁壮成长，终于盛开出了七朵灿烂的明花。

艾萨克斯，主神沃登的后裔，宛若明珠般的骑士之国，首都为带着三分神话色彩，传说中曾名为卡梅洛的不列颠之心——伦敦。

肯特，南部的海上之国，飘扬而来的罗马人后裔，最为富饶而荣耀之国，首都为坎特伯雷。

伊斯特安格利亚，又称东部王国英吉利，是正统而自由的盎格鲁人王国，首都为诺福克。

诺森布里亚，位处于中部的王国，由艺术家与科学家们共同建立的黄金之国，被称为不列颠的王冠，首都为约克。

苏赛克斯，位处于不列颠群岛的东南部位，是古不列颠最荣耀骁勇的战士之乡，由撒克逊人建立，首都为维尔德。

莫西亚，最古老的不列颠文明，位于中南部位，首都为米德兰。

威塞克斯，位处泰晤士河上游的凯尔特人之国，击退挪威与丹麦入侵的王，首都为多赛特。

这七国互相争斗与制衡，一直不分胜负，整个不列颠群岛每一天都处在混乱之中。

直到八世纪下半叶，威塞克斯在国王阿尔弗雷德的带领下，发起了一系列军事与民政的改革，这使得威塞克斯立刻从众小国之中脱颖而出，日渐兴盛，其统治权也渐渐地压过其他王国。就在此时，游荡在北欧的，连神圣罗马教皇都鞭长莫及、束手无策的维京海盗突然登陆不列颠，开始袭击七国。维京人强大且不要命的战斗，令七国国王各自疲于奔命，难以应对，损失惨重。此时，威塞克斯的君主，伟大的阿尔弗雷德王亲自率领威塞克斯的军队与维京人决战，并一次次打退了他们的进攻，最终将其赶回了北欧之海。

维京之战后，威塞克斯毫无疑问地成了不列颠七国的领袖，而阿尔弗雷德王也被冠以“全盎格鲁撒克逊人土地之君主”的称呼，其名为英格兰之王。

阿尔弗雷德王病逝后，其长子爱德华接过了父亲的利剑。爱德华人称“长者”，他在军事上的成就更超越他的父亲，联合了七国之兵，远渡海峡，直取维京人的根据地，北欧五王之首丹麦，并击溃了丹麦王在西南沿岸的防线，杜绝了维京人对不列颠的危害。

“长者”爱德华在终结维京之灾后不久就去世了。他的第一任妻子的儿子，也是大儿子埃塞尔斯坦继承了威塞克斯的王位，并于924年对其余不列颠六国发动了统一战争。

在经历了阿尔弗雷德王和“长者”爱德华统治之后，威塞克斯王国的声势如日中天，其余六国根本无法与之抗衡，纷纷倒向威塞克斯。仅有诺森布里亚，在苦苦支撑了三年后，还是败下了阵来。

927年，六国最后的遗珠，拥有璀璨的文艺和高超的科学技术的诺森布里亚首都约克，终于被攻破了。埃塞尔斯坦王一统六国，成了整个不列颠的第一位统一的国王，又称威塞克斯王朝。在他的统治期间，王室一直是国家的中心，整个不列颠终于成为一个真正统一的君主制王国。

从这一刻起，沿袭自阿尔弗雷德王的荣誉称号，英格兰王国正式登上了历史的舞台。

埃塞尔斯坦王病逝后，由于他没有孩子，王位由他同父异母的兄弟爱德蒙一世继承。趁此机会，与英格兰有着深仇大恨的维京人在埃塞尔斯坦王病逝期间，开始大举进攻。并在接下来的几年里，与英格兰王国威塞克斯王朝发生了不计其数的战争，直到954年，爱德蒙一世再一次挥师打进了丹麦，将丹麦的附属国斯堪的那维亚王国吞并，才暂时结束了这场战争。

然而，好景不长，在十世纪末期，丹麦的维京人又开始入侵英格兰。此时的英格兰王国威塞克斯朝的君主，埃塞尔雷德二世却操之过急地向维京人报复，他竟然在1002年下令屠杀所有在英格兰境内的丹麦人来作为响应。这直接引起了丹麦王斯万一世的震怒。很快，北欧的五王之首丹麦联合了同为五王之一的挪威，在斯万一世的余生中，对英格兰发动了四次猛烈的全面入侵，并多次击败了埃塞尔雷德二世。1013年，在神圣罗马教廷的干涉下，斯万一世竟自称英格兰王，只为与埃塞尔雷德二世抗衡。愤怒的埃塞尔雷德二世，对斯万一世发起了疯狂的攻击，威塞克斯古老而强悍的血脉，在这一刻终于再次爆发了出来。1014年，埃塞尔雷德二世大败丹麦王，夺回了被占领的领土，丹麦王斯万一世积劳成疾病逝。

然而，战争并未因此结束，斯万一世的儿子克努特一世在即位后，继续与英格兰作战。一生都在战火中的威塞克斯王埃塞尔雷德二世终于还是病倒了，他于1016年4月23日逝世。他的儿子埃德蒙二世继承了王位。不幸的是，这位少年国王的力量远不如自己父亲的，他很快就被丹麦王克努特一世打败。1016年11月30日，埃德蒙二世战死，威塞克斯王朝覆灭，全英格兰终于被丹麦打败，沦于北欧的统治下。

然而北欧人对英格兰的统治并不持久。1042年6月8日，克努特一世的儿子，丹麦王哈德克努特逝世，可怜的哈德克努特没有自己的继承人，这直接导致丹麦王国内部发生了巨大的混乱。趁此机会，埃塞尔雷德二世的小儿子，圣·爱德华继位，威塞克斯王朝成功复辟，英格兰人再度取回政权。

圣·爱德华是一位非常虔诚的天主教徒，他在登基后，第一时间向远在德意志的神圣罗马教皇宣誓效忠。圣·爱德华在教皇面前，深深地为英格兰在这么长的一段时间里的一系列离经叛教的行为忏悔。所以，历史上又称其为“忏悔者”爱德华。

在圣·爱德华的统治期间，除了对神圣罗马教皇的亲近以外，圣·爱德华还非常崇拜法兰西王国的文明。因此在英格兰贵族圈中充满了许多法兰西的诺曼人，也因此法兰西的语言、习俗等也很快就在英格兰的大街小巷流行。在那个年代，学习法语已然成为英格兰王族权贵的象征。大贵族们竞相模仿法国的服饰、音乐与文学。甚至，在英格兰的公文里也充斥着法语。

渐渐地，凭借着圣·爱德华的信任，诺曼人掌握了英格兰的很多政务。这激起了英格兰的保守派代表，首相哥德文伯爵的紧张、极度担忧和不满。

哥德文伯爵的势力在英格兰王国根深叶茂，盘根错节。其长子塞维涅与次子哈罗德，分别在英格兰的学术与艺术中心牛津、贝克斯、格洛斯特郡以及约克郡等地颇有名望。在父亲哥德文伯爵的秘密策划下，塞维涅与哈罗德在法兰西的使者诺曼伯爵布洛涅准备渡海回国时，对其发动了突袭。

一番会战过后，布洛涅伯爵在其手下骑士的保护下，成功突围，仓皇地逃向了英格兰宫廷。他声泪俱下地向国王圣·爱德华控诉自己的遭遇。“忏悔者”果然名副其实，他一边以上帝的名义不断向布洛涅伯爵忏悔，一边则令哥德文伯爵惩办肇事者。但哥德文伯爵无比迫切地希望英格兰人为自己的文明而站起来，因而严厉地拒绝了国王的命令，并且将责任推到布洛涅伯爵的身上。

圣·爱德华王听闻后极其愤怒，扬言要好好惩戒哥德文伯爵一番。谁知哥德文伯爵早有准备，他先于国王一步，秘密集结了大军，控制住了圣·爱德华王的所在。情急之下，圣·爱德华王在此时展现出惊人的智慧，他一边对哥德文伯爵晓之以理，动之以情地好言相劝，一边秘密急书给诺森伯兰公爵和墨西亚公爵发兵勤王。果然，占尽优势、胜券在握的哥德文伯爵因圣·爱德华王的服软，终于得意忘形，竟忘记了补刀……直到勤王军队如潮水而来，将其团团包围之后，哥德文伯爵才反应过来自己中计了。于是，他只得仓皇逃亡于海外。由于哥德文伯爵的儿子托斯蒂乃是十字军的领袖、耶路撒冷王鲍德温伯爵的女婿，因此接纳了他们逃过一劫。

圣·爱德华王在哥德文父子逃亡出国后，没收了其所有的封地以及官职，家里的用人也逐一被送进了瓦尔维尔修道院。一度声势显赫的哥德文家族，就此覆没。但不久之后，哥德文伯爵在亲家鲍德温伯爵的帮助下，再次集结了一支强大的舰队，兵发怀特岛。在怀特岛，伯爵与其子哈罗德二世联合爱尔兰王国，率军封锁了英格兰南海岸的各个港口。树大根深的哥德文家族，虽然一度陨落，但因为其长期统治着南方各郡，朋党众多，很快哥德文伯爵就得到南方各郡的响应，进军泰晤士河，兵临伦敦城下。

一番激战后，双方互有胜负。神圣罗马教廷出面调停，双方最终达成和约，避免了更加惨烈的内战爆发。在和约中，哥德文伯爵须送人质与国王作保，终于还是让圣·爱德华王占据了上风，但因其宁愿与英格兰人为敌，不惜发动内战，也要讨好法兰西的诺曼人这个行为，直接让圣·爱德华王以及整个英格兰王室威望扫地，并埋下了覆灭的种子。

1066年1月5日，“忏悔者”圣·爱德华王驾崩，他也没有留下任何子嗣，王位由他的内兄弟哈罗德二世继承。此时早已对英格兰王国虎视眈眈的法兰西诺曼底公爵威廉一世，立即宣称自己是圣·爱德华王的姑表侄，拥有王位继承权。言罢，威廉一世立刻率领一支大军开始入侵英格兰。1066年9月28日，威廉一世在萨塞克斯地方登陆。英格兰王哈罗德二世号召全英格兰人武装起来与他一同对抗威廉一世和诺曼人的入侵。但因为整个英格兰王国都长时间受“忏悔者”圣·爱德华王关于法兰西文化的熏陶，导致这个号召并没有起到很大的作用。

哈罗德二世率领王室的军队，在约克的史丹福德桥和黑斯廷斯与威廉一世展开激烈的战斗，他们行军穿过整个英格兰来对抗诺曼人的入侵。可惜，得不到英格兰人全面响应的哈罗德二世终于还是不幸兵败阵亡，他的两位亲弟弟也战死沙场。威廉一世获得了最后的胜利，自此威塞克斯王朝彻底灭亡了。法兰西的诺曼人成功、且彻底地，征服了英格兰。1066年12月25日，威廉一世加冕为英格兰国王，史称诺曼底王朝，威廉一世又称征服者威廉。

威廉一世即位后，立刻表示英格兰全权依附法兰西王国，他自己不过是法兰西的附属王，并下令彻查全国人口、土地和财产用以编辑《末日审判书》(别怕，这其实就是户口簿)。通过此书，威廉一世可以得到整个英格兰王国的国家资讯，以便日后管理。同时，为了镇压国内原七国传统的末裔贵族的叛乱，威廉一世重新丈量了全国的土地，并引入欧洲大陆的分封土地制度，将英格兰五分之一的土地作为自己的领地，同时借由领主效忠来强化自己的王权。然后，他正式改法语为国家语言，以此来改变英格兰曾经本地的七国文化。

一个新的时代开始了，但英格兰古老七国的反抗并不会就此结束，而一场惊天大战，即将在这个风云变化的年代拉开序幕。

## 王国卷三：

# 不列颠年代记（中）金雀花王朝

前情提要：统一的不列颠在全英格兰的王，“忏悔者”圣·爱德华王的带领下，全面向法兰西王国学习，甚至抛弃了不列颠本族自己的语言和风俗。这使得在圣·爱德华王驾崩后，面对法兰西的诺曼公爵威廉一世的入侵，英格兰的人民并没能有足够的力量，从纯正的民族主义出发，去反击威廉一世的入侵。一番混战，英格兰王哈罗德二世被阵斩，威廉一世成了英格兰王，史称：七国征服者。

威廉一世加冕后，做的第一件事情就是立刻依附法兰西国王腓力一世。他非常清楚，即便征服了英格兰，在腓力一世面前，他不过还是那个诺曼公爵。而面对威廉一世的依附和投诚，法兰西国王腓力一世表现出了极大的胸怀。

既然英格兰是你打下的，那你就是英格兰的王，可以独立地统治这片领土。虽然名义上你还是我的臣子。

就这样，威廉一世老老实实、安安分分地做了他的英格兰王，虽然实际上他只不过是法兰西的一个附庸而已。

威廉一世死后，他的长子亨利一世即位。这个“英格兰王”更有意思，他连伦敦都不愿住下去了，自己长期跑回曾经的诺曼封地静养，这让英格兰一度处于无政府状态。期间，亨利一世把自己唯一的女儿玛蒂尔达公主嫁给了神圣罗马帝国教廷的心脏——德意志奥匈帝国维也纳的国王亨利五世兰开斯特。也因此，在神圣罗马教皇的授意下，亨利一世的独女将为英格兰国王王座的唯一继承人。

然而，因为亨利一世全家几乎完全不来不列颠岛，导致即使有教皇的授意，在亨利一世驾崩后，还是被早早就蹲在不列颠且蓄谋已久的亨利一世的表兄斯蒂芬·布鲁瓦公爵给篡了位。

早在亨利一世重病时，斯蒂芬就暗暗命人严密监视这位老国王。等到亨利一世一咽气，他立刻率兵占领了伦敦继而控制了整个不列颠岛上的英格兰土地和军队。

然而，他还是低估了玛蒂尔达的决心和愤怒，更低估了神圣罗马帝国教廷对这起政变的态度。

在教皇的帮助下，玛蒂尔达很快拥有了一支精锐的军队。此时，虽然不列颠岛尽在斯蒂芬的控制下，但诺曼家族的根据地，诺曼底以及勃艮第这两块原属于法兰西且富得流油的地区，却仍然还在玛蒂尔达的控制下。更糟糕的是，英格兰的老邻居，盘踞在不列颠岛最北部的苏格兰王国也并不承认斯蒂芬是英格兰的王。因此苏格兰王并不愿意派兵协助斯蒂芬，他倒是拿起鱼薯和爆米花，摆出一副坐山观虎斗的架势，最好斯蒂芬和玛蒂尔达斗个两败俱伤才好。

就这样，斯蒂芬仗着天险英吉利海峡以及不列颠强大的纵深，与玛蒂尔达展开了一场旷日持久的缠斗。这一仗一打就是十九年，期间，不列颠、诺曼底和勃艮第的老百姓们生灵涂炭、饥荒遍地、匐尸万里。

眼看着再这样打下去，这两块地方的人都得完蛋，神圣罗马帝国教廷率先说服了玛蒂尔达，向斯蒂芬表示请求和谈。

双方在经过了长达半年的洽谈后，终于达成了停战协议。玛蒂尔达承认斯蒂芬为英格兰王，但是在斯蒂芬驾崩后，必须传位于玛蒂尔达的儿子，安茹伯爵亨利二世即位。

在神圣罗马教皇的见证下，斯蒂芬和玛蒂尔达互相立下了这份誓约。有意思的是，在一年后，也就是1154年，在斯蒂芬驾崩前，在这个尔虞我诈充满了谎言和背叛的中世纪权力场上，斯蒂芬如同亚瑟王的骑士一般，履行了自己的诺言，传位玛蒂尔达的儿子亨利二世为英格兰的王。

于是，诺曼王朝就此结束了英格兰的统治，亨利二世的安茹家族开始了对英格兰的统治。由于安茹家族的族徽是一朵耀眼的金雀花，所以他们统治的时代，被称为金雀花王朝。

不过，这只是英国史书的记载，在法国的史书上，由于安茹家族在继任英格兰王的起初，并直到中叶，都是无比忠诚于法兰西王国的，所以，在法国的史书上称这一时期的英格兰王国为安茹国，又称安茹王朝。

亨利二世是个精力充沛的人，他在法兰西受过良好的教育，且经常和学者们商讨问题。所以，他一继任英格兰的王位，就立刻开始促进城市的发展，并亲自督导经济的建设。除此之外，亨利二世还是英格兰王国在中世纪时期的法律奠基人，并达成了全国司法的统一。在他的统治下，英格兰人开始习惯用国家颁布的法律来解决社会中出现的各种问题。其中，最著名的当属《习惯法》。它是由大法官法庭制定并执行的法律，它超越地方法庭和贵族法庭使用的种种不同法律。国王的主要封臣及其各自的小封臣之间的矛盾和争执一并归大法官法庭通过《习惯法》来解决。

不仅如此，亨利二世还在不断着手于挽回斯蒂芬王时期，因战乱和不作为而导致的英格兰王国丧失的疆土。1157年，他施加外交压力，迫使苏格兰归还趁着斯蒂芬与玛蒂尔达的战争而侵占的北方重镇坎伯兰、威斯特摩兰和诺森伯利亚。同时，在1169年，亨利二世的军队入侵爱尔兰王国，拓地千里，拿下了整个爱尔兰王国的东部。

在亨利二世的不懈努力下，英格兰王国终于在斯蒂芬和玛蒂尔达战火的废墟中，重新焕发出了生机。可惜，混乱的开端，从黄金时代开始逐步滑落的十二世纪中期终于来到了。从这时候起，本是和平、和谐、富饶、智慧与公正的代表，神圣罗马帝国教廷开始转变成为统治世界而前进的巨型机器。教廷与国家之间的矛盾从这时候起开始越来越大了。神圣罗马帝国教廷开始不断地干涉欧罗巴诸国的法律、国王的权力以及军队。

远在不列颠的亨利二世一样遭到了波及，他与教皇的天使，时任坎特伯雷大主教的托马斯·贝克特，在国王是否应该控制教会、国家法庭与宗教法庭之间的关系上，发生了严重的争执。

骄傲的坎特伯雷大主教根本没把这位英格兰的国王放在眼里。他扬言，倘若亨利二世不听话，那么教廷的十字军将踏平整个不列颠。

这一着直接成了亨利二世与神圣罗马帝国教廷彻底闹崩的最后一根

稻草。

1170年，亨利二世命刺客谋杀了坎特伯雷大主教。此举震惊了整个欧罗巴大陆。时神圣罗马教皇亚历山大三世震怒，他扬言要对亨利二世处以惩罚。教皇之剑，十字军与条顿骑士团立刻开始在英格兰王国的边界集结。

无奈之下，亨利二世不得不向教皇屈服。他赤身表示悔罪，并表示要亲自随十字军去巴勒斯坦参与远征。然而，可悲的是，就在亨利二世集结军队准备远征的时候，一只黑手迅速从他的后方抓来。

亨利二世的次子，理查德王子突然带领着一半的英格兰远征军就地叛变了，同时法兰西王国的军队也突然出现在了亨利二世面前，领头的正是法兰西国王腓力二世。不仅如此，神圣罗马教廷的骑士团也来了，三支人马将亨利二世团团围住。

惊怒交加的老国王亨利二世厉声质问自己的儿子理查德王子为何如此。然而早已觊觎英格兰王位的理查德根本不理会老父亲的责难，他命令英格兰的射手全部拉开长弓瞄准亨利二世和还忠心于他的英格兰军队。

在理查德王子、法兰西王和神圣罗马帝国教廷的胁迫下，亨利二世被迫签订了屈辱的退位协议，传位于他的次子理查德一世。而理查德一世也郑重向教皇和神圣罗马帝国教廷表示，英格兰将再次拜倒在其脚下，天主教的光辉必将在这片繁荣的岛屿上璀璨放光。

“奇耻大辱，一个国王败在了他人手下，奇耻大辱！”这是亨利二世在人世间的最后一句话……

可惜这已经不重要了，理查德一世，后世称其为“狮心王”，他的野心绝不仅仅只是得到英格兰王国。他利用了神圣罗马帝国教廷企图一统欧亚宗教教派的想法，主动率领英格兰几乎全部的军队，借机扩大英格兰王国的疆土。

1187年，穆斯林的英雄萨拉丁王，突然率军攻下了圣城耶路撒冷，并迅速拿下了地中海东岸的许多城市。耶路撒冷的瞬间沦陷，震惊了整个神圣罗马帝国教廷。时任教皇克雷芒三世遣使四出，号召欧洲所有天主教王国集结军力，联合十字军，发动耶路撒冷夺回战，史称十字军东征。

当此时，第一个响应教皇号召，并加入到那场惊天动地的十字军东征战役中的，就是刚刚即位的“狮心王”理查德一世。

1190年冬，神圣罗马帝国教廷联合英格兰“狮心王”理查德一世、德意志奥匈帝国国王“红胡子”腓特烈一世、法兰西国王腓力二世，以及原耶路撒冷王吕西尼昂的居伊，兵出西西里岛，直取耶路撒冷。

此时，乍一看，神圣罗马帝国教廷的声势极为壮大，但实际上四路联军里，除了直属于神圣罗马帝国教廷的德意志奥匈帝国国王“红胡子”腓特烈一世是认真的以外，另外三路联军都是各自心怀鬼胎。狮心王远征耶路撒冷是假，到处搜刮财物并吞并土地是真；腓力二世帮助理查德一世篡权后，理查德一世答应娶腓力二世的妹妹阿莱公主为妻，但理查德一世却在事后直接变卦，这让腓力二世恼羞成怒与英格兰军嫌隙颇深、分道扬镳；耶路撒冷王吕西尼昂的居伊，曾是萨拉丁的手下败将，还被俘虏过，急于证明自己，想抢在所有人之前率先进入耶路撒冷复辟的居伊，全然不顾四路联军的协同，自顾自地径直去了耶路撒冷前的穆斯林重镇阿克。

新年过后，1191年3月春，四路联军之间的矛盾终于激化了。腓力二世再也受不了理查德一世一路疯狂的劫掠行为（实际上是因为理查德一世太会抢劫了，腓力二世抢不过他，又从理查德一世那里分不到好处），甚至连法兰西的领土和财富都抢。腓力二世愤然率军西归，从此他严防死守、四处打听情报，准备暗算理查德一世。

着急忙慌的居伊，最先到达了阿克，然后毫无保留地一头扎进了萨拉丁的圈套里，被包成了粽子。

此时，“红胡子”腓特烈一世的进军也受到了萨拉丁的顽强抵抗，频频受阻，他本人也在小亚细亚的战场上摔到河里面淹死了。萨拉丁，这位穆斯林王的常胜之名，从此响彻了整个天主教和伊斯兰教的世界。

6月，劫掠得差不多了的理查德一世，终于姗姗来迟。“狮心王”果然名副其实，他只用了几天，就攻下了重镇阿克，并救出了被俘虏的十字军们。然后他立刻东进，在雅法、阿什凯隆和阿苏夫与萨拉丁连战三场。每一战，“狮心王”与萨拉丁二人，都必亲自骑马冲在前线；每一战这二人必相互交手；每一战，“狮心王”都将萨拉丁和他的穆斯林军彻底击溃了！

1192年7月中旬，“狮心王”兵临耶路撒冷城下，再度与萨拉丁决战。身先士卒的“狮心王”，在马匹四度倒下后，还依然爬起来与萨拉丁步战，寸步不让，并再一次击败了萨拉丁。

萨拉丁就此负伤重病。

可惜的是，就在“狮心王”即将占领耶路撒冷的时候，法兰西国王腓力二世联合理查德的弟弟约翰一世，企图谋反篡权，准备重演前英格兰国王亨利二世的覆灭。

得知这一消息的理查德一世心急如焚，他一方面想要尽快回到英格兰；另一方面又不甘心唾手可得的耶路撒冷就这样与自己失之交臂。他曾发誓，在他见到耶路撒冷城墙的那一刻，这座城就必将被他征服，现在胜利就在眼前，却是那样遥不可及。

睿智的萨拉丁同样也得知了这一情报。重伤重病的萨拉丁，费力爬起来跟理查德一世商谈停战协议。穆斯林军和教皇的十字军同时撤出耶路撒冷，天主教徒和穆斯林从此都可以来朝拜圣城，双方不见兵戎。

事已至此，理查德一世只得匆匆忙忙地签订了停战协议，然后立刻班师回国。然而，因为理查德一世这一路的横征暴敛，导致他树敌太多，一路上都在不断地被人暗算、谋杀。

不得已，理查德一世只得化装成一个商人，想借机从奥地利回到英格兰。谁知，法兰西国王腓力二世，早就料到了理查德一世会这么做，他联合同样讨厌理查德一世的德意志奥匈帝国新王亨利六世，在维也纳逮捕了理查德一世并把他囚禁起来。

趁着理查德一世被囚并在法兰西国王腓力二世的支持下，理查德一世的弟弟约翰一世立刻起兵夺权，但因为整个英格兰王国仍旧忠于"狮心王"理查德一世，导致可怜的约翰王并无可统领的土地，所以他在历史上得了个搞笑的外号叫"无地王"。意思是，没有可统领土地的国王。

1194年3月，"狮心王"理查德一世靠着十字军东征时期对神圣罗马教廷的赫赫战功，进行多方打点，在交了一大笔赎金（十五万马克，相当于英格兰两年多的税收）后，终于重返了英格兰。那一天，伦敦的老百姓开城欢呼，知道自己大势已去的约翰一世立刻选择了投降。理查德赦免了他，并让其为自己在国内摄政。

然而，因为连年的征战和缴纳赎身的赎金，英格兰已经被榨取得民穷财尽了。但“狮心王”却仍然执意要向腓力二世复仇。他在返回英国以后，只作了短暂停留，就重返欧罗巴，兵出诺曼底，出征法兰西。

1194年5月，理查德一世率军击退法王腓力围攻韦尔纳伊的军队，并于当年7月在弗雷特瓦勒彻底打败了腓力二世。法军的运输车队，包括大量马匹、帐篷、攻城器，甚至腓力本人的许多珍宝，都悉数落入理查德一世之手。不仅如此，理查德一世还俘虏了腓力的皇家唱诗班以及法兰西王室的文书。

为了防御腓力二世的卷土重来及对诺曼底的进攻，理查德一世于1196年开始，在塞纳河上修建雄伟险峻的盖扬城堡，这是中世纪最著名的要塞。但这笔费用及其他军事开支仍然取自英国，沉重的赋税和贫穷终于引发了英格兰民众甚至部分领主也参与的暴动。

绵延不绝的军事行动和开销，也同样困扰着理查德一世。此时，一项关于宝藏的谣言激起了他的注意。据传，在利摩赞，有一处名叫沙露堡的地方。传说那里有人发现了十二个黄金铸造的骑士和一张金桌。1199年，穷疯了的理查德一世率军包围这座城堡，扬言要绞杀全部居民。话音刚落，他被堡中一支弩箭射中肩胛骨，理查德一世当场从马上倒栽下去，箭头断入体内，仅十天后，这位威名远扬的“狮心王”驾崩，年仅四十二岁。

很多官方的书上，理查德一世是金雀花时代最理想的国王。他保卫了英格兰的领土，扩大了战果，维护了天主教的尊严，甚至击败了当时最大最危险的敌人萨拉丁。同时，他那富有浪漫主义的骑士精神，更成了现代人对他追忆的闪光点。他的狮子骑士传说，与不列颠的精神领袖、过去与未来之王亚瑟·阿尔托利亚·潘德拉贡一同并肩。

我个人觉得，去这位“狮心王”和亚瑟王比，还是有很大区别的。理查德一世靠着与敌人联合弑父夺权，野心之大，手段之残忍冷酷令人发指，而亚瑟王不管年少时多么不赞同父亲的做法，他一生都始终如一地拥护自己的父亲乌瑟王；理查德一世在位期间，不断地拉大领主贵族与平民间的矛盾，分化社会阶层，而亚瑟王在位的时候，用一张大圆桌将全国所有有才能、有责任、有道德的人聚集在一起，不分贵贱、不分出身、不分高低；面对外交，理查德一世只有也只会打、打、打，他暴躁、易怒、冲动、不计后果还喜欢羞辱敌人，在东征时期，当得知“红胡子”腓特烈一世战败时，他甚至冲上去一边嘲笑“红胡子”的军队，一边把他们国家的战旗撕碎并用脚踩到地里面，而亚瑟王的一生都在联合不列颠岛上诸国，共同创建一个和平和谐的世界，大不列颠联合王国就是亚瑟王最早提出的。

亚瑟王死后，不仅是卡梅洛，整个不列颠诸国都是一片繁荣；而“狮心王”死后呢？在他身后，我看到的是一片又一片的残垣断壁、妻离子散、瘟疫四起、国将不国。由于实在是太穷了，继任者约翰一世真的成了名副其实的“无地王”，并且不得不向法兰西国王腓力二世称臣。英格兰王国也因此失去了在诺曼底和勃艮第仅有的两处欧罗巴大陆的据点，被迫全线缩回英吉利海峡。

在英格兰王国内部，约翰一世也一样不好过。理查德一世的暴政，不仅侵吞干净了民众的财产，还严重伤害到大贵族和大领主们的核心利益。1215年，英格兰大贵族们突然发兵，冲击约翰一世的王宫，逼迫他签下了《自由大宪章》。从此英格兰进入君主立宪时代，英格兰国王几乎代代都失去了控制全国的权力。

一年后，也就是1216年，一直不服法兰西文化对不列颠统治的，原撒克逊盎格鲁七国的后裔们，趁此机会纷纷揭竿而起，大内战一触即发，各地领主们开始互相争夺土地。此时，早已积劳成疾的约翰一世，终于病逝了，留下年仅九岁的儿子亨利三世为英格兰国王。

而那场惊天动地的暴风雨，也越来越近了。

# 王国卷三：

# 不列颠年代记（下）暴风前夜

前情提要：亨利二世的儿子理查德王子，在亨利二世远征途中，突然联合法国国王腓力二世兵谏谋乱。猝不及防的老国王亨利被俘，王子理查德即位，史称“狮心王”理查德。“狮心王”一即位，就一改老父亲与神圣罗马帝国教廷对抗的姿态，借着天主教和伊斯兰教的矛盾，挥师远征耶路撒冷，并一路烧杀抢掠、中饱私囊。最终，虽然“狮心王”在耶路撒冷城下打败了萨拉丁，却因战线过长、树敌过多而被迫撤出战场。在归乡途中，“狮心王”被捕，虽然在不久后被赎回英格兰，但他在回国后很快就因更加残暴的掳掠而死于非命。他的弟弟约翰一世即位，可惜英格兰全国因长年累月的战争已经是残破不堪。约翰一世即位不久后，就因积劳成疾病逝，留下了年仅九岁的幼子亨利三世。

因为国王年纪实在太小，整个王国政权最初由贵族彭布鲁克的威廉和德布尔伯爵主导，直到亨利三世二十岁那年，他才得以亲政。可能是因为年幼丧父而导致小时候总是受到他人的摆布，亨利三世一亲政就把不少头衔授予外戚，用以维护他的统治。谁承想这直接引起了曾经摄政的非宗亲大贵族们的不满。于是，一场蓄意已久的密谋终于在1258年发动。联合起来的大贵族们，突然各自派兵包围了亨利三世的宫殿，逼迫他签订一项由孟福尔伯爵领导发起的旨在限制王权的《牛津条例》。在这份条例里，最主要的事情就是，由这些大贵族里声名最显赫的十五个人组成“王国议会”，来“协助”（实际上是夺权）国王治理国家。而这正是后来英国国会的起源。可怜的亨利三世，在接过父亲和大伯的烂摊子后，不仅未能成功恢复金雀花王室在法国北部的领地和要塞，还丢掉了英格兰国王超过七成以上的权力。

然而这还不是最凄凉的，要知道人倒起霉来，是喝凉水都会塞牙缝的……即使亨利三世的权力已经被大量限制住了，但大贵族们还不知足。1264年，谋划已久的孟福尔公爵公然反叛，率兵攻入英格兰皇宫囚禁了亨利三世。接着，一手拽着亨利三世，一手握着英格兰的重兵，威胁全不列颠岛，企图来一出英国版的挟天子令诸侯。

一时之间英格兰又陷入了一场乱战之中。

自认算无遗策的孟福尔，算准了亨利三世的软弱无能和英格兰诸大领主们既贪婪自私又见风使舵的特性，他相信只要他胁迫亨利三世，以王的号令去讨伐，很快就能平息各地动乱，之后他就是英格兰的实际统治者！

千算万算的孟福尔公爵还是算漏了一个人。谁说孬种父亲就一定会生出孬种儿子？就在孟福尔公爵控制住亨利三世，准备挟天子令诸侯的时候，亨利三世的儿子爱德华一世机智地逃出了伦敦，然后以最快的速度集结起所有对孟福尔公爵不满的贵族领主们，与孟福尔展开战斗。这一仗打了十五个月，最终王子爱德华一世在伊夫舍姆击败孟福尔公爵，夺回了自己的王国。

于是，没有任何争议的，在亨利三世病逝后，爱德华一世继任英格兰国王。

英王爱德华一世，史称长腿的爱德华。为什么会有这个绰号呢？别想多……因为他的个子很高很高，有传说他身高近两米。这位英格兰国王，不仅个子高，他的业务能力更是功绩彪炳。自从法国人击败古代七国进入不列颠岛建立政权以来，有两个地方，一直都没能被法国人彻底统治。一个是西南方向的威尔士，另一个则是北方的苏格兰。

大家可以摊开英国地貌图看看，不列颠岛上是没有山脉的，但是在中间有一条山脊，仿佛巨人的脊椎一般（有兴趣的同学可以去走走看）。英格兰王国在脊椎的东南方向，而威尔士则在西南。

再加上之前的法国、英国统治者们，一来觉得不列颠是个未开化的地方；二来在早先时候，他们都维持着较为纯粹的法国血统，所以也就对七国旧部放之任之。

但当英格兰王位传到爱德华一世这一代的时候，无论是血统还是文化，在不列颠这片岛屿上，英格兰已经开始沉淀出属于自己的东西了。于是，统一这片岛屿所有的势力，就成了当下英王最重要的活儿。

1282年，爱德华一世开始对威尔士发动了肃清战争。他一手拿着英格兰的法律和钱，一手拿着长矛。听话的，就把法典和钱拿走，好吃好喝；不听话的就一长矛刺过去直接让其注销户口。

仅一年，威尔士就服服帖帖地归到了英格兰的正式版图里。而爱德华一世也顺水推舟地把自己的儿子，爱德华二世王子送去这里做威尔士亲王。从此，威尔士亲王即英格兰王储的传统也就开始了。

摆平了威尔士，就剩下在北部高地上的苏格兰了，这个就有点难办了。威尔士怎么说，法律上还是属于英格兰的，爱德华一世一拳打过去最多也就是个“家暴”行为。但苏格兰不同，那是被神圣罗马帝国教廷认可的、拥有独立自主权的苏格兰王国。

此时，如果贸然进攻苏格兰，就是对神圣罗马帝国教廷的挑衅，要是招来了十字军和条顿骑士团，那就算不死也得脱层皮。

绞尽脑汁的爱德华一世想到了一个绝招，他得知血脉稀薄的苏格兰王国传到公主玛格丽特这一代的时候，基本上只剩下了这么一个独苗，而且她还是个病痨。于是，爱德华一世便大张旗鼓地要让自己的儿子爱德华二世王子和玛格丽特公主结婚。年老而焦急的苏格兰王匆匆答应了这个请求。

果不其然，一切正如爱德华一世所策划的一般。老苏格兰国王在孙女成婚后不久就病逝了，而他的孙女在一年后也病逝了。于是，爱德华一世就名正言顺地说，苏格兰王位有英格兰的份儿。现在苏格兰王室里有资格继承王位的，就只有他的儿子爱德华二世了。

图穷匕见的时候到了，苏格兰人民和大贵族们瞬间明白了这位英格兰国王的企图。他们一个个都愤愤不平却又无计可施。苏格兰王室后继无人且人心涣散，远不如英格兰那样众志成城。

怎么办？每到这时候，都会有一个超级英雄登场并完成惊天大翻盘的壮举。于是，伟大的苏格兰英雄、传奇的剑斗士、罗顿山游骑兵领袖，威廉·华莱士登上了这个舞台。

在玛格丽特公主死后，爱德华一世立刻就对苏格兰露出了贪婪的嘴脸。他一边威逼利诱苏格兰的大贵族们，一边真的把英格兰的军队逐批次地派进苏格兰。也就在这时，从幼年时代起就无比仇恨英格兰的苏格兰剑斗士（剑斗士翻译成中文就是侠客），威廉·华莱士组建了罗顿山游骑兵。与英格兰驻扎在苏格兰的军队展开了不死不休的游斗。

他们这里偷个人，那里射两箭，趁着英军不注意再烧毁几个粮仓，甚至数次逼退了英格兰军队对他们的地毯式围剿。这种一击不中、远扬千里的战术，搞得爱德华一世晕头转向，无法应对。而苏格兰王室和贵族借此机会，马上拥立了亲王罗伯特一世为苏格兰国王。

话说，在中世纪里国与国的战斗最可怕的不是打着打着被对手埋伏，而是打着打着莫名其妙对手多了个国王出来。因为一旦有国王出现，就会被神圣罗马帝国教廷看到，那么这个无所不在的神奇组织就会出手干预，到时候谁都下不了场。

只不过，凡事总有例外，按照英格兰国王从七国时代开始起那倔强的个性，别说教廷的主教，就是教皇来了也不好使。

立个国王就想拿教廷来吓唬我？没门儿！看我爱德华一世锤不死你！哦，忘记说了，爱德华一世在那个时代有个比“长腿”还要响亮的绰号，名叫：苏格兰之锤！

于是，英格兰最精锐的长弓手们开始在高地集结，在爱德华一世的带领下对苏格兰发动了猛攻。威廉·华莱士虽然勇猛，但他毕竟不是手持二十米双头大砍刀的“灭霸”。很快，爱德华一世就占领了苏格兰的王座——苏坤巨石。

正当爱德华一世一路高歌猛进要占领苏格兰王国全境的时候，他跟他爷爷“狮心王”一样，突然就死在了战争前线。其子爱德华二世在伦敦即位。

话说欧洲中世纪的国王们都有一个很莫名其妙的毛病，也不知道为什么，儿子永远要跟父亲唱反调（请参考亨利一世和“狮心王”；埃塞尔雷德二世和忏悔者圣·爱德华）。爱德华二世也不例外，父亲一走，他马上就在国务上与父亲唱对台戏。爱德华二世突然临阵换将，把远征苏格兰的军队换成了自己的亲信。结果，这直接导致了英格兰与苏格兰在班诺克本战役中的惨败。

可是爱德华二世根本不关心这场战争的胜负死活，作为国王，他甚至还不愿管理这个国家。因此，大权落在了爱德华二世最亲密的朋友和情人——皮尔斯·加弗斯顿的手中。后来，无所顾忌的爱德华二世甚至还把康沃尔伯爵领地赐给加弗斯顿，这引起了英格兰各大贵族强烈的不满。

1309年，以爱德华二世的侄子兰开斯特·托马斯公爵为首的贵族们，迅速结成同盟反对国王。一年后，兰开斯特贵族集团成功迫使爱德华二世成立一个改革委员会。委员会拟出一套限制国王权力的条例，并为国会所通过。在贵族的强烈要求下，爱德华二世不得已把加弗斯顿逐出国外。但是，肆情骄纵的爱德华二世后来又偷偷把加弗斯顿接了回来，谁知，马上就被人发现。愤怒的贵族们把加弗斯顿抓了起来，毫不犹豫地处死了他，而兰开斯特·托马斯也终于是大权在握。

1315年，整顿完好的苏格兰国王命威廉·华莱士为前锋，自己亲自领兵，全面入侵英格兰复仇。不仅如此，罗伯特一世还派出自己的弟弟爱德华·布鲁斯征服英格兰属地爱尔兰，爱德华·布鲁斯就征服了爱尔兰，并自称爱尔兰国王。

形势已经到了万分危急的关头，可爱德华二世竟然还是全然不理。此时的他又有了两个新的宠臣——德斯彭瑟父子。国难当头，爱德华二世在意的不是英格兰的存亡，而是如何为他的这两个宠臣分封土地！

愤怒的兰开斯特•托马斯，授意英格兰国会宣布放逐德斯彭瑟父子，但爱德华二世执意不肯，甚至以武力支持德斯彭瑟。1322年，再也忍无可忍的兰开斯特•托马斯领导贵族们发动叛乱。然而，骄傲的兰开斯特犯了一个巨大的错误，他真的把爱德华二世当成了一个废物国王。大意的兰开斯特•托马斯在这占尽优势一战中，竟然被吃了一辈子败仗的爱德华二世打败并俘虏，然后立刻遭到了处决。

在兰开斯特•托马斯战败后，爱德华二世终于成功摆脱了贵族们长期的控制。1323年，爱德华承认罗伯特一世为独立的苏格兰王国的国王并宣誓英格兰永不入侵苏格兰。

得胜后的爱德华二世和德斯彭瑟父子，开始了更加飞扬跋扈的生活。可敢于反叛，且实力庞大的兰开斯特家族都失败了，还有谁能对抗爱德华二世呢？

还有一个！那就是英格兰的王后、法兰西王国的公主伊莎贝拉。伊莎贝拉在法国国王查理四世的支持下，悄悄摸摸地利用三年时间，控制了整个英国国会，然后在1326年的某一次会议上，伊莎贝拉王后突然出手，以高额的投票将德斯彭瑟父子处决。

也就在一年后，1327年，在伊莎贝拉王后的领导下，国会废黜了爱德华二世。并逼他把王位传给他们的儿子爱德华三世，将众叛亲离的爱德华二世关进大牢，并处死了他。

一顿操作之后，老国王是伊莎贝拉王后废的；新国王是她立的；国会都是她自己的人，可是当伊莎贝拉王后以为自己能就此控制英格兰的时候，十八岁的爱德华三世突然倒打一耙，处死了伊莎贝拉的亲信马奇伯爵，然后把伊莎贝拉王后囚禁了起来。

自“狮心王”的陨落开始，英格兰的王权都在大贵族、国会、领主们之间传来传去，至此在爱德华三世的一系列阴谋下，终于又回到了英格兰国王的手里。

此时，十八岁的爱德华三世终于摘下他那张乖宝宝的面具，露出了凶狠好斗的狰狞面孔。

暗影凝聚成型，暴风终将来到。

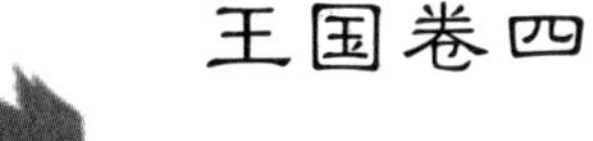

## 王国卷四：

# 百年血战（上）一路向北

前情提要：强悍的苏格兰之锤、长腿的爱德华王以雷霆万钧之势，一扫英格兰的一切反叛势力。可他却在攻打苏格兰并取得一定功绩后，突然暴毙。其子爱德华二世即位，然而这位少年国王却无心统一不列颠的战争，几番折腾后，反而让苏格兰的护国主、传奇的剑斗士、罗顿山的游骑兵领袖威廉·华莱士打到了英格兰的国境内，甚至直逼伦敦。万般危机之下，爱德华二世不仅没有重振军队，而是以反叛的名义杀死了英格兰的护国柱石兰开斯特家族的托马斯爵士。这样的肆情骄纵终于让爱德华二世走到了众叛亲离的那一步，在伊莎贝拉王后的领导下，众贵族推翻了爱德华二世的政权并废黜了他，立他的儿子爱德华三世为英格兰国王，并全面展开与苏格兰的战争。

俗话说，攘外必先安内。此时的爱德华三世已经十八岁，但他只是个傀儡，朝政由他的母亲伊莎贝拉王后和她的情夫马奇伯爵掌控。尤其是此时英格兰的钱财，基本上都在马奇伯爵的手中，而为了维护他自己和伊莎贝拉王后的私有利益，马奇伯爵和伊莎贝拉王后决定出钱“私了”这场英苏战争。

说到这里，其实最可怜的是苏格兰。凭心而论，苏格兰并不是一个穷凶极恶、心胸狭隘、有仇必报的民族。相反，他们非常的淳朴善良，热爱自然与和平。如果不是爱德华一世非要“锤”他们几下，事情也不会到这一步。而苏格兰想要的，其实不过是希望英格兰永久地承认苏格兰独立且两国互不相犯。

如今这个美好的愿望，就要在苏格兰人民的努力与伊莎贝拉王后和她情夫的私心下达成了。

所有人都没有注意到，王座上那双明亮锋锐的眼睛。他虽然只有十八岁，但在七年之后，“上帝之脸”爱德华的名字足以让整个欧罗巴大陆都为之颤抖！

就在伊莎贝拉王后和马奇伯爵弹冠相庆的时候，爱德华三世突然派出自己的亲信控制住了伊莎贝拉王后。随后在第二天的朝堂上，他带头控诉马奇伯爵的一系列贪赃枉法的罪行。失去了伊莎贝拉王后庇佑的马奇伯爵，当即遭到了过去被他欺压的一众大贵族们的炮轰，爱德华三世随即宣布以叛国罪将其斩首。

等到伊莎贝拉王后终于逃出来的时候，发现马奇伯爵已死，众贵族已经归顺于爱德华三世座下。她深知大势已去，从此隐居在王宫内，再也不插手政事了。

在搞定了内部矛盾后，统一了中央权力的爱德华三世立刻接过了爷爷的战锤，开始轰击苏格兰。

1332年，爱德华三世再次派兵征讨苏格兰。与他的爷爷爱德华一世不同，爱德华三世并没有直接使用蛮力，而是假道法兰西，把在法兰西流亡的前苏格兰贵族爱德华·巴里奥接了过来。

那么，这个爱德华·巴里奥是个什么人呢？他是前苏格兰王的独子！而他之所以从王子混成了流亡之徒，是因为他和他的父亲在面对英格兰的侵略时，过于的软弱，是个投降派。于是在广大的苏格兰人民的呼声中，苏格兰的贵族们就把他们父子俩废黜了。

于是，爱德华三世为了让这场战役名正言顺，同时为了从根本上瓦解苏格兰的斗志、也是为了防止"太平洋警察"神圣罗马帝国教廷搞事情，他以苏格兰王室后裔之名，在斯特林扶持爱德华·巴里奥为苏格兰王，并一举在杜普林击败了苏格兰反抗军。

这招一石三鸟，可谓是狠辣至极，结果却收效甚微。首先是爱德华·巴里奥，苏格兰人民早就恨透了巴里奥家族，自然是不会承认这位新王的，甚至在当年的12月，巴里奥本人与他的亲信们，还遭到了忠于现王室布鲁斯家族势力的夜袭。可怜的爱德华·巴里奥差点被阵斩，损失极其惨重，不得不狼狈地逃过特威德河寻求英格兰人庇护。

其次，对于英格兰擅自立爱德华·巴里奥为苏格兰王的这种行为，非但没动摇苏格兰人民的意志，反而加剧了苏格兰更加团结一致的反英情绪。而之前一直无处不在、无事不管的神圣罗马帝国教廷却一直没见踪影。既没有选择支持爱德华·巴里奥也没支持罗伯特一世（现任苏格兰王罗伯特·布鲁斯）。这个欧罗巴居委会维和组织就仿佛蒸发了一般。

1333年，迟迟没等到教廷答复的爱德华三世再也不能忍受等待了，他亲自率军再征苏格兰。此时，正值苏格兰国王罗伯特一世和大英雄威廉·华莱士双双病逝，苏格兰军队战力大受打击。爱德华三世就是瞅准这个时机，于当年4月兵至特威德河口的重镇——海港贝里克。

狡猾的爱德华三世，令爱德华·巴里奥的伪苏格兰军在前，大批英格兰的精锐长弓手在后，将贝里克团团围住。而爱德华三世本人更是亲自到阵，率领英军加长加固围城堑壕，切断城市淡水供应，射杀墙头守军。

苏格兰这一边，贝里克的守军在亚历山大·西顿爵士的率领下英勇抵抗，但在城外一万多英格兰大军的昼夜攻击下，终于还是渐渐不支，只得承诺于7月11日开城投降。为此，西顿还特意送出了包括亲生儿子在内的人员做人质。

他所做的一切就是为了等待那唯一的生机，阿奇博尔德·道格拉斯爵士的凯旋之音。

就在亚历山大·西顿苦战之际，苏格兰王军主力在新任摄政王阿奇博尔德·道格拉斯指挥下，迅速地侵入了英格兰的诺森伯兰，企图迫使爱德华三世撤兵回救。可惜不管苏格兰人怎么在诺森伯兰烧杀抢掠，爱德华三世就是吃了秤砣铁了心，要跟苏格兰人玩儿命。他放任阿奇博尔德在英格兰境内肆意行动，而自己则岿然不动。

7月11日之约转眼到期，西顿爵士眼睁睁看着城外竖起绞架，吊死他的儿子汤姆森·西顿，为了拯救剩下的人质和一城老幼，西顿爵士又做出承诺，7月20日再不见援军，一定投降，这个消息随后被传给了还在诺森伯兰的摄政王阿奇博尔德，可怜的阿奇博尔德只能无奈地接受挑战，折返全军，奔向贝里克城外的英军。

面对步步逼近的庞大苏格兰军，兵力上略处劣势的爱德华三世依然信心十足。他等待着这一刻实在太久了。有太多次，苏格兰人在威廉·华莱士的带领下，利用游击战术拖垮了英格兰军，而一旦苏格兰军主力暴露在英格兰军面前，他爱德华三世坚信，强大的英格兰军会如摧枯拉朽般击溃苏格兰的游骑兵们。

更何况，他还有自己的绝招。

午时，苏格兰军率先发起先锋，阿奇博尔德首当其冲，一个猛子扎进苏格兰的大阵中间。而英格兰军则在爱德华三世的安排下，令重骑兵下马，并以战马为盾，竭力阻挡着苏格兰军的冲击。

英格兰军的奇怪举动引起了阿奇博尔德的注意，他担忧地环顾四周，努力地思考着到底是什么地方如此不对劲。

猛然间他突然想起一件事，英格兰军的王牌，弓箭呢？长弓手们都去哪儿了？

就在这时，哈林顿山上突然鼓声雷动、喊杀震天，漫山遍野的长弓手们终于现身了，随之而来的，正是铺天盖地的密集箭雨。

在这连天箭雨的洗礼下，苏格兰的战士们成片成片地倒毙，侥幸生还者也惊恐异常，纷纷逃遁以保性命。

阿奇博尔德长叹一声，他自知苏格兰败局已定，只得下令全军撤退。

贝里克哈林顿山一役，爱德华三世大破苏格兰军，而伪苏王巴里奥的权力也借此达到了顶峰。大半个苏格兰落入他手，并在1334年初与爱德华三世签订了协约，出让苏格兰领土中的八个郡。爱德华三世则“慷慨”地把这八个郡，以英格兰贵族的身份分封给巴里奥。

本以为已经可以高枕无忧，一统不列颠的爱德华三世，终究还是百密一疏。他没想到巴里奥这个队友简直是个“陨石坑”，巴里奥竟然让这份协议的全部内容在苏格兰被曝光了！

一石激起千层浪，本来苏格兰的贵族和民众们对巴里奥的政权就是敢怒不敢言，这一搞直接让苏格兰的反抗浪潮直线剧增。

被逼急了的苏格兰人，知道自己已不是英格兰人和爱德华三世的对手，于是他们找来了一个强大的盟友，一个与英格兰千百年来纠缠不休的死敌。

那就是法兰西王国!

只是无论是被逼到跳墙的苏格兰反抗军，还是欺人太甚的英格兰国王爱德华三世，赶来凑热闹顺便浑水摸鱼的法兰西，还有懦弱无能却贪婪好胜的伪苏王爱德华·巴里奥都不曾想到，因这一封求援信所引发的，是人类历史上历时最长的一场战争。

1334年5月，苏格兰年仅十岁的王，大卫·布鲁斯（又称大卫二世）与母亲苏格兰的王后逃到法兰西，并得到了法王腓力六世的庇护。6月，法王腓力六世派遣莫瑞伯爵约翰·兰多夫，自法国起兵，登陆不列颠，援助苏格兰，并领导当地反抗军的一系列军事行动。

由于法兰西王国的突然加入，整个战局的天平开始剧烈地转变。仅仅三个月，巴里奥的伪苏格兰政权就彻底被逐出了苏格兰王国的境内，被迫回到英格兰躲避。

英格兰国王，“上帝之脸”爱德华三世震怒。他亲率军队，点齐兵马，在强烈谴责一番腓力六世后，扬言要踏平巴黎!

至此，人类历史上，历时最久的英法百年战争，就此拉开了序幕。

最后，在这里多说一句，自以为渔翁得利的神圣罗马帝国教廷，将在十三年后为自己对这场战争的袖手旁观所造成的恶果，把肠子都给悔青……

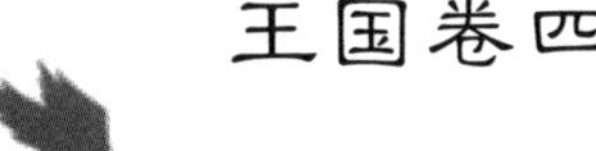

# 王国卷四：

# 百年血战（中）瘟疫时代

前情提要：十八岁的爱德华三世，一即位就扳倒了由伊莎贝拉王后领导的、独揽英格兰大权的议会集团。颠沛流离了百年的英格兰王权终于再次回到了英格兰国王的手里。之后，这位面色严肃、雄才大略的少年天子立刻挥兵北上，重征苏格兰。在爱德华三世稳重而有计划的进军下，苏格兰军节节败退，不得已写信给法兰西国王寻求帮助。1334年5月，法兰西国王腓力六世应苏格兰王大卫二世之邀，率兵进入不列颠与英格兰对峙。

在开打之前，咱们先要说一下，这个欧罗巴的太平洋警察、欧洲中世纪的实际统治者、无事儿不管无所不知却还是天天开会投票的神圣罗马帝国教廷。

英格兰和苏格兰都打了三代人了，现在连法兰西都来掺和一脚，战事可谓是越扩越大，但那往日里最喜欢搞调停的教皇哪儿去了？总不能长翅膀升天了吧？您别说，教皇还真睁大了眼睛在维也纳的皇宫里看着呢！

那他到底在看什么呢？这一代教皇叫约翰二十二世，他本身就是个法国人。而英法交恶数百年，尤其是在“狮心王”的时代，英格兰强占了不少法兰西的土地。这些土地，法兰西早就想夺回来了，正巧这些年来苏格兰和英格兰死掐，而慌不择路的苏格兰为自保竟请同样野心勃勃的法兰西来助阵。于是，法兰西国王腓力六世就暗通教皇约翰二十二世，先是让神圣罗马帝国教廷按兵不动，放任英格兰和苏格兰斗个两败俱伤，接着又以英格兰藐视教廷的名义，让法兰西出兵英格兰平叛。

另一方面，随着法兰西王国这些年来不断地做大，神圣罗马帝国教廷本身也想借英格兰之手削弱法兰西的国力。这样，神圣罗马帝国教廷就能一下子少了英格兰、苏格兰和法兰西三个不听话的强敌，可谓是一箭三雕！

于是，就这样，在英格兰、苏格兰、法兰西和神圣罗马帝国教廷四方互相算计下，漫长而血腥的英法百年战争就此开始。

法军首先出手，他们在苏格兰王大卫二世的指路下，不费吹灰之力就把伪苏格兰王巴里奥给打回了英格兰。爱德华三世闻之急招大军前来接应巴里奥，并摆开阵势企图与苏格兰和法兰西联军大战一场。

谁承想，聪明的腓力六世突然兵锋一转，直指英格兰在欧罗巴大陆上、同时也是原法兰西的领地诺曼底。此时，英格兰全部兵力都集结在与苏格兰的边界上，腓力六世这一招声东击西，直接如摧枯拉朽般摧毁了英格兰在诺曼底超过八成以上的军队要塞。

法军先胜一着。

英格兰偌大的诺曼底地区，一夜之间，仅剩下了加斯科涅一城。反应过来的爱德华三世，当即派战船二百五十艘倾国而出，由爱德华三世亲自率领，长子乌斯托塔克·爱德华王子为先锋，急援加斯科涅。

然而，法军早有准备。腓力六世早就派出了一百九十艘法军战舰，封锁了登陆援助加斯科涅城的必经港口斯鲁伊斯港。当急匆匆的英军不顾一切冲向斯鲁伊斯港时，法军的大型重弩开始排山倒海地射向英军。最可怕的是，此时风向和水流都是逆着英军战舰而来，在慌乱中，英军舰队互相碰撞，损失惨重。

关键时刻，乌斯托塔克·爱德华王子迅速做出了一个英明的判断。他下令全舰队顺水流退去，并全部转移到了斯鲁伊斯港的上游待命。八小时后，斯鲁伊斯港的水流突然调转头来，一股脑冲向了法军战舰。为了稳固舰船，腓力六世使出了一个让人熟悉到心疼的昏着。

腓力六世用铁索将舰队连成一个巨大方阵以稳定舰船，并在每一艘战舰侧舷上加盖重木，使得整支舰队成了一座坚固的堡垒。

乌斯托塔克·爱德华王子眼见时机一到，他下令英国战舰顺流而下冲向法军的船城。同时，他自己身穿全黑色的战甲，屹立在英海军的最前列，亲自指挥冲锋。英军持火箭万箭齐发，刹那间狂风骤起，洪水滔天。法军的舰队因为全部锁在一起而动弹不得，只得被英军成片成片地击沉。

战后一算，法军伤亡近一万八千人，英军仅伤亡四千人。

斯鲁伊斯港之战的胜利，直接让英格兰军摧毁了法兰西军封锁海面、围点打援的企图，并直接解除了加斯科涅之围。同时，浑身黑铁重甲的乌斯托塔克·爱德华王子，也为自己赢得了一个令人敬畏的称号——黑太子·爱德华。

战败的法军并没有就此退去。腓力六世一计不成又生一计，他兵分两路双拳并处，一路由他自己亲自率领，攻击英格兰军粮草辎重所在地克雷西村；另一路则由部分法军精锐掩护苏格兰王大卫二世偷偷潜逃回国，从苏格兰开始对英格兰的大后方发动突袭。

此计若成，那么爱德华三世必将首尾难顾，死无葬身之地！

1346年8月26日，由腓力六世亲手策划的克雷西战役爆发。法兰西将军理查伯爵命法军骑兵穿上两层铁甲，来应对英军的强弓劲弩。然而，理查伯爵没有想到的是，穿上了两层铁甲的法军骑士，虽然不再畏惧英军的弓箭，却因为自身过于沉重导致行军缓慢。而英军，则在黑太子的率领下，不断辗转腾挪，始终让七成以上的弓箭手在保持距离的情况下，对法军疯狂扫射。

理查伯爵狂怒，他命令士兵们跳下坐骑，卸下重甲，再以战马为盾牌急冲英军阵地。

于是法军成片的军马就这样被英军毫不留情地射倒，而失去了战马的法军更加追不上灵活狡诈的英军射手了。

法军再次损失惨重，阵亡八千余人和几乎所有的战马，铩羽而归。

另一方面，苏格兰王大卫报仇心切，他带领着两万苏法联军，一回到苏格兰故土，就急吼吼地冲向英格兰的重镇约克，妄图利用苏法联军的绝对人数优势，一战定乾坤。

可惜，令人有些失望的是，这一战经过其实没啥好说的。具体情况就是，贪功冒进的大卫二世在约克郡那起起伏伏的平原上奔跑的时候，没有发现这里的房屋大多都被加盖了几层，并且还多了不少高高的石头哨塔。于是，当苏法联军全部进入约克郡的瞬间，早已经埋伏好的英军六千弓弩手突然跳了出来，开始对苏法联军疯狂射击。

惊慌失措的大卫二世很快就被击败了，本人也直接被俘，直到十一年后，才由姗姗来迟的太平洋警察神圣罗马帝国教廷出面调停，被释放回国。

当然，给予英格兰的赎金肯定是不会少的，孝敬教廷的，也必须有。

那么为什么教廷要到十一年以后才出来呢？您且接着往下看。

腓力六世在得知他的两路进军、双拳并出的天才计划被英军完败后，气得口吐鲜血而亡，他的儿子约翰二世即位法国国王。

出于对英格兰的仇恨和愤怒，约翰二世继承了父亲对英格兰全面战争的态度。

富有戏剧性的是，还没等约翰二世下令对英格兰再度用兵，一场席卷整个欧罗巴大陆的空前灾难突然降临了！

在诺曼底，一种可怕的瘟疫突然爆发开来。得此病者，先是浑身长疮流脓，再是全身战栗溃烂，最后双眼流血而死。人们将这些得病者称为恸哭者。

这可怕的瘟神从一直沐浴着地中海暖暖海风且远离英吉利海峡狂风暴雨的法国马赛港登陆。伴随意大利商船的入港，鼠疫杆菌大军悄然在西欧登陆。之后两年中，这支微生物大军四面席卷，歼灭掉两千多万人口。英法战士手中令人望而生畏的弓矢枪剑，在大自然伟力之前，瞬间变得和孩童手中的木棒一般简陋无力。

黑死病幽暗羽翼下无光的大地上，数不清的村镇农庄沦为废墟，失去主人的耕地散布着骷髅和死亡的气息，社会经济彻底崩溃，货币开始疯狂贬值。一个英国农村壮年劳力的年金，从六先令一路飙到十一先令，小麦的价格则瞬间翻了近一番。濒于崩溃的农业经济，在使无人愿意抛下家园远征的同时，也使英法王室的税金大幅下跌，两国再也无力展开大规模的军事行动。

面对这场可怕的大自然灾难，欧罗巴大陆的子民们第一反应就是去求助教皇。

“万能而无所不知的教皇啊！伟大而屹立千年领导全欧罗巴的神圣罗马帝国教廷啊！恳求您，救救我们吧！睁开眼，救救你的信徒们吧！”

神圣罗马帝国教廷也确实没让人失望，他们在教皇的带领下，第一时间向欧罗巴大路上所有的灾区，都伸出了援助之手。大量的医者和牧师开始潜入这些暴病的村庄。

教廷的行动让恐慌的人民开始安定下来，他们设立起一座座修道院，一边治疗一边祈祷，安抚人心。

其效果嘛，只有三秒钟……

因为缺少对瘟疫传播的科学认知（这里提一句，世界上第一部提到预防病毒附着在气流颗粒中传播的医典，是明朝医学家吴有性在崇祯十三年写作的《瘟疫论》），前来相助的牧师、神职人员和医者也相继感染了这可怕的瘟疫，并加入凄惨的恸哭者大军中。

此时，教廷的十字军提出，这场瘟疫一定是女巫作法引来的，只要烧死所有的女巫，那么这场可怕的灾难就会结束！

于是，那血腥残暴的猎杀女巫活动，就此开始。在十字军那“宁可错杀，不可放过”的狂热口号下，无数无辜的女性就此被活生生地烧死。燎原的火焰，将无数繁华的城市吞没。当然，在这烈火的焚烧下，可怕的瘟疫病毒也被烧灭了不少。

于是十字军和无知的人们，更加坚信这瘟疫是女巫的过错。他们加倍地捕杀有任何嫌疑的女子，老幼妇孺都不放过，杀戮，比公元前万世之战时还要可怕的血腥杀戮就在这片神圣罗马教廷的土地上弥漫。

终于，压倒欧罗巴民众的最后一根稻草出现了——教皇也得了瘟疫。千年的秩序，就此崩溃，黑暗与绝望吞没一切。

在这压抑到让人罄竹难书的时代里，英法大战中英格兰军的英雄，黑太子爱德华在这血腥迷雾里，发现了一个一劳永逸、彻底消灭法兰西的战机。

他不顾任何人的劝阻，不顾瘟疫的蔓延，不顾每一天营帐里都有数不清的将士在急速死亡。

他不顾一切。少时，我对黑太子的这份坚定和英勇，感慨万千，并钦佩他的不顾一切；长大后，每当我读到这段历史，我的心如坠冰山。

普瓦捷会战，很多历史著作，尤其是以历史为背景的小说，都会无限放大黑太子的智谋和坚韧、英军增援的缓慢、法军的愚蠢和笨拙，并在最后附上一句，这是黑太子自出兵以来，最难也是最痛苦的一战，更是全歼法兰西主力的一战。

然而事实是什么？此时，可怖的瘟疫席卷了整个欧罗巴大陆，连带着英吉利海峡对面的不列颠和身处西伯利亚平原的俄国都跟着一起倒了血霉。可黑太子却依然不顾一切地向法军挑战。此时英军军营里因瘟疫死去的战士远远大于被法军利剑所刺死的。

普瓦捷会战的结果，是黑太子胜利了，他赢了。经过无比艰苦的战斗后，他彻底击溃了法兰西所有的有生力量（实际上大多数都是因为瘟疫病死的），生擒法兰西国王约翰二世，他对英格兰的不世功勋，就连他的父亲爱德华三世都公开声称自愧不如。

不过，声称归声称，爱德华三世的谦虚，其实也不过是走个过场而已。因为，就在黑太子在普瓦捷取得重大胜利后，爱德华三世便顺势攻下了历代法兰西国王加冕的兰斯大圣堂，在其中自导自演了一出法兰西王加冕仪式，并声称自己是已故的法兰西王理查四世的外甥，他继承法兰西国王可谓是名正言顺。

随后，爱德华三世也毫不吝啬地为自己的儿子，黑太子乌斯托塔克·爱德华加冕为英格兰国王。

可惜，这位传奇的王子却再也不能戴上王冠了……

普瓦捷战役后不久，黑太子患上了黑死病，随后离开人世，他终究没能熬到成为国王的那一天。

虽功绩彪炳，却依旧躲不过轮回使然。

黑太子死后，爱德华三世虽然依旧面不改色，但内心却是悲痛万分，不久后，这位英格兰法兰西之王，就此与世长辞。

此时，可怕的瘟疫还在欧罗巴大陆肆虐，而这片大陆上最耀眼的星星们，却先后陨落。为度过这场可怕的灾难，英格兰与法兰西互相签订了停战协议，各自回国休养生息。

此时，在法国阿登大区栋雷米村的一个农户家，传来了一声响亮的啼哭。在这个绝望而黑暗的时代，一个健康新生儿充满活力的哭闹，是那样的悦耳。

那是这一家，甚至这一村人希望的光芒。

只是谁也没想到，这光芒更不仅仅是这一村人的，它将成为全法兰西最耀眼灿烂的光芒。

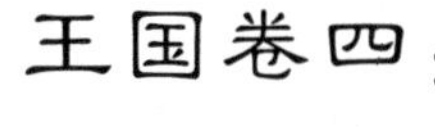

# 王国卷四：百年血战（下）圣女贞德

前情提要：英格兰之王、上帝之脸爱德华三世向苏格兰进军，法兰西之王腓力六世出面干预，神圣罗马帝国教廷投鼠忌器作壁上观。面对气势汹汹的英格兰军，腓力六世选择双拳并出，一路在加斯科涅城阻击英格兰军登陆；另一路秘密出兵保护苏格兰王大卫二世潜逃回国在不列颠岛对英格兰的后方发动突击。起初，这个计划确实是对英格兰军起到了一定的钳制作用，但英格兰军在爱德华三世的长子，乌斯托塔克·爱德华王子的领导下，在斯路伊斯港大破法兰西铁索连舟之阵。此战过后，一身黑甲的乌斯托塔克·爱德华令法兰西军闻风丧胆，被称为黑太子爱德华。

另一边在不列颠进军，企图偷袭英格兰本部的大卫二世也战败被俘。法兰西军全线崩溃，收缩回内陆以图再战。就在这时，一场席卷了整个欧罗巴大陆的瘟疫突然爆发，无数村庄毁于一旦，英法之战被迫停止。但是，黑太子却笃定地认为这是英军彻底击败法军的绝佳机会。他执意发动了普瓦捷会战，并用令后世胆寒的残酷军令以及难以估量的损失，大败法军并占领了法兰西的王座兰斯大圣堂。爱德华三世大喜，自封法兰西王，并给黑太子加冕英格兰王。可惜，黑太子却在加冕前，因瘟疫病逝。不久后，爱德华三世也因积劳成疾、悲伤过度去世。

因为大瘟疫的恐怖肆虐，整个欧罗巴大陆的人口竟然下降了整整十分之一，就连神圣罗马帝国教廷都快瘫痪了。因此，伴随着爱德华三世和黑太子的离开，英格兰王室和残存的法兰西抵抗军达成了停战协议。当然，按照他们的习俗，条约是肯定要签的，讹诈勒索也是必不可少的。于是，法国就此被迫签订了极不平等的《布勒丁尼和约》，割让出卢瓦尔河以南至比利牛斯山脉的全部领土。此外，法兰西王室还需支付三百万奥利斯币（也就是我们常说的金币）做补偿。作为条件，英国王室可以选择放弃对法兰西国王的称号。

本来想趁火（英苏大战）打劫的法兰西王国，结果差点把自己都赔进去了。仗打成这个样子，法兰西王室也没啥好说了，再不签，英格兰在这里的衙门都要修好了。

不得已，法国王室只能签署了这份超极不平等的条约。

于是，两国就此开始了长达三十年的休战。话说，英格兰之所以休战，也不是因为他们突然大发慈悲了。英法千年世仇，直到今天也未能完全化解。英格兰决定撤军那也是万不得已，一方面是因为大瘟疫给他们造成的伤害完全不亚于法兰西；另一方面则是他们的两个国王都死在一起了。国不可一日无君，别到时候法兰西没打下来，自己却乱成一锅稀饭了。

于是，双方就此停战。

英格兰这边即位的是黑太子的独子，叫作理查二世。而法兰西那边继承王位的，叫作查理五世，两位国王的名字也是挺有意思的。

闲话少说，可怜的理查二世在即位的时候，只有十岁。没有功名且父亲早死的理查二世，只得依靠叔父冈特·约翰摄政。因为爱德华三世和黑太子双双离世，导致一直被压制的议会东山再起，他们开始再次试图约束英格兰王室的政治力量。同时，因为爱德华三世连年用兵（不是打苏格兰就是打法兰西，要么就是打法兰西和苏格兰），而战争的成本是巨大的。为了筹措资金，英格兰的人头税被强行征收，且税率逐年提高，百姓怨声载道。

1381年，天平被打破了。面对王室的暴力征税，英格兰到处开始出现了暴动。时年十四岁的理查二世不得不跨上马背，会见起义军领袖，告知他们英法停战了，从这时起人头税的税率会降低到战前水平。理查二世到底还是太年轻了，突然大幅度地降税，直接威胁到了国家议会的那些大贵族，其中包括格洛斯特公爵、沃里克伯爵、阿伦德尔伯爵、诺丁汉伯爵和理查二世的堂兄德比伯爵等。他们以理查二世年幼不足以当政，且被奸人蒙蔽为由（其实就是我国历史上的“清君侧”和“靖难”），联合起兵攻打理查二世，并在1386年击败了理查二世的重臣牛津伯爵，使得理查二世不得不屈服于这些权贵的要求。

英格兰王室再次大权旁落。不久后，摄政王冈特·约翰病逝，他的儿子亨利四世当即发动兵变，废黜了理查二世，自立英格兰王。

对了，顺便一说，这个亨利四世也不是无名之辈。他的祖上就是当年那个赫赫有名，向理查二世的祖爷爷爱德华二世造反的兰开斯特公爵！

哎，真是天道好轮回，苍天饶过谁……

亨利四世没啥好说的，他在英格兰王座上没坐几年就病逝了。他的儿子亨利五世即位。此时恰逢瘟疫刚过，国内经济整顿大成，就等着什么时候可以揍法兰西一顿了。

天赐良机，1415年法兰西王国属地勃艮第、阿曼雅克发生不明内讧。连两地的农夫和市民们也开始起义反抗，亨利五世借机重启战端，他以许诺减免勃艮第赋税这个大糖饼子为契机，招降了这个地方。

英格兰军再一次成功在斯路伊斯港登陆，战火很快就烧到了法兰西的内地——沃库勒尔。

此时，法兰西在沃库勒尔的指挥官，名叫罗伯特·德·伯垂库尔。这位指挥官最近实在烦得很。英格兰军善射，冲锋的时候射箭、坚守的时候射箭、撤退的时候射箭、迂回包抄游走，任何时候都在射箭，每一位英格兰战士都配羽箭百支。而法兰西军都是承自古罗马时代的重甲骑士，面对超级灵活，打不过就跑、还边跑边打的英格兰军，实在是有心无力啊。

插一句，当年二战法西斯战败时，法国的戴高乐将军比了一个剪刀手的动作。各位读者朋友们记住了，千万别对英国人比这个手势，在英国给人比剪刀手就好比你在美国对人竖中指。因为在中世纪，每当法兰西军抓住英格兰军战士的时候，他们都会砍掉英格兰军战士的第二三根手指，这样他们就再也不能拉弓了。剪刀胜利手，由此而来。

回到法军伯垂库尔这里，一日，在夜深人静的时候，有一位美丽清纯的少女来造访他。伯垂库尔深觉奇怪，这种两军交战之地，女孩子跑还来不及呢，怎么会有要求见的?

怕不是英格兰的间谍吧?

伯垂库尔赶紧派人赶走了她，但是少女执意不肯走，她让卫兵警告伯垂库尔，赶紧去增援奥尔良北部，那里有十万桶英格兰军用于补给的鲱鱼罐头。只要打劫到了这批粮草，英军不战必败。反之，如果英军得到了补给，别说奥尔良，就连法国国王也要保不住了。

面对少女天真的警告，伯垂库尔回了三个字："滚出去。"之后他又加了一句，从哪儿来回哪儿去。

"哪儿来的村姑，我扛枪的时候，你还没结果呢！"伯垂库尔气呼呼地回营休息去了。

谁知几天后，这个少女又来了，这一次她严肃地让卫兵告诉伯垂库尔，英军已经得到了补给，勃艮第已经全线倒戈，奥尔良失守在即，将军赶紧撤吧！不然法兰西国王危矣！

伯垂库尔以妖言惑众为由把少女打出门去。

神奇的事情就此出现，就在伯垂库尔打走了少女后，前线传来战报。一位叫作让·德梅斯的传令官慌慌张张地进来告诉伯垂库尔，奥尔良失守了、勃艮第倒戈了、英军补给到位了，现在不仅他们所部已经被彻底包围，更可怕的是，英格兰军已经全力杀向法兰西王所在地——希农城堡。

伯垂库尔惊呆了，但他不愧是一位久经战阵的指挥官，他马上派人找回那个少女，一顿好吃好喝外加赔罪。

千言万语一句话：女神啊，求你拯救我们吧！

少女当即指出，英格兰军围攻沃库勒尔是假，强攻希农是真。她让伯垂库尔大张旗鼓地率重步兵从奥尔良向希农进军，自己则率领骑兵精锐，偷偷潜过勃艮第，保护国王。

"勃艮第是降地，又与我们摩擦许久，英格兰军在那儿肯定不会设下重防；奥尔良才刚刚被占领，还有不少我军在负隅顽抗。将军你一定要以援救国王为名，实则整合我军散落在奥尔良的势力，然后徐徐退回伺机待命，一定不能和英格兰军硬战！”

一切正如这位少女所说，英格兰军急于强袭希农，而忽略了奥尔良那些零星分布的抵抗势力，这给了伯垂库尔重新整顿法兰西军一个绝佳机会。其次，英军在勃艮第的岗哨十分稀薄，在法军精骑护送下，少女成功突破重围，赶在英军前头到达了希农并警告法兰西国王。

“小姑娘，谢谢你，我法兰西将永远感恩你的殊死援助！你一定是上帝派来的天使！”

“法兰西万岁！在我出征前，我确曾面见了大天使圣弥额尔、圣玛加利大和圣加大肋纳。请陛下赐我一支军队，我将把英格兰侵略者们赶出这片大陆！”

“好！我以法兰西王之名，任命你为前线最高统帅。赠你法兰西的王旗，你执这面王旗犹如我亲临战场，我众法兰西军士必听你号令！”

“遵命！吾王，我名贞德。”

贞德，法兰西的女英雄，这位改写了人类历史进程的女人，让整个神圣罗马帝国教廷都欠了她一份人情。

身穿大骑士盔甲，手握法兰西王旗，年仅十七岁的贞德，率领法兰西最后的军队在1429年4月29日到达战场，在那里，伯垂库尔已经将法军的败军整顿完毕。两支队伍合兵后，法兰西终于又有了和英格兰一战之力。

但这也是他们最后的机会了，法兰西已经败无可败。

当时，另一位法兰西的指挥官迪努瓦公爵对贞德的任命不甚感冒，他认为国王一定是吃败仗吃得失心疯了才让一个村姑来带领法兰西这最后的本钱。他和其他将领当即自行拟定了作战计划，在没有告知贞德的情况下展开作战。谁知，贞德早有防备，她在察觉后立刻手持王旗缴了众将的兵权，然后她无视其他所有经验丰富的指挥官计划先取得军队补给的判断，而是选择了当即直接向驻扎在奥尔良的英格兰军精锐挑战。

英格兰军迅速给予了回应。当他们看见法兰西军打头阵的精锐是一位身材纤弱、清纯稚嫩的金头发美丽少女时，一个个笑得肚子都疼了。

难道法兰西没有男人了？怎么派上来一个小姑娘？

伴随着英格兰的长弓手们挽弓如月，贞德也带领着法兰西军发起了冲锋。一切宛如以前一样，法兰西军在英军的万箭齐发之下，成片成片地倒下，阵型很快就呈现出崩溃的前兆。

就在法兰西军再一次行将崩溃，每一位法兰西军士都绝望地举起手企图挡住那要命的箭雨时，他们看见的，是那面孤独的王旗。

贞德，这位年仅十七岁的纤弱少女，身穿笨重的骑士甲，手中高举法兰西的王旗，在行将兵败之际，还在一个人孤零零地向前冲锋。

全法兰西的战士们眼睛都红了，接着是他们的脸，再然后是可怕的沉默。

再在沉默之后的，是所有的贪生怕死都在这一刻变成了义无反顾。

法兰西军的战士们再次自动地结成一个个紧密的方阵，开始向英军发动冲锋。此时英格兰的指挥官，著名的约翰·法斯托夫将军敏锐地察觉到了这一点，他从那个少女、那面王旗上感受到了令他恐惧的气势。

于是他下令，所有的弓箭手瞄准贞德，瞄准那王旗。

务必，一定要射倒她！

前面说过英格兰军极其善射，不说都是“复仇者联盟”里的鹰眼，也差不多是接近罗宾汉这个等级的。很快，贞德的肩膀、手、胸口和腿都中箭了。

法兰西的战士们哭着要求贞德撤回阵中，可贞德却一言不发，她折断了插在身上的箭的箭羽，高举王旗，一步都没有放慢，接着冲锋。

泪流满面的法兰西战士们，只得一个个高举盾牌，用自己的身体保护那面王旗。终于，法兰西军冲到了英军面前。

这下子轮到英军悲剧了，法兰西军都是重甲，由精钢打造，寻常的刀剑根本不能伤他们分毫。而英格兰军为了携带更多的弓矢往往都是布甲，最重也是皮甲，法兰西的大剑一砍就死一片，英军连手都还不了。

就这样，法兰西军在贞德的带领下，一战直接将盘踞在奥尔良城外的英军主力彻底击溃。接着，她不顾自己伤势严重，率兵猛攻英格兰军为拱卫奥尔良而修筑的土列尔堡垒。那时，所有身经百战的法兰西老将都劝贞德，应当先拿下小军寨，削减英军有生力量，再图土列尔堡垒。然而贞德却认为，现在应当趁着英军大败混乱之势，强攻土列尔。等到土列尔被攻破，英军必然西撤。

果然，一切正如贞德所料。刚刚败北的英格兰军残部，一逃回土列尔堡，就把贞德吹成了一个身高八尺腰围也是八尺的母夜叉，她的身体宛如烈火金刚无坚不摧，根本杀不死，英格兰军大势已去。

土列尔堡的军队将信将疑，小有恐慌。贞德却已兵临城下。她再次手持王旗，带头冲锋，直接将这面旗帜插在了土列尔堡最高的塔楼上。法兰西的战士们皆高呼万岁，英格兰军被吓破了胆，战战兢兢、慌慌张张地退去了。

在奥尔良战役的迅速胜利，使法军开始计划进一步的攻势。英格兰人预期法军的下一个目标会是巴黎或诺曼底。同时，这也是迪努瓦公爵后来证实的，这的确是原本计划的目标，但贞德则认为如果法兰西这么做了，就一定会正中英格兰军的下怀。当务之急，应该是坚持朝法兰西的王座兰斯进攻。

在经历了几场大胜后，贞德在法兰西军中的威望如日中天，再加上她那面传说等级的王旗，由不得军中有所异议。于是，法兰西国王当即给予贞德全权指挥军队的权力，并允许进攻罗尔河附近的桥梁，以作为稍后进攻兰斯的序幕。这是一个相当大胆的提议，因为这么做等于是完全深入敌军领土，进行斩首行动。

6月12日，法兰西军顺利攻下了雅尔若，三日后又攻下卢瓦尔河畔默恩，接着，又在6月17日攻下博让西。这一系列的胜利，彻底征服了包括迪努瓦公爵在内的全部法兰西将领，他们纷纷向贞德宣誓效忠。

6月18日，英格兰的援军到达，指挥官还是那位约翰·法斯托夫将军。这一次，约翰·法斯托夫是做足了准备，他在战前就下令，让所有的法军弓箭都涂上燃油点火，全军瞄准贞德手里那面王旗，务必要把它烧掉。然而没想到的是，贞德在听说英格兰军的指挥官是他后，立刻就下令让法军的机动部队迂回到英格兰军的后方，然后在他们的长弓兵的阵势准备完成前，突然发动奇袭。约翰·法斯托夫惊骇不已，失去了统一调度的射手大阵，瞬间乱成了一锅稀饭，在被法兰西重甲兵近身后统统变成了笑话。

英格兰军损失惨重，约翰·法斯托夫仅带着十余人仓皇逃走。

6月29日，贞德兵临卢瓦尔河畔的默恩，在这里，贞德与勃艮第的市长进行了一次深度的谈判。最终，勃艮第宣布愿意回到法兰西。这使得贞德迅速通过这里，前往兰斯。勃艮第的回归，让早已经成为惊弓之鸟的英格兰军更加闻风丧胆。贞德行军途中路经的所有城镇也都毫无抵抗地重归法国一方。而之前签订了《特鲁瓦条约》的特鲁瓦，也在四天的围城后兵不血刃地投降了。

7月16日，贞德兵临兰斯城下。法兰西的王座，兰斯大圣堂早已经没有英格兰军士。修道士们打开了大门，恭迎法兰西军的到来。不久后，法国国王查理终于来到了这里，进行了他姗姗来迟的加冕仪式。为表感激，查理王想封贞德为贵族，但被贞德拒绝，贞德只请求免除她出生的村子的赋税。

在贞德的努力下，法兰西终于复国，并得以重建秩序。

一年后，贞德劝查理王，希望可以继续让她进军巴黎，继而将所有英格兰人全部赶下海，回不列颠钓鱼去。但是身后勃艮第却传来一些不好的消息。有大批不明身份的英格兰人秘密出入勃艮第，而且在当地也发生了不少小动乱。这一系列的消息，让逃了大半辈子的查理惊慌不已，他下令贞德马上前往勃艮第去稳定局面，而贞德则一再强调，如果能拿下巴黎，这些小打小闹根本不足为惧。

可惜查理王因早年的经历早就被吓破了胆，他执意让贞德先去平息这些潜在威胁。这是一个让查理后悔了一辈子，肠子都快悔成黄疸水的决策。

1430年5月13日，贞德奉命前往贡比涅城，去处理英格兰在勃艮第的各种小动作。果不其然，5月23日，贞德在这里发现了大批隐藏着的英格兰军队。一场小规模战斗后，实在因为人数差距太大，贞德下令撤退回贡比涅城。永远身先士卒冲锋，撤退殿后的贞德万万没想到，贡比涅城因为害怕英军跟着闯入，没等到所有部队撤回便将城门关下，贞德与剩余的后卫部队被关在了外面，直接被英格兰俘虏了。

贞德被俘后，查理王震怒！他开始和英格兰谈判，好说歹说，我什么都能答应你，你给我把贞德还回来！

然而，英格兰又不傻，这一百年来，历经三四代人的英法大战，哪一次不是英军大胜法军大败？若不是平地里蹦出来一个贞德，英格兰早就把法兰西给彻底歼灭了。

于是，英格兰以贞德妖言惑众，竟擅自说自己受托于大天使圣弥额尔、圣玛加利大和圣加大肋纳之命，亵渎上帝，亵渎教廷为名判处将其在法兰西一座名叫鲁昂的老城里执行火刑。

但同时，英格兰政府还在狱中一边折磨贞德一边利诱她，只要她承认她所做的一切都是魔鬼的旨意，他们就让她活。

贞德不屈服。直到她被绑上火刑架上的时候，也依然不屈服，坚持自己受上帝的恩惠，来人间完成使命。

虽百死，但志不改！

当执行火刑的时候，贞德面不改色，眼神坚定，她在烈火中大声念着耶稣的名字直至最后一刻。英格兰人民为之流泪痛惜，行刑官面色惊恐，抱头不知所措。

恨透了贞德的英格兰权贵，将贞德扒光了衣服，先烧成黑炭示众，再把她挫骨扬灰，以免有后人来祭拜她。

贞德被烧死的讯息飞快传回了兰斯。法兰西全体人民和贵族都怒了，连原本羸弱的查理王也变得坚韧了起来。那些被英格兰占领的法兰西村庄城市们，纷纷起义抗议。

甚至连英格兰的军队士兵都怀着质疑的眼光看着他们的指挥官。

“贞德从未杀死过任何一个英军俘虏，她在每一场战斗后，都要为阵亡的英法两军战士们祷告接引，可你们为什么要烧死她？”

越来越多抗议的声音开始出现，英格兰军在法兰西的声望降至冰点，许多城市开始暴乱，他们纷纷冲上街头暴打英格兰的士兵们。

就在贞德死后不久，查理王顺利收复了巴黎，接着法兰西军一步一步逼向英军登陆的海港。英军把握的岗哨纷纷失守，情况十分危急，英军已经从一个胜利者的姿态被逼到了悬崖边上。

此时，仿佛历史开了个玩笑，最后把英格兰一脚踹下去的，并非法兰西，更不是苏格兰，而是突然爆发在英格兰国内的一场极富有浪漫主义色彩的战争。

这场战争说是英格兰的内战，但它更是英法百年战争的尾声。也正是在这场战争之后，英格兰和法兰西延续至今的格局就此奠定，而其后的英格兰王室家族也延续至今。

## 王国卷五：

# 玫瑰战争（上）王者归来爱德华

前情提要：在英法百年血战的背后，是英格兰王国里势力最大的兰开斯特家族和英格兰金雀花王室之间的明争暗斗在推动。直到1453年，英格兰在法兰西王国，同时也是在欧罗巴大陆上最后的据点加莱被法兰西军攻陷被迫全线撤退回不列颠岛，导致英法百年战争以英格兰的彻底失败，法兰西的最终胜利而告终。这场战败，就成了点燃这两大家族大战的最后火星。于是，三代约克公爵即刻起兵，以白玫瑰为旗号向以玛格丽特王后为首的兰开斯特家族挑战，并立即占领了曼彻斯特。而玛格丽特皇后则以红玫瑰为旗号，向三代约克公爵应战。

约克公爵率先出手，他首先联系了自己的同盟沃里克伯爵，两个人一拍即合，一口气拉起了一支七千人的军队。

话说，从百年战争的后期开始，大批回国的老兵已经习惯了过去不断战争的生活方式。因战争而失去了耕地，或者索性不愿意重新务农的大有人在。大贵族势力的扩张，让越来越多的自耕农和小贵族选择依附于大家族旗下，求得庇护。正巧，很多人原本就是在海峡对岸战场上的上下级部属，回国后继续维持了这种原本在国内所不必要的联系。这就让大贵族的领地内，都有很多以耕作土地为报酬的军事人员存在。至于连这层“战友情节”都没有摸到的人，也很容易成为贵族随时可以找来的职业打手。加之英格兰王国各郡本来就都有强制的军事训练。因此，贵族只要能够出钱，就很容易聚集一支数目可观的军队。

得知约克公爵在大张旗鼓地招兵买马并小有所成后，着急的亨利六世立刻与他坚定的支持者，萨默塞特公爵一同率部开赴曼彻斯特。谁知，国王的队伍才刚刚走到圣奥尔本斯（伦敦隔壁），使者就带来一个坏消息，说约克公爵的大军已经快到这儿了。亨利六世顿时吓得六神无主，要马上逃回伦敦再关闭城门，他哪里想得到约克公爵竟然如此神速。但国王军的主将萨默塞特公爵却不这么认为。在他看来，越是在这个时候，国王本人就越是不能够退缩。

当然，萨默塞特也不是个莽夫铁憨憨，他一边稳住国王，一边立即派人从兰开斯特家族的各领地内征召部队来勤王。可事情就麻烦在这一点上，为了等待援军，国王的队伍反而不能以较快的速度前进，他们慢吞吞地在罗马时代遗留下的主干道上，龟速移动。

时间来到了1455年的5月21日，三代约克公爵的队伍一头撞上了还在圣奥尔本斯附近打酱油的国王军。两边的人不是身披重甲就是手持长弓，那还有啥说的？打呗！

三代约克公爵这边有七千人，可谓来势汹汹；而兰开斯特国王军这里只有两千人，还在这里磨洋工打了好几天酱油，士气也就那样了。好在由于天色已晚，起了大雾，虽然局势已经剑拔弩张，三代约克公爵还是不敢轻举妄动。于是双方就在仅二十米的距离内安营扎寨了。

由于人数完全处于劣势，萨默塞特觉得不能这样坐以待毙，等到明日太阳升起，大雾散去，国王军将任由近在咫尺的约克军欺负。于是，夜间，兰开斯特军队在他的带领下，向着附近的圣奥尔本斯镇前进。他希望以城镇本身作为军队的理想防御阵地，依靠建筑物和街道来抵消约克人的数量优势，以便在对峙中坚持到后续援军抵达。

然而如此大规模的移动，怎么可能不惊动三代约克公爵。于是约克军队也跟着对手平行移动，双方在整个夜里展开了一场看谁先到镇上的赛跑。好在萨默塞特先行一步，使得兰开斯特军队首先抵达了圣奥尔本斯并成功地抢占了城镇中心的建筑物与街道。追赶而来的三代约克公爵，则只得在城镇的东部停下了脚步。

萨默塞特公爵并未因为抢占先机而有所停滞，在建立街垒防御后，他立刻让军队的两翼散开拉长，形成了一个一字大阵。这个举措遭到了萨默塞特的副手，哈林顿爵士和珀西爵士的一致反对。国王军本身就已经处于人数劣势了，如果再这么布阵，一定会被三代约克公爵一举击穿。

但萨默塞特公爵也是有苦衷的，他害怕约克公爵利用人数优势，从四面八方同时进攻，把他们困死在这里，所以他不得不利用街垒和房屋为屏障，兵行险着，布下这个阵势，等待援军到来。

三代约克公爵没让萨默塞特公爵久等。在骑马绕着国王军的阵势走了几圈后，他下令发起进攻，由盾牌在前，长矛其次，弓箭在后，向国王军的街垒稳步推进。萨默塞特见状立刻下令国王军的长弓手反击，并让盾牌手配合五十名重装骑士，在狭窄的小巷组成一道凹凸不平的防线，在局部形成以多打少，以压制三代约克公爵人数上的巨大优势。

果不其然，三代约克公爵两次冲锋都被打退了，萨默塞特公爵大喜，他认为再坚持一下，敌军的气势就会用尽，败退将无可避免。

也就在这里，他从不应该听见马蹄声的地方听见了马蹄声，疑惑少许后，萨默塞特吓得猛抽了个冷子。约克公爵的北方骑兵，自始至终可都没登场啊，他们去哪儿了？

答案是，国王军的大后方，国王亨利六世的所在地。听闻前线形势一片大好的国王亨利六世，此时正在跟身边的人举行茶话会闲聊。当三代约克公爵的北方骑兵在绕了大半个圣奥尔本斯后，突然出现在这里时，国王和他的护卫们纷纷吓傻了。他们连头盔都没戴上就慌忙做了俘虏。

国王被俘虏的消息很快就传到了前线，萨默塞特公爵率领的国王军顿时士气全无。三代约克公爵趁机全阵冲锋，悲愤不已的萨默塞特公爵和他的两个亲密战友珀斯和哈林顿力战不退被阵斩。国王军大败，很快，三代约克公爵兵临伦敦城下。

仗打成了这个样子，玛格丽特王后只能好汉不吃眼前亏。她满脸堆笑地安抚三代约克公爵，一边说还一边数钱，顺便还让英格兰国会封三代约克公爵为摄政王，封地考文垂。

一年后，也就是1456年，玛格丽特王后在韬光养晦一年后，开始带领兰开斯特家族反击。在王后的鼓动下，举棋不定的亨利六世决定出游英格兰北方。虽然约克家族的大本营约克郡就位于英格兰的东北部，但在北方的其他地方以及威尔士的部分地区，依然是兰开斯特家族及其党羽的主要地盘。亨利巡视当地，既可以安抚英格兰北方民心，又可以向自己的支持者宣布，国王依然值得效忠，远不是约克公爵手里的一个傀儡。

同时，在二代萨默塞特公爵（注意，是二代了……）的“睿智”谋划下，强势的玛格丽特王后劝说唯唯诺诺的亨利六世下令，解除约克公爵理查德的摄政位置。随后，兰开斯特家族索性将国王扣在了英格兰北方，并在中部的考文垂，撇开首都伦敦的英格兰议会，在广大北部和中部贵族的支持下，设立了一个傀儡王廷，发动了一次不流血的“政变”。

失去了摄政王职权的三代约克公爵，选择以退为进。他当即离开伦敦，逃往自己在北爱尔兰的领地。于是，就在这里，三代约克公爵凭着天高皇帝远，你能奈我何，又开始了招兵买马。

回到兰开斯特家族这边，“睿智”的二代萨默塞特公爵提出两个朝廷的做法，虽然短期内让兰开斯特家族站稳了脚跟，但也给兰开斯特家族带来了各种麻烦。

首先是中部的土地贵族，包括伦敦在内的英格兰东南部地区，是市民和商人阶层占据优势的地方。玛格丽特把兰开斯特家族一分为二，一半弄去考文垂常驻后，这些地方的商人和市民团体，就成了国家的弃儿，根本得不到国王的重视和保护。

除此之外，再加上兰开斯特家族与约克家族的对立，这样一国三廷的搞法，弄得英格兰王国在全国各处的封地各种混乱。要知道这些大大小小的封地，盘根交错。很多为不同家族效力的大小贵族，彼此就是邻居。这对于依靠贸易生财过活的商人来说，绝对不是个好消息。他们的商队将会在沿途经过各个家族领地，将要被三股势力来回剥削。这还没完，国王的北上也让南部沿海失去控制，大量的海盗开始横行肆虐英格兰商人们最主要的贸易港口，简直是民不聊生。

于是，三代约克公爵马上令最得意的手下沃里克伯爵抓住机会，出动手里的军队打击海盗和各类匪徒。在他的努力下，英格兰南部同欧洲大陆，尤其是传统贸易伙伴佛兰德斯的生意逐步恢复。整个约克阵营，也因此开始得到东部和南部地方上的支持。相应地，兰开斯特家族的国王与王后，就渐渐开始不受待见。

1459年，三代约克公爵眼看时机成熟，他再次领兵出征，另一边玛格丽特王后也令约翰·索顿大领主率领一万大军前往布洛索斯阻击三代约克公爵。

玛格丽特王后一直坚持认为，圣奥尔本斯战役的失利，完全是因为萨默塞特那个莽夫非要在国王军这边人数巨大劣势的情况下和三代约克公爵血拼。所以这一次，在她听说三代约克公爵只有五千来人的时候，她点足了兵马，企图用两倍的人数压垮三代约克公爵。

其实，三代约克公爵这次带了多少人来并不重要，重要的是他带来了那个男人。三代约克公爵的长子——爱德华四世。

在欧洲中世纪，叫爱德华的都惹不起。

当时，约翰·索顿为了能彻底歼灭三代约克公爵的军队，他们在布洛索斯一带设下层层埋伏，又筑起一座座堡垒，就是为了一口把三代约克公爵给吃个透。

然而，因为约翰·索顿一系列的大动作，三代约克公爵被惊动了（所以我说，你修那么多堡垒谁不知道你有埋伏啊），他开始放慢速度谨慎行军。眼看战术暴露的约翰·索顿立刻做出决定，由超级武士塔切特带领全军突袭三代约克公爵。

凭借着人数的优势和非凡的个人武勇，塔切特仅仅利用一次冲锋，就硬生生地冲垮了约克军的两道散兵线，他身披重铠、手握长矛，在约克军中游走宛如观鱼赏花，谈笑间将约克军大阵推后了近两千米。

关键时刻，爱德华四世出场。他骑着战马，手持长矛，带着三百名骑士开始反冲锋，一个回合就把国王军的先锋塔切特刺下了马（所以说在战场上不能太拉风）。塔切特的突然死亡震惊了国王军，在他们还没有反应过来前，爱德华四世单枪匹马突入重围，一直杀到了约翰·索顿的面前。大惊失色的约翰·索顿掉头就跑，他身后的四千国王军后卫，先是面面相觑，接着全员崩溃。三代约克公爵趁势掩杀过来，国王军再次大败，折损两千多人。不过，约克军这边虽然大胜，但伤亡也超过了一千，不得不原地休息几日。

这让三代约克公爵很是担心，因为国王军虽败，但是并未伤及元气；自己虽胜，但也折损不轻。何况，此时的玛格丽特王后肯定早已经调集全国大军来勤王了，他对这次战争的胜负，十分担忧。

果不其然，当约克军走到卢福德大桥时，玛格丽特王后那两万三千人的大队伍，宛如一道铁墙般挡在了三代约克公爵面前。

此时，爱德华四世请战，愿意带头冲锋突破大桥，但是沃里克伯爵却认为这是个不明智的做法。他冷静地跟三代约克公爵和爱德华四世分析，玛格丽特王后倾全国之兵死守伦敦，她的党羽们之所以纷纷响应无非两个原因：第一，玛格丽特王后一定许诺了他们一个非常大的好处；第二，他们惧怕三代约克公爵的胜利会夺走他们手里现在的既得利益。所以，如果这里约克军选择强攻，则必然将玛格丽特利益集团逼成铁板一块；如果选择撤退，他们反而会因为突然到来的轻松，就自己的利益分配而吵成一锅糨糊，届时三代约克公爵可以再将他们逐个一一击破。

好一个沃里克，未来的王之右手、立君者！他看透了玛格丽特利益集团的一切！于是三代约克公爵当即下令全军撤退。

果不其然，一切如沃里克伯爵所说。这些人之所以急吼吼地来协助玛格丽特，是因为玛格丽特许诺他们在击败三代约克公爵后，允许他们肆意劫掠这附近的城镇。于是这些饿狼，争先恐后地扑向这些无辜的老百姓。一时间，玛格丽特的声望再次大幅度下跌，人心开始不断地转向三代约克公爵。

目睹了这一切的二代萨默塞特公爵痛心不已，这位玛格丽特的谋士当即指出，不能就这么让三代约克公爵跑路了，应当即刻追击，把他们都赶下海去喂鲸鱼。

玛格丽特王后也马上反应过来，到底是《权力的游戏》里瑟曦的原型，她的智力还是一直在线的。她即刻命令二代萨默塞特公爵带两千人追上去。

急吼吼的萨默塞特公爵一路狂飙，然后一头撞进了沃里克伯爵布下的天罗地网，被爱德华四世杀得片甲不留，连伦敦都没敢回去，就狼狈地逃回了兰开斯特家族在考文垂的大本营。看来，这俩星期他的工作就是跑来跑去……

而沃里克也顺势建议三代约克公爵绕个圈，取道三维智港，占领这里补充辎重和兵员，再图进取。

仅仅数月的时间，在沃里克的建议下，三代约克公爵利用这个桥头堡很快就将自己族人的军队全部集结在了这里。这一次，三代约克公爵有了一支一万两千人的军队，浩浩荡荡再次进军。同时，因为卢福德大桥在被劫掠后，当地人恨透了玛格丽特王后，他们纷纷打开大门，送上食物欢迎三代约克公爵，并伙同伦敦的守卫，打开城门。

至此，离撤离卢福德大桥不足一年，三代约克公爵就兵不血刃地拿下了伦敦。仅剩下伦敦的守将斯凯尔斯，带着为数不多的残军困守坚固的伦敦塔。沃里克伯爵没多作纠缠，他留下一支部队包围伦敦塔后，与爱德华四世一同率军北上。

在得知三代约克公爵以惊人的速度拿下伦敦后，玛格丽特王后再也等不及了，她迅速组织起一支万人的军队，由国王亨利六世亲自带领，立刻南下伦敦。此时兰开斯特家族的一众得力干将，包括白金汉公爵斯塔福德、塔尔伯特伯爵、埃德蒙德领主都参与了这次行动，他们很快都抵达了位于伦敦和考文垂之间的北安普敦。玛格丽特王后下令，务必要在此必经之路上挡住三代约克公爵！

这之后，又陆续有五千精锐的王室部队赶到。这些援军虽然人数不多，却有大量包括贵族骑士在内的重甲部队。再然后，二代萨默塞特公爵也赶到了，他带领全军在去往北安普顿的大道边上建立了防御阵地。整个阵地背靠边上的内内河，并扼守着通过此河的唯一桥梁。

整个国王军分三地布阵：塔尔伯特男爵的主力部队位于战线中央，右翼分队由白金汉公爵指挥，左翼由埃德蒙德领主指挥。阵地的外侧已经布置了大量拒马并挖掘了壕沟。任何企图强攻的敌人，都会在遭遇炮兵和长弓的密集射击后，被这些防御工事所阻挡。守军身后的河流，也让进攻方难以发动迂回攻击。

1460年7月9日，沃里克伯爵和爱德华四世率领的约克军的五千前军抵达战场。面对已经建立稳固防御的守军，约克军只得选择先在附近安营扎寨。但是沃里克和爱德华知道，他们没有多少时间了。因为时间拖得越久，玛格丽特就越可以从北方调来更多的军队。

第二天上午，沃里克下令全军出营列阵。五千约克军也同样被划分为三个分队，沃里克自己、富康伯格和爱德华四世分别率领其中的一个分队。

不过沃里克伯爵并没有立刻进攻，他还饶有兴致地跟亨利六世玩起了和谈，好像在有意拖延时间。

中午时分，北安普敦突然天降大雨。沃里克伯爵终于发起了进攻，两军战士们只能冒着瓢泼大雨，排着整齐的队伍，行走在已经被雨水打湿的泥泞地面。虽然大雨很快就变成了小雨，但是整个战场的泥地都已经难以行走。尤其是穿着重甲的战士，在这种环境下难免步履蹒跚。雨水滴滴答答地打在钢铁头盔上，也顺着盔甲间的细缝浸湿了里面的内衬。

约克军这边领头的依然是勇猛无敌的爱德华四世，但国王军这边早有准备，爱德华四世的方阵一进入长弓的射程，国王军射手们就立刻张弓搭箭，准备来一场万箭齐发。与此同时，亨利六世还调来了他的新武器——从国王舰队上搬下来的火炮。他相信在密密麻麻的箭雨和强悍的火炮面前，爱德华四世一定会被他打得灰飞烟灭。

箭在弦上一触即发，可国王军的弓手和炮手们的脸上当即露出了一阵阵尴尬。

是大雨！那该死的大雨！沃里克伯爵的拖延导致大雨淋湿了弓弦和火药，现在国王军的远程火力全部都完蛋了。

在大雨中，长弓手们拿骑士身上的板甲一点办法都没有，于是爱德华四世一声令下，这些步兵们立即发起短距离冲锋，利用速度接近对手。

随后翻过壕沟，越过拒马，跳入兰开斯特阵中开始大肆砍杀。

在失去远程火力援助后，面对这样强力的冲击，国王军中路的塔尔伯特的分队一下子被打蒙了。爱德华的人马很快就进入了工事内部，双方在阵地的中央展开了一场血腥的肉搏战。

在爱德华的分队与敌人血战时，沃里克的分队也抵达了工事附近。但他们并没有从前面方阵突破的缺口跟着进去，而是绕到了敌人右翼，而此时，负责国王军右翼的埃德蒙德，却突然命令自己的部队放下武器，拆掉了他们面前的拒马工事，放沃里克的部队进来。

这是怎么一回事？直到沃里克和埃德蒙德俩人握手称好、勾肩搭背，俨然一副好兄弟的样子，亨利六世才反应过来。埃德蒙德，早就被沃里克策反了。

这一反叛直接决定了北安普敦战役的走向。沃里克和爱德华四世就这样成功进入了国王军阵地，从四面八方猛攻塔尔伯特的部队。

左翼的白金汉公爵眼见大势已去，他赶紧带着三百多个忠诚的国王军战士跑到亨利六世所在的帐篷前保护亨利六世。可惜这一切在爱德华四世面前都是徒劳无功的，白金汉被爱德华四世逼退，而亨利六世则在自己的帐篷内被一名弓箭手俘虏。有意思的是，这名弓箭手的名字也叫亨利（亨利何苦为难亨利）。

北安普敦一战，兰开斯特家族元气大伤，对于英格兰的统治力几乎陷入了瘫痪，连国王亨利六世都被俘虏了。相反，三代约克公爵的声势如日中天，他的领土已经达到了英格兰王国近一半之多。

在漫天的喝彩和歌功颂德的赞美声中，三代约克公爵许诺爱德华四世：待我拿下考文垂，取下玛格丽特的头颅，我就是英格兰的王，而你就是我的王子，未来的王！

沃里克伯爵也高举酒杯，祝贺着他的主君和少主。但他的眼光却从来未曾离开那火光投在众人身后的阴影。

一股不祥的预感，在他心中弥漫开来。

## 王国卷五：

# 玫瑰战争（下）被诅咒的王冠

前情提要：三代约克公爵率先举兵向亨利王和玛格丽特王后发起进攻，并在圣奥尔本斯大破国王军，进入伦敦夺得了摄政王之位。然而，玛格丽特王后却在韬光养晦一年后，发动了一场不流血的政变，罢免了三代约克公爵摄政，并将伦敦王廷一分为二，国会依旧留在伦敦但国王和王后全部进入考文垂，把那里作为大本营。虽然三代约克公爵的势力在这场政变中遭到严重打击，但最终他还是在儿子爱德华四世和谋臣沃里克伯爵的策划下，东山再起，经过一系列战役，成功拿下了伦敦，并最终在北安普敦重创国王军，俘虏了英格兰国王——兰开斯特家族的亨利六世。

在一片歌功颂德的赞歌声中，三代约克公爵在伦敦的王宫里大摆宴席，并下旨让国会和大贵族们拥立自己为英格兰国王。

三代约克公爵的这一举动，立刻遭到了第一谋士沃里克的强烈反对。他不安地提醒自己的主君，他们的旗号是清君侧不是造反，现在己方已经控制了大半个英格兰俘虏了国王，但毕竟玛格丽特王后还在，兰开斯特家族还有不少势力。更重要的是，越是在这个时候，自己这边就越是应该利用清君侧的名义，将这出戏唱完，把玛格丽特王后定义成奸邪，然后挟天子令诸侯，彻底把兰开斯特家族的根基连根拔起以绝后患。

到了那个时候，还是任凭咱们为所欲为，干吗非要急着这一会儿？

可是，一连串的大胜，让这位一直以来谨小慎微的三代约克公爵，彻底放松了下来。现在的三代约克公爵，就好像三国时期同时在荆州和汉中大败周瑜和曹操的刘备，觉得自己可以怼天怼地怼空气，谁也不是对手了。

可怜的沃里克伯爵死劝活劝却一点用都没有，其结果也正如沃里克所料。国会和大贵族最终还是承认，英格兰王是亨利六世，而三代约克公爵只不过是亨利六世的继承人而已。

三代约克公爵气急败坏，想要赶走沃里克，还好在他的队伍里面还有个明白人——三代约克公爵的长子爱德华四世。他提醒父亲，现在大敌未灭，却要赶走功臣，小心人心涣散，满盘皆输呀！

三代约克公爵总算是鼻子里插着气，勉强同意了。但也因此疏远了自己这个战功赫赫的大儿子，转而去宠爱他的小儿子埃德蒙德了。

另一方面，惨遭失败的玛格丽特王后，这次不仅输完了部队，连最强王牌国王也给丢了。万般无奈之下，玛格丽特王后只得使出祖传绝技——

找帮手。

她第一个找来的，就是在威尔士以北的一个偏远老贵族，叫欧文·都铎。这个都铎家，因为平日里地处遥远，生态一般，所以也没有人待见他们。好在玛格丽特王后什么都不好，却一定会对待自己的支持者掏心挖肺。而威尔士北部，正是兰开斯特家族的领地之一。别人给都铎家白眼，但玛格丽特却一直好生养着他们。于是，欧文老爷子二话不说，就对玛格丽特表忠心，您说去哪儿就去哪儿，我的大儿子加斯普·都铎任凭您使唤。

于是，玛格丽特王后又有了一波本钱，只是在她身后的都铎家族的队伍里，有一双年幼的眼睛，将玛格丽特牢牢锁定住了。

他是欧文老爷子庶出的一个偏房孙子，名叫亨利·都铎。

在确定了国内支持者后，玛格丽特王后即刻前往更北之地，那是哪里呢？英格兰的“老朋友”苏格兰。

玛格丽特王后一到苏格兰王詹姆斯二世面前，就声泪俱下，痛苦不已，据说还给跪下了。千言万语一句话，求国王陛下出兵帮她镇压三代约克公爵夺回英格兰。

苏格兰王詹姆斯二世饶有兴致地看着玛格丽特王后说，当年你们家英格兰把我们打得差点灭国，几次俘虏我们的国王，奴役我们的人民，凭什么要我来帮你？

玛格丽特王后马上擦干了眼泪，义正词言、声色俱厉地回答道，陛下您打住。什么叫我们家英格兰？明明就是他们金雀花安茹家干的好事！您看，自从我们兰开斯特家族继承王位后，什么时候为难过你们苏格兰？我们不是都好好相处的嘛，我们兰开斯特可是你们苏格兰的好邻居好朋友啊！请记住，您的敌人是金雀花安茹家，也就是那个三代约克公爵和他的好儿子爱德华四世。

詹姆斯二世一想，也对，那这样，我可以帮你玛格丽特出兵，但是你必须把当年金雀花安茹家的王，爱德华三世攻占我们的土地都还给我；把他当年勒索我们的钱也还给我，这样才能向我证明，你们兰开斯特家和金雀花安茹家不一样，愿意做苏格兰的朋友。

玛格丽特听完后赶紧点头同意，于是詹姆斯二世大手一挥，令苏格兰的远征军团们行动起来，是时候报仇雪恨了！

那边厢玛格丽特王后已经卷土重来，衙门都要修好了，可伦敦三代约克公爵这边却是一锅大稀饭。

三代约克公爵非常不满意国会和大贵族们不承认他是英格兰国王，他开始在伦敦肆情骄纵地作威作福起来。这更加激化了约克家和伦敦的矛盾。

在这样激化的矛盾下，越来越多的大贵族又重新倒回了玛格丽特王后麾下。形势越来越严峻了，但三代约克公爵却毫不自知。

1460年11月，也就是三代约克公爵在北安普敦大胜后数月，玛格丽特王后带着她再次拉起来的队伍，一支由苏格兰远征军团和都铎家族本部骑士组成的军队，合计两万人整，迅速南下。

很快玛格丽特王后就攻占了三代约克公爵的老家，北方重镇约克。接着，曼彻斯特也沦陷了，大批大批的小贵族见势迅速加入了玛格丽特王后的红玫瑰旗下。

在伦敦，当前方战败的消息宛如雪片般传进伦敦的时候，三代约克公爵终于意识到事情大了，他马上开始着手镇压这次叛乱。此时，沃里克伯爵献上一计，他劝自己的主君，玛格丽特王后这次声势之所以如此浩大，全凭她借到了苏格兰王的军队，当此时咱自己应该立刻收缩防线，坚壁清野。届时，苏格兰远征军必定会因为战线过长、补给不够而率先耗不起撤退。到时，再让爱德华四世出骑兵急袭考文垂，则玛格丽特王后必败。

然而，膨胀成一个气球的三代约克公爵就是不听自己谋士的话，他甚至首先就把沃里克伯爵的坚定支持者，大儿子爱德华四世赶去了威尔士南部。注意是南部，是非兰开斯特家族的控制区，借口是压制兰开斯特家族在威尔士的势力。

接着，他又把沃里克伯爵留在伦敦，美其名曰：稳定后方。可他自己却带走了全部的军队和补给，以及最宠溺的小儿子埃德蒙德。

三代约克公爵竟然天真地认为，玛格丽特王后的联军，就是一口雪花酥，一碰即碎。他派出了自己的一支先锋前往沃客索普，希望率先在那里给玛格丽特王后当头一棒。

确实是当头一棒，可却是砸在了三代约克公爵自己的头上。这支傲慢的先锋，轻敌冒进，一头钻进玛格丽特王后的谋士，二代萨默塞特公爵的包围圈里，被全歼了。

战败的消息终于让三代约克公爵的骄慢心有些许收敛，他开始收拢队伍，于12月21日抵达了位于韦克菲尔德市南边的一处非常坚固的桑达尔城堡。探子来报，玛格丽特王后的联军就在距离桑达尔城堡约四小时脚程外的小镇上驻扎，数量极其庞大，远胜我军。于是三代约克公爵只得就地下令全军在桑达尔城堡驻扎下来，并即刻派人去威尔士通知他的长子爱德华四世赶快来增援。

另一边，玛格丽特王后的联军在当夜就抵达了桑达尔城堡外围，他们立刻封锁了城堡附近的所有道路，急于复仇的玛格丽特王后马上下令两万联军当夜就举火攻城。然而二代萨默塞特公爵却阻止了玛格丽特的疯狂举动。他告诫自己的王后，桑达尔城堡位于一个陡峭的小山坡上，约克军队会一直占据着上坡优势，弓箭的威力可以发挥到最大。而我方联军却要抬头举盾仰攻，这对我军实在是太过于不利了。接着，他微笑着对王后说，自己有一计，定能用最少的代价，彻底击破三代约克公爵。

玛格丽特王后听从了二代萨默塞特公爵的建议。于是，在二代萨默塞特公爵的指挥下，仅有一半的联军，列阵在桑达尔城堡前，佯装攻城，做出侦察兵误报人数的姿态，引诱骄傲的三代约克公爵出城决战。而另一半联军，一支先由克利福德·约翰领主指挥，熄灭火焰埋伏在第二线，利用较远的距离和山林地形的掩护，不让约克军发现。另一支联军再分一半。其中一半由威尔特郡伯爵指挥，埋伏在了战场附近的右侧树林里；另一半则由领主鲁斯率领骑兵部队埋伏在战场的左翼。

一旦三代约克公爵率军出城决战，第一线的部队将会全数诈败撤到第二线，接着埋伏在左右的两翼伏兵会立刻对约克军进行合围，骑兵切断撤回城堡的路线，绝杀三代约克公爵！

桑达尔城堡里，三代约克公爵在眺望了一段时间后，认定玛格丽特联军的数量远少于侦察兵报告的庞大数目，侦察兵误报了。于是，他当即下令率领全军冲锋，不等爱德华四世的增援，立刻出城决战。

在出战前，三代约克公爵还不忘把自己的小儿子埃德蒙德带上，他打算把这一战的功劳记在这个小儿子头上，日后可以让他成为高过长子爱德华四世的功绩，坐上储君的阶梯。

一切正如二代萨默塞特公爵所料，当约克军顺着斜坡往下射箭时，联军的阵脚一下子就出现了混乱，开始节节败退，不过这也是在二代萨默塞特公爵的计算之内。而看到之前手下败将的儿子开始溃退之时，三代约克公爵更是毫不犹豫地下令全军冲锋。约克军队就这样追逐着兰开斯特的第一线部队，逐渐远离了城堡和斜坡，进入了平地。

说时迟那时快，林子里突然出现了三声炮响，刚刚还慌不择路逃跑的联军立刻调头反扑，更多的联军从树林里四面八方地冲了出来，团团围住了三代约克公爵。

三代约克公爵的骄傲到底还是有资本的，他随即下令全军收缩阵型，发起反冲锋，这一冲不知道，冲起来吓一跳，在三代约克公爵的统率下，凶猛的约克军一下就把玛格丽特王后的联军打得七零八落。此时，又是一阵喊杀震天，威尔特郡伯爵的步兵和鲁斯领主的骑兵立刻从左右两翼杀出。三代约克公爵顿时被打了个措手不及，原本以为自己即将获得大胜的约克军队，在遭到了前后不同方向上的围攻后，终于大败溃散。小儿子埃德蒙德和二儿子索尔兹伯里被战斩，三代约克公爵被俘虏，约克军死的死，逃的逃，全数完蛋。

事后，面对这位屡屡挫败自己的老对手，玛格丽特王后表现出了一种极其残忍的黑色幽默。她把三代约克公爵押送到了他的老巢约克，然后给他戴上一顶白纸做的王冠，再把他的头砍下来挂在约克的城墙上示众。

威尔克菲尔德的桑达尔城堡之战，对于约克家族来说，是一场毁灭性的打击。三代约克公爵和他的二儿子、三儿子全部阵亡，积攒了十几年的不败百战之师全军覆没。同时，玛格丽特王后的军队宛如一把尖刀，把约克金雀花家族的势力，从中间劈成了两半，使得他们东西两边守卫不得相顾。

伦敦，危矣。

零星逃回来的残兵开始不断夸大玛格丽特王后的联军，个个都是身高八尺、腰围也是八尺、眼珠子都是斗大溜圆的巨人怪物。但也就在这样万般危难的时刻，落寞的爱德华四世并不知道，那个即将帮助他成就大业的“王之右手”，正在伦敦等待着命中注定的主君到来。

## 王国卷六：

# 约克王朝（上）立君者沃里克

前情提要：三代约克公爵于北安普敦大败玛格丽特王后，取得巨大优势后，不顾沃里克伯爵的极力反对，执意要在伦敦称王，可惜被英国国会否决，致使三代约克公爵的声望出现下滑。自大和愤怒，使得三代约克公爵，冲动地将沃里克伯爵和长子爱德华四世打入冷宫。而利用割地赔款从苏格兰王国借兵归来的玛格丽特王后则再次大张旗鼓地向三代约克公爵挑战。刚愎自用的三代约克公爵，在情报和准备均为充足的情况下就直接应战。在桑达尔城堡，终被有备而来的二代萨默塞特公爵设计战败。三代约克公爵与他的二子、三子全部阵亡，白玫瑰军队几乎全灭。

桑达尔城堡之战，三代约克公爵的势力遭到了毁灭性的打击。许多支持三代约克公爵的势力纷纷倒向了兰开斯特家族的玛格丽特王后。在这万分危急的时刻，三代约克公爵的超级智囊、军师，沃里克伯爵立刻写信，让爱德华四世马上回到伦敦。

此时的爱德华四世，十分落寞。当年随他出征的千人大队，如今身边只剩下了两三个随从，一路风尘仆仆地回到伦敦。但，沃里克伯爵却并不消极，他只用了一番话，就把这位落魄的少主君，变回那个让人闻风丧胆的金雀花之子。

沃里克伯爵提到了一个非常重要的事情，那就是在桑达尔城堡之战后，因为三代约克公爵和他另外两个儿子的全部阵亡，使得爱德华四世毫无争议地成了约克公爵的唯一继承人。不仅如此，在上一起三代约克公爵执意称王的事件里，根据国会的调解法案，三代约克公爵在亨利六世百年之后，拥有英格兰王国的继承权。现在，这个继承权也同时因为三代约克公爵和他另外两个儿子的死，完全彻底没有争议地留给了三代公爵最后剩下的唯一的儿子，也就是爱德华四世。

于是，沃里克伯爵立刻把这一信息散布了出去，让全英格兰王国的人都知道，三代约克公爵还有继承人，并且他还健康强壮地活着，还是英格兰王国的继承人。

这信息一经散布，着实把玛格利特王后吓了个够呛。怎么打仗打赢了好像还让敌人占了上风？于是，她只得又急匆匆地北上，继续寻求苏格兰王詹姆斯二世的帮助。此时，苏格兰王后盖尔德雷的玛丽表示同意再借玛格利特一次军队，但条件是英格兰要割让贝里克镇给苏格兰，还要让玛丽王后的女儿嫁给玛格丽特王后的儿子。玛格丽特欣然同意了，只是，这几年败仗打得有点多，军队的军费她没有。于是，玛格丽特王后灵机一动，她允诺借给她的苏格兰军队可以在英格兰王国的南部无限制掠夺。无限制的意思是，包括贵族和富商们都可以随意抢劫，开心就好。界限就是特伦特河，这条河以北，不行；以南，随意。

此举正中沃里克伯爵的下怀。沃里克伯爵深知，玛格丽特王后虽然精明，但她的精明多数却是用在自己的私利身上，至于其他人的死活，那是教廷应该去思考的事情，和她无关。

而沃里克伯爵却并不这么想，相反，他很早（相对于西方世界来说）就悟到了“水能载舟亦能覆舟”这个道理。相比于玛格丽特王后用人民博明天的做法，沃里克伯爵则是让爱德华四世不断奔走在英格兰王国的田野城市里笼络人心，甚至不放过任何一个平民老百姓。

很快，爱德华四世的呼声就高过了玛格丽特王后，而玛格丽特王后因为放纵苏格兰军队对英格兰的无差别洗劫，导致许多曾经支持玛格丽特王后的贵族，又开始重新倒向了爱德华四世。

其中，最严重的事件莫过于玛格丽特王后的老巢——考文垂竟然在沃里克的煽动里，全部倒戈了。

形势再度反转。

留给玛格丽特王后的时间和余地已经不多了，失去了民心和根据地的兰开斯特家族，需要一场酣畅淋漓的胜利。于是，二代萨默塞特公爵又给玛格丽特王后献上一计……

另一方面，成功劝降考文垂的沃里克伯爵和爱德华四世制订了一个行军计划。爱德华四世从赫里福德出发，先行去莫蒂默十字路口阻击企图支援玛格丽特王后的都铎家族，然后再迅速迂回到玛格丽特王后的侧翼；而沃里克伯爵则将部队部署在圣奥茨本镇，正面迎敌。届时，猛攻圣奥茨本镇的玛格丽特王后会先被沃里克伯爵不断消耗，等到击退援军的爱德华四世赶来时，他俩将从两个方向夹击玛格丽特王后，全歼兰开斯特家族。

红白两支玫瑰军队开始快速行动起来。爱德华四世这边行进得非常顺利，在莫蒂默十字路口大败欧文·都铎并将其阵斩，都铎家伤亡超过了四千人，而爱德华四世不过才折了一百多人。紧接着，爱德华四世就马不停蹄地奔向了圣奥茨本。

谁知，还没等爱德华四世赶两步路，一个慌慌张张的传令官就跑了过来，他惊恐莫名地告诉爱德华四世，计划有变，请他火速回伦敦。因为那个运筹帷幄、决胜千里、算无遗策、百战百胜的沃里克伯爵在圣奥茨本竟然被二代萨默塞特公爵打败了！

不仅败了，甚至连被俘虏的国王，亨利六世都丢了。

原来，二代萨默塞特公爵虽然没能完全看破沃里克伯爵的用兵，但他却确定了一个很重要的事实。那就是，必须趁着爱德华四世和沃里克伯爵还在分头行动的时候，率先击溃他俩中的任意一人。

彼时，前方传来战报，爱德华四世有在威尔士行动的迹象，二代萨默塞特公爵当即明白，那是爱德华四世要去劫欧文·都铎这个后援。于是，他毫不犹豫地劝说玛格丽特王后壮士断腕，以牺牲都铎家为代价，放掉大部分辎重全速前进，全力突袭伦敦。

为了保证士兵们不起抱怨，二代萨默塞特公爵还向玛格丽特王后建议，允许士兵们，在伦敦周围劫掠，以补充军备粮草。

唉，真是有什么样的主子就有什么样的奴才。

于是，玛格丽特王后的军队立刻丢掉了一切负重，朝着伦敦狂奔过来，刚好在圣奥茨本碰上正在抢修工事的沃里克伯爵。

这样快速的行军，一下子就把沃里克伯爵给搞蒙了。敌人怎么可能来得这么快？带着脑门上的一连串问号，这位金雀花约克家的超级军师就这样被玛格丽特王后给击败了。

后世评说，这是玛格丽特王后和二代萨默塞特公爵策划的最完美的一场战役。在这场战役里，兰开斯特集团重创了金雀花约克家最善战的沃里克伯爵，并终结了他的不败神话。

而实际上是这样的，沃里克伯爵手里只有五千人，而玛格丽特王后手里却有两万。两万打五千，再加上好巧不巧的急行军，简直犹如撞了百万福利彩票一般，沃里克伯爵不输才怪。

气不过的沃里克伯爵也没白闲着。他一路撤退，一路散布谣言："那个抢劫犯、打草谷的强盗、不顾人民死活的玛格丽特王后要来了，大家快跑啊！"

其实我觉得，这是事实，不是谣言。

这一下可好，伦敦的老百姓和国会大臣们，直接被沃里克伯爵给唬住了。他们惊恐地紧闭城门，把城外的钱币粮草全部收回到了城里面。国会的大臣们想来想去，为了保住自己手底下的利益，只得马上找个人来顶缸了。

于是，从民间到国会，所有的呼声都被统一了，那就是拥立三代约克公爵的长子，爱德华四世为英格兰国王。

眼看打了十几年仗就要熬出头来的时候，沃里克伯爵再来了一次火上浇油。他让爱德华四世先婉拒人民和国会的请求，亨利六世不是又被玛格丽特王后"抓走"了吗？那就以清君侧，剿灭强盗为名，集合全英格兰之力，攻杀玛格丽特王后，迎亨利六世还朝！

每每读到此，我都恨不得找张大纸给沃里克伯爵写上两个字"佩服"，明明是打了败仗丢了王牌，结果转身轻轻一挥手，劣势瞬间变优势、败军之将变顺应天道之师，不可谓不牛啊！

啥也别说了，可怜的玛格丽特王后是有苦说不出。现在，全英格兰王国，从贵族富商到平民老百姓，都想让她死。她知道这一切都是沃里克伯爵的奸计，这贼人就算得势了也不见得真会对老百姓们多好，可是她却偏偏无计可施。

明明是兰开斯特和金雀花两个家族的斗争，怎么就变成了兰开斯特和英格兰王国的阶级斗争了？

无可奈何的玛格丽特王后，只得集结所有的军队，来到了伦敦北侧的陶顿村，向爱德华四世和沃里克伯爵寻求决战。

1461年3月29日，决定英格兰王位归属的最终决战终于到来了。兰开斯特家族和金雀花的约克家族都号称有二十万大军（实际上各自都只有三万多人，兰开斯特家族略多一点点），全英格兰王国超过七成以上的贵族，在这一天，都出现在了陶顿的战场上。

上午9点，英国本土诡异多变的天气开始发作，漫天大雪伴随着强风肆虐整个战场。飞扬的雪花很快形成厚厚的积雪，使得双方的视线都变得模糊不堪。

此时，兰开斯特家族率先发起了冲锋，首当其冲的就是二代萨默塞特公爵，他率领兰开斯特主力部队，位于全军的中央阵线，并让两翼全部展开，冲着金雀花约克家族围了上去。右翼部队的指挥，则是和二代萨默塞特公爵一样，和三代约克公爵有着杀父之仇的二代诺森伯兰伯爵。在左翼，指挥官是艾克塞斯公爵，他的家族一直是兰开斯特阵营的死忠。整个兰开斯特大军背靠着身后的山坡，同时利用两侧隆起的山地作为侧翼屏障。而在每个分队身后都部署有一支预备队，最后，在全军的末尾，还有一支总预备队，随时准备进入战场。不仅如此，二代萨默塞特还派出了一支骑兵部队，早早地就埋伏在了右翼远方的山地林间。这支骑兵部队的指挥，正是在桑达尔城堡战役里大放光彩的鲁斯领主。

对面金雀花的约克军，则在爱德华四世的统率下，背靠南面的山地，拉长阵线，与对面的敌军在接触面积上尽量保持一致。虽然，金雀花的约克家在部队的纵深上不如兰开斯特军队那么深厚，但他们有惹不起的爱德华呀！尤其还是“爱德华”里首屈一指的战斗人才爱德华四世。同时，诡计多端、足智多谋的沃里克伯爵，正指挥着左右两翼，一边防守，一边伺机行动，寻找敌军的破绽。

伴随着两支军队在大雪中逐渐靠近、接触，突然一时间狂风骤起、飞沙走石，天地间突然刮起了一阵十二级的超级强风。这股强风正是从南面吹向北方，从金雀花的约克家吹向兰开斯特家！

这场强风，直接把处于进攻方的兰开斯特家的高昂气势给瞬间吹灭了！

沃里克伯爵怎么会放弃这等天赐良机！他马上下令弓箭手部队不顾一切地向前冲，然后在通常作战的射程外，先释放一轮弓箭。结果弓箭借着劲风，直接落入了兰开斯特人的队列。被大风暴雪吹得睁不开眼的兰开斯特军，在一片杂乱无序中射出了自己手里的箭。可是，整个兰开斯特家族却是在顶风作战啊！他们的弓箭射程，在强风的猛吹下，连一半都没飞到，就毫无生气地跌落了下来，而那漫天的飞雪，更是让兰开斯特士兵们的眼睛一点儿也睁不开！

一股莫名的恐惧感从兰开斯特家族的左翼蔓延到了他们的全军，其他分队也跟着不明就里的开始射击，可在强风下，却毫无作为。

看着心乱如麻的兰开斯特家族胡乱射击，沃里克伯爵立刻下令让金雀花的约克家的弓箭手们停止射击，全军徐徐悄悄地后退出对手那点可怜的射程。他们静静地目睹对手的箭矢，白白浪费在雪地上。

终于，大雪和大风都缓和了下来，可兰开斯特家族的弓箭却也消耗殆尽了。

于是，看准时机的沃里克伯爵当即下令右翼部队迅速展开攻击。全队稳步上前，弓箭手在进入射程后张弓射击。从右翼开始，约克军队的整条战线从右到左依次前进。他们对面的兰开斯特部队，无论是哪个部分，都因为没有箭矢而成为站着的活靶子，在约克人的长弓射杀下，伤亡极其惨重。这还没完，鬼精鬼精的沃里克伯爵，在自己人的箭矢逐渐耗尽之时，将战线迅速推进了一大步，这一大步，刚好是此前在风雪里，因兰开斯特家族胡乱射击而导致的无用箭矢落地处。既然兰开斯特家族这么慷慨大方，金雀花的约克家族的弓箭手们就毫不客气了，他们纷纷捡起前面落在地上的箭矢，再次返还给对手，就差没喊几声“谢二代萨默塞特公爵的箭”，而沃里克伯爵也着实过了把“风雪借箭”的瘾。

气疯了且不甘心继续坐以待毙的二代萨默塞特公爵，终于暴走了，他开始率领兰开斯特军发动死亡冲锋。埃塞克斯指挥的兰开斯特左翼，首先冲上去和金雀花的约克家的右翼扭打成一片。接着，二代萨默塞特指挥的中路杀到，可是，他们很快就被沃里克伯爵亲自指挥的弓箭手们疯狂点杀。愤怒的二代萨默塞特公爵，根本顾不得被射倒的兰开斯特士兵，他发了疯一般地猛冲向爱德华四世。

兰开斯特家族的伤亡越来越大了，终于，二代萨默塞特公爵启用了他的杀招。埋伏了很久的鲁斯率领兰开斯特骑兵，突然顺利地从金雀花的约克家的侧后方杀了过来。在兰开斯特右翼的步骑配合打击下，猛地将金雀花的约克家的左翼打得节节败退。突如其来的骑兵突击，让一些丧气的士兵丢掉武器开始逃跑，整个左翼瞬间处于崩溃的边缘。

关键时刻，金雀花之子爱德华四世从中路迅速赶来，他单枪匹马挥舞着盾牌和利剑冲下即将崩溃的左翼。爱德华四世的出现，和他那超神般的武勇，让渐渐不支的左翼士气大振。沃里克伯爵趁机将预备队投入战场。局面就这样稳住了，这一路的士兵重新向着西面组成了防御队列。

三小时过去了，大批带着贵族血统的战士与他们的平民同僚一起血洒战场，陶顿小村的大地上血流成河，惨烈可怖。兰开斯特家和金雀花的约克家都只剩下最后一口气，双方的体能都已经过了极限，唯有依靠意志力在咬牙坚持。

当沃里克伯爵布置的最后一支预备队，诺福克公爵和他的五千战士姗姗来迟地出现在东部战场时，这场世纪决战的天平终于彻底地倒向了金雀花的约克家。这五千战士在诺福克公爵的率领下，沿着伦敦去往北方的罗马大道赶来并迅速进入战场后，他们直接攻击了兰开斯特左翼部队。这一重击让后者的意志力彻底崩溃。接着，连环效应从左到右影响了全军。兰开斯特军队在苦战三小时后，终于被击垮了。他们丢盔卸甲地向后方奔逃，结果又被追兵从身后射来的箭矢击倒。侥幸逃到北面的残兵，还需要涉水渡过库克河。结果是下水的逃兵，再次被约克人从高处射下的箭矢击杀。河面上很快出现了一座可怕的尸体浮桥。

爱德华四世下令全军追击，他本人也马不停蹄地一路向北，一路追杀到了约克城，收复了这座约克家的堡垒。夺回约克城的爱德华四世，终于在城门处见到了父亲和弟弟们的头颅。由于一直悬挂在城头，已经开始腐烂。愤怒的爱德华四世，下令将四十二名在战场上被俘或者投降的兰开斯特贵族军官全部斩首，并把这些首级全部悬挂在约克城城墙上。

就这样，陶顿战役以金雀花的约克家完胜兰开斯特家而告终。二代萨默塞特公爵再次从乱军之中逃出生天，追上了由约克郡向北逃跑的亨利六世与玛格丽特王后。一行人头也不回地直接逃进了苏格兰王国避难。其余的残存势力，也都纷纷退回了英格兰王国的北部的零星据点，再也无力战斗了。

就这样，一场以红白玫瑰花为图腾的战争就此谢幕。爱德华四世在亲手埋葬了父亲和弟弟们后，在沃里克的拥护下，于伦敦加冕为英格兰王，史称约克王朝。

然而，动乱却并未因玫瑰战争的落幕而平息，离盛世和平的天明之日，还需一个漫长凄然的黑夜……

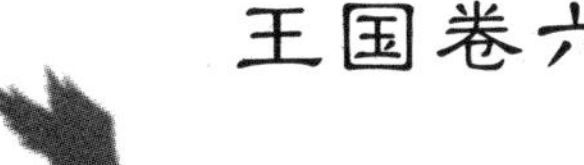

## 王国卷六：

# 约克王朝（中）暮色王廷

前情提要：在沃里克伯爵的帮助下，三代约克公爵唯一存活的儿子，白玫瑰的金雀花之子爱德华四世一扫桑达尔城堡战役后的颓势，屡出奇兵奇谋连连挫败玛格丽特王后和她红玫瑰的兰开斯特家族。最终，双方于伦敦北侧的陶顿村决战。玛格丽特王后大败，输掉了所有的军队和部下，兰开斯特家族彻底退出了争夺英格兰王座的舞台，白玫瑰最终打败了红玫瑰，爱德华四世加冕为王。

金雀花家终于从兰开斯特家手里夺回了英格兰王座，金雀花之子爱德华四世开始了第二代金雀花王朝——约克王朝的统治。

同时，打败玛格丽特的首要功臣兼超级军师沃里克，也从伯爵晋升成了公爵，一跃成为英格兰拥有最大土地的人。

按照童话故事的套路，爱德华四世与沃里克，就会从此手拉手过上幸福的日子，英格兰王国从此进入繁荣盛世，国泰民安，天下太和。

可惜童话里都是骗人的，历史就是历史，永远都是不讲道理的。

话说东汉末年，曹操与袁绍战于官渡。时曹军被困于袁军势大，己方粮草不济的双倍艰难局面。好在关键时刻，袁绍的第一谋士许攸竟因与主上不和，星夜投曹，最终造就了曹操火烧乌巢、以少胜多、大破袁绍、雄踞北方的传奇。

事后……

许攸在军营、在朝堂、在集市，在各个地方，总是一边喝着酒，一边狂笑肆意地说："曹阿瞒！若不是因我许攸，你早就死在官渡啦！焉能有今日？"

于是终于激怒了曹操麾下大将许褚，（在曹操的默许下）许褚一怒之下，把许攸砍了。

唉，不是只可共患难不可同富贵，只因诸君皆在梦里呀……

爱德华四世和沃里克的关系，就如同曹操和许攸的关系。不同的是，爱德华四世不仅没有许褚这样忠心耿耿的猛将，还被迫受制于王国这个政体的束缚。

还记得王国卷卷一里面说的吗？王国政体下的国王，很多时候就是个国家的象征，说俗点，就是个吉祥物。在欧罗巴大陆上但凡能混出点名堂来的国王，要么是靠着神圣罗马帝国教廷给他镀了一层神话金边；要么就是自己手里有支强大的军队和一大片肥沃的土地。

不然，谁管你？君不见玛格丽特王后和爱德华四世都没把亨利六世放在眼里嘛。

很不巧，这两个要命的条件，第一个爱德华四世没有（英格兰王国早跟教廷闹翻了，两人谁也看不对眼，日后他俩还有一场惊天动地的大战，其结果，彻底改变了整个人类历史的进程）；第二个就更不幸了，因为沃里克拥有的土地和军队远胜爱德华四世。

于是，虽然爱德华四世夺回了王座，却不得不每天面对骄纵的沃里克公爵，不断地吹嘘自己的功绩。

“爱德华王陛下，若是没有我沃里克，你们金雀花家如今又该当如何呢？”

每逢如此，爱德华四世都恨不得把沃里克给撕了，可是理智却告诉他自己。这么多年都等过来了，最后这一点一定可要沉住气了。

于是，面对这位“立君者”，爱德华四世是一面端酒赔笑，连声称是；一面加紧笼络人心，培养自己的小队伍。

爱德华四世的小动作很快就引起了沃里克的注意，常年浸淫阴谋的他，立刻就洞悉了爱德华四世的目的。很快，沃里克蛊惑了克拉伦斯公爵，他俩密谋了一场叛乱，突然杀入皇宫，以叛国的罪名毫不犹豫地砍死了爱德华四世的王后一家。

爱德华四世没有多说什么，他对沃里克拍手称快，夸奖他忠义无双，为自己除了一个心头大患。为此，他还在宫廷里当众举办宴会犒赏沃里克和克拉伦斯这两位公爵。

爱德华四世的一系列行动，终于让骄傲的沃里克彻底放下了戒心。他没有选择废除爱德华四世，在他看来，这位国王已经成为自己的棋子，现在的他才是真正的英格兰之主，想干吗就可以干吗。

话说，之前玛格丽特王后为了能彻底消灭金雀花的约克家，许诺割让英格兰北部土地和一笔巨款给苏格兰王，可是事到如今，玛格丽特王后战败，苏格兰军损兵折将，却连一根羊毛都没薅到。这显然是不能让苏格兰王接受的。

既然玛格丽特是个废物，那他就自己来！苏格兰王点齐兵马准备攻打英格兰的北部重镇。

那边苏格兰刚刚举兵，这边沃里克伯爵就立马知道了。他想也没想，点齐兵马就往北方冲了过去。在他看来，这场战斗又将成为他战神般的生涯里，又一笔充满光辉与荣耀的功绩。

几年得势的骄纵与傲慢，让这位敏感的军师丧失了很多的神经，他完全没有注意到，在他火急火燎冲出城门的那一刻，另一双眼睛死死地盯住了他。

1470年3月，苏格兰犯边，沃里克公爵亲自北上迎敌，大破苏格兰王。正欲胜利班师之际，突然另一支英格兰的军队凭空出现，当即阻住了沃里克的退路。

他们大喊着国王万岁，也不打声招呼，疯也似的朝着刚刚大战完毕已经筋疲力尽的沃里克军就是一顿暴揍。

惊怒交集的沃里克终于反应了过来，这是国王爱德华四世的部队！爱德华四世卧薪尝胆这么多年，为的就是这一刻的复仇！

沃里克军的战士虽是百战之师，但毕竟刚刚大战完毕，又未曾想会遭自己人的毒手，他们很快就乱了。沃里克公爵浴血拼杀，终于冲出重围带着残余亲信，投奔法兰西去了。

沃里克的船一靠岸，就受到了法兰西国王路易十一的盛情接待。沃里克瞬时感动得热泪盈眶，发誓只要路易十一能助他打败爱德华四世，他什么都愿意答应路易十一的。

路易十一微笑道好说好说，我先带你去见一个人。

大门打开，竟然是玛格丽特王后和二代萨默塞特公爵！原来，当年在玫瑰战争战败后，玛格丽特王后深知不仅自己输了个底儿掉，还顺道坑了苏格兰，所以北方是万万不能去了。这一合计，只能来投靠在法兰西的亲戚了。

按说，沃里克怎么也应该是玛格丽特王后和二代萨默塞特公爵的仇人。可是谁叫敌人的敌人就是自己的朋友呢？三个曾经互相敌对的落魄人聚集在了一起，决心一同向爱德华四世复仇。

这一招是爱德华四世万万没想到的，他做梦也不会知道，当年的两个死对头，玛格丽特王后和沃里克竟然会联手对付自己。

一番激战过后，爱德华四世惨败，立刻逃亡到了法兰西的勃艮第地区，而沃里克则是即刻拥立了亨利六世为英格兰国王。

话说这法兰西的勃艮第地区的领主名叫大胆的查理。他依靠勃艮第地区的富庶土壤，正一度想从法兰西王国里分裂出去。

正在此时，英格兰战败的国王爱德华四世，好巧不巧地落在了他的手里。大胆的查理一合计，告诉爱德华四世，他可以助爱德华四世夺回王位，但爱德华四世在事成之后，也必须帮助自己从法兰西王国分裂出来。

爱德华四世答应了这个条件。于是大胆的查理立刻借兵一万给爱德华四世，助他复国。

刚刚还沉浸在打败爱德华四世的喜悦里的沃里克，根本没想到他曾经一手扶持起来的国王，会如此快速的返回战场。直到爱德华四世都把王旗插到了诺森伯兰郡，沃里克才匆匆带着军队前去阻击。

虽是慌忙应战，但沃里克却是胸有成竹。不仅因为自己的善战威名，更因为他的部队数量要远远多过爱德华四世。

只是不巧，在两军交锋之际，突然天降大雾。大家谁也见不着谁，全部都成了睁眼瞎。爱德华四世当即命令军队里仅有的火炮开始不停地一通乱炸，并把自己贴身的，拥有最坚硬装备的铁军派到了战场前线。

由于大雾的存在，导致能见度极低。沃里克军的士兵只听见大炮不断的轰鸣声而瑟瑟发抖。在前线，那一百名满身神装、身披重甲的铁军在大雾里稳步推进，并伪装成有千军万马的姿态，在大雾里掩杀过来。可怜的沃里克军，既不知道对方有多少人，又不是这些铁军的对手。导致中央大阵不断被突破，最终全线崩溃。

在中央第二战线的沃里克，根本没有想到自己会在战场正面的交锋上输给爱德华四世。他不愿撤退，带领着残余的军队死守第二战线，直到一根长矛刺穿了他的喉咙。

在消灭沃里克这个叛徒后，爱德华四世再次高举王旗，曾经效忠于他的部下纷纷前来投奔。一时间，爱德华四世的声望达到了顶点，他的军队犹如狂风扫落叶一般，席卷了整个英格兰大地。

兰开斯特家族终于迎来了自己的末日。首先是亨利六世国王，这一次再也没有任何好运降临给他了，爱德华四世干脆利落地把他在伦敦塔里处死了。接着是玛格丽特王后和亨利六世的儿子，爱德华四世在战争中彻底击败了他，并将之阵斩。然后是玛格丽特王后的死忠都铎家族，他们被爱德华四世的军队赶进了自己的城堡，被迫交出了所有的金银财宝和一个儿子做质子后，才被允许苟活下来。顺便一说，那位质子，就是亨利·都铎。最后是玛格丽特王后，她余生都被囚禁在了伦敦塔里面不见天日，不久她也病死了。

于是，兰开斯特家族就此全员陨落，金雀花家族又成了英格兰的国王。只不过这一次，再也没有了例外，爱德华四世开始了自己长达十二年的和平统治。

战乱终于结束，英格兰的人民在折腾了快两个世纪后，终于开始了复苏和喘息。

大家应该还没忘记那位助爱德华四世夺回王位的勃艮第公爵，大胆的查理。在爱德华四世复国后，他履行了自己的诺言，助他打败了法国国王路易十一。就在勃艮第公爵就要成功分裂出去的时候，消失了很久的神圣罗马帝国教廷突然出现棒打了这位勃艮第公爵一顿。接着，这位可怜的勃艮第公爵就被自己的佣兵谋杀了，而勃艮第的领土就此也回到了法兰西王国。

至于为什么教廷在这一百年里的表现会如此偏心，我曾百思不得其解，于是在费劲查阅了资料后终于发现，这几届的教皇竟然都是法兰西王室的人……

## 王国卷六：

# 约克王朝（下）凋零之花

前情提要：在陶顿村击败玛格丽特的王后的金雀花之子爱德华四世，顺利加冕为王。但和平的时代还是未能到来。虽然爱德华四世加冕了英格兰国王，可统辖王国的实际权力依旧被牢牢地掌握在沃里克伯爵的手上。一场王权与相权相争的动乱就此爆发。沃里克率先发动政变，杀掉了爱德华四世的王后一家。接着，爱德华四世趁着沃里克北上之际，突然夺权，迫使沃里克逃亡法国。而逃亡法国的沃里克也并未束手就擒，他联合了曾经的老对头玛格丽特王后，从法国借兵又打回了伦敦，赶走了爱德华四世，让亨利六世成功复辟。爱德华四世出逃勃艮第。但也很快，爱德华四世说服了勃艮第公爵大胆的查理，并从他那儿借到兵反击沃里克，并最终在战场上打败了以善战闻名的沃里克，再次夺回了伦敦。兰开斯特家族全军覆没，亨利六世和他的儿子被处死，玛格丽特王后被终生关在了伦敦塔里面。这一场可怕的内斗，终于落下了帷幕。

在玫瑰战争以兰开斯特家族彻底完蛋而落下帷幕之时，还有个倒霉的家族也因此沦落，那就是兰开斯特家族的忠实附庸家族，都铎家族。在爱德华四世成功复辟，灭除兰开斯特家族，并终于开创太平之世的时候，都铎家族和其领地也被彻底抹消了。

天网恢恢，在都铎家族里，还是有一个人被爱德华四世给漏掉了。那就是早就被送来伦敦，给爱德华四世做质子的，都铎家庶出的小孙子，亨利·都铎。在沃里克这么一闹过后，搞来搞去就把这个小孙子搞丢了。不过这个亨利，实在是人微言轻年纪小，压根儿就没啥存在感，偌大的都铎家都没了，这个不受人待见的小孩子就随他去吧！

其实亨利压根就没丢，作为都铎家最后的一根独苗，他在叔叔牛津勋爵贾斯泊·都铎的保护下，趁乱逃出了英格兰。

望着逐渐远去的海岸线，小都铎紧紧握住了拳头。在不久的将来，他一定会回来，为自己，为家族，为命运，复仇。

亨利的事情先按下不表，这里咱先把关注点拉回爱德华四世这里。征战了一辈子的爱德华四世，这会儿是终于消停了。与之一同终于好不容易消停的，还有英格兰王国这个可怜的国家。要知道，英格兰王国这些年来的连续战争，已经横跨两百多年了。这么些仗打下来，老百姓的活路可想而知，那已经不是水深火热这个级别的了，还能活到现在的小村庄那简直是开了外挂啊！

于是，“救火队队长”爱德华四世出现。

爱德华四世这个人，是个很直接的人。怎么个直接法呢？在恢复国家生产力和经济这件事情上，爱德华四世选择把各大贵族外戚，统统派去地方，并给予他们很高的权力，让他们赶紧带着当地人发家致富。

这便是后世历史学家们对爱德华四世口诛笔伐的要点。不过在我看来，这个举措，除了对爱德华四世自己本人极坏以外，在恢复国家生产力和经济上，是起到了卓越的作用的。不断让权给大贵族们到地方去协助恢复，确实很大程度的，迅速让这些贵族们崛起，并各自拥有了很大的土地，就如同我国唐朝各地的节度使一样，一个个拥兵自重。

但你想啊，唐太宗在的时候，这些节度使谁敢造反啊？就如同现在的英格兰，爱德华四世还活着呢，且刚刚才手撕了那位善战的沃里克，谁敢在他眼皮底下搞小动作啊！

至于很多人说的，爱德华四世应该先巩固中央权力，再去制衡地方，就可以避免之后的动乱。我说，等爱德华四世先稳固好中央力量，再逐步地解决地方问题，那什么时候才能把英格兰复兴起来？至于避免之后的动乱什么的，全都是马后炮。在当时这个多事之秋，爱德华四世，这个在权力里斗争了一辈子的国王，能第一时间不计一切代价的恢复国力，甚至不惜为此牺牲自己斗争了一辈子的权力，这本身就是个了不起的伟大举措。

以当今百年之后早已成熟的政治思想，去粗暴地评论百年前的不成熟，显然是不够历史唯物主义的。

在爱德华四世统治的时代，在他不懈的努力下，英格兰王国终于迎来了国际上的和平。对内，爱德华四世一再降低国内的税收，这使得一大批英格兰的中产阶级的商业资本得到了迅速发展。由于他善于利用王权处理好君主和议会及各社会阶层的关系，所以，当时尽管大贵族拥兵自重的现象并未彻底消除，但英格兰已开始走向政治稳定，为后来的“日不落帝国”打下了坚实的伏笔。

1483年，年仅四十一岁的金雀花之子爱德华四世，带着满身的战伤，即将告别人世。弥留之际，这位病危的国王担心外戚家族势力太强，威胁自己儿子的统治，就任命弟弟格洛斯特公爵理查为王子爱德华五世的摄政。

可爱德华四世怎么也想不到，夺走自己儿子一切，甚至彻底毁掉了金雀花家族的人，却正是这位自己无比亲信的弟弟。

1483年6月22日，就在爱德华四世病逝后不久，格罗斯特公爵理查突然发难，他派出一名代表在圣保罗大教堂外宣读了一份声明，宣称基于爱德华四世与伊丽莎白·伍德维尔的婚姻不合法，他们的孩子，也就是爱德华五世，是个没有王位继承权的私生子。因此，英国王位的真正继承人应当是爱德华四世的弟弟、护国公摄政王、格罗斯特公爵理查。同时，一位早就准备好的主教也出来做证，该主教当即在圣保罗大教堂爆出来了个惊天大秘密——那就是在爱德华四世迎娶伊丽莎白·伍德维尔之前，他曾为爱德华与伊莲娜·巴特勒证婚，这名女子在伊丽莎白·伍德维尔嫁给爱德华四世时依然在世，爱德华四世与伊丽莎白·伍德维尔间的婚姻无效的宣言随即被议会通过。于是，爱德华四世与伊丽莎白·伍德维尔的儿子，爱德华五世也就此永远地失去了继承权，英王头衔属于格罗斯特公爵理查，于下个月6日加冕。

很快，也就在格罗斯特公爵理查加冕为英格兰王成为理查三世后，理查三世立刻就把爱德华五世和他的弟弟四代约克公爵关进了伦敦塔。离奇的是，这兄弟俩在此以后就一直下落不明了。一有说是被查理三世秘密杀害了，还有传说，这苦命的兄弟俩是被国王下令活活钉死在伦敦塔的墙里。可到了现代，经过一系列对伦敦塔的探查，这个说法明显是谬论。

让我们把时间线稍微往后移一移，1674年，一位工人在整修伦敦塔时发现一个装有两具小骸骨的盒子。起初大家不以为然，但后来怀疑它们可能是两位王子的骸骨，最后在当时的国王查理二世授意下放在了威斯敏斯特大教堂（西敏寺）。1933年，专家考证认为其中一具骸骨比另一具骸骨要大；但对这遗骸的年龄和性别都未能达成一致的意见。骸骨已经残缺不全，分析起来也有一定困难。

史称塔中王子的奇案就这样不得而终。而直到今天，英国教会都拒绝对这些骨头做 DNA 化验。

终于获得王位的理查，坐在哥哥的宝座上，俯瞰着王国的一切。约克盛世，这个在英国历史上，短暂而又极负盛名的时代，应该也必须有我理查的一份！

他拿到了，但他的这一份，却是这份盛世的末日。不择手段的，以抹黑自己哥哥、谋杀自己的侄儿夺到的王位，终于给自己带来了灾难。

爱德华四世好不容易关上的阴谋的魔盒，在历经十三年后，却被自己最信任的弟弟再次打了开来。

我想，这或许是爱德华四世戎马一生，最大的遗憾。

理查三世加冕后，英格兰各地的大贵族和领主们马上就表现出了对他的不满，首先叛乱的就是曾经理查三世的盟友白金汉公爵。但很快，白金汉公爵就被铁腕的理查三世捉住当众处死。紧接着，他又开始大力搜捕兰开斯特家族与都铎家族的后人，并纷纷把他们或关起来或处死。

因为是夺来的王位，所以更加地不信任每一个人。阴谋在本已经和平繁荣的英格兰，再次随着暗流开始弥散。

民望低迷、贵族叛乱、局势动荡，原在法国观望的亨利·都铎终于等到了这个天赐良机，他在法兰西国王的帮助下，与叔叔牛津勋爵贾斯泊·都铎一同重返英格兰，召集离散的族人和一切对理查三世不满的贵族们，开始了他对金雀花的约克家的复仇。

面对亨利·都铎和法兰西王的挑衅，理查三世根本不以为然，他号召全国的领主贵族前来勤王，与他一同平叛。他坚信，凭借英法百年的仇恨，以及约克家和都铎家多年的针锋相对，一定会如同苏格兰凛冬最狂野的暴风般，助他赢得这场战斗的胜利。

可是实际上呢……

一个连最信任自己的哥哥都能背叛；一个对政见不合者一定赶尽杀绝的独裁者；一个没有任何道义原则的王，怎么会有忠诚于他的贵族？

驼背暴君，后世伟大的戏剧家莎士比亚为理查三世起的外号，当他登上城楼号召勤王平叛之时，满眼望去，却只有众叛亲离。

带着这样的失落和不甘，还有满腔愤怒和委屈，理查三世走向了那个平原……

# 王国卷七：

# 日不落的崛起之燃烧的平原（决战博斯沃斯）

前情提要：在金雀花之子，爱德华四世统治下的英格兰，逐渐从近百年战斗的废墟中，走向繁荣与复兴。可惜好景不长，仅仅十二年，爱德华四世就因多年的战伤劳累而去世了。临终前的爱德华四世，因担心自己的孩子太小，外戚势力太大，故而托孤给自己的弟弟理查三世，任命其为摄政。然而最终夺取爱德华四世的儿子王位的，却正是这位他最信任的弟弟理查三世。他先是制造了哥哥爱德华四世的婚姻丑闻，然后再导演了一出塔中王子案，最后夺得了英格兰的王位。可他还是没想到，他的这一行为终究使得英格兰的民心与他背道而驰。而远在法兰西的兰开斯特家的附庸都铎家，唯一存活的小孙子亨利·都铎也趁此渡海而来，争夺英国王位，并为自己的家族复仇。

1483年，老法兰西王路易十一病逝，而新王查理八世，只是个年仅十三岁的孩子。于是，亨利·都铎的拥护者，更是法兰西的实际掌权者波旁公爵皮埃尔决定支持这位流亡者，去颠覆金雀花家族摇摇欲坠的最后统治。而饱尝风霜的都铎家少主也答应皮埃尔公爵，他日都铎家一朝坐上了王位，便永世不与法兰西为敌。法兰西王廷大喜，于是在皮埃尔公爵的促成下，法兰西王廷大笔一挥，给都铎家买了一支一千人的雇佣军，助他复仇，夺取英格兰王权。

在经历了两年的厉兵秣马和准备后，1485年的8月1日，总数约有两千人的都铎军从勒阿弗尔起航，远征英格兰王国。随亨利·都铎同行的，还有他的叔父牛津勋爵贾斯泊·都铎和一群这些年来与他共同流亡的骑士们。他们首先渡过英吉利海峡，然后马上绕过南部海岸，于8月7日直接来到西北方向的威尔士米尔福德港附近的米尔贝登陆，在这里，他们容易获得更多的支持。这里不仅是亨利·都铎童年时就了如指掌的地方，同样也是对理查三世的统治最不满的地区。亨利·都铎在威尔士的米尔贝稍做休整后，便即刻向哈弗福德韦斯特出发，在那里得到一些补给后，又马上转向阿伯里斯特威斯挺进，在那里再做了一轮休整与补给。在部队的人数达到了三千以后，亨利·都铎终于开始向金雀花的约克家的势力庞大的东部进军，并迅速攻下了什鲁斯伯里，且同时拿下了纽波特、斯塔福德、利奇菲尔德、塔姆沃思和阿瑟斯通。

随着时间的推移，亨利·都铎不断的行军，他的军队势力也越来越大。他从起初渡海而来时的仅仅两千人，到如今已经扩展到了五千人，甚至还拥有了一些火炮部队。于是，亨利·都铎全军就此逼向了博斯沃斯平原，与理查三世寻求决战。

英格兰王廷这边，理查三世于8月11日得知亨利登陆的消息，当时他正在诺丁汉附近的贝斯克伍德洛奇。虽说金雀花家一直和威尔士不和，但至少在那里有一部分人还是忠诚的。在英格兰王国，良好的驿站网系统是国王掌控全国的重要耳目，但即便如此，理查三世还是在亨利·都铎登陆的四天之后，才得知了这个消息。此时的亨利·都铎，已经顺利且迅速地通过了威尔士，一大众威尔士的贵族都背叛了国王，加入到了亨利·都铎的队伍里面来。

尽管可怜的英格兰国王理查三世已经众叛亲离，但他毕竟还是英格兰的国王，他还拥有着国王的权力与威严。首先，理查三世设计扣押了拥有大片肥沃土地的斯坦利勋爵，迫使后者必须为其提供一支六千人的军队。其次，理查三世的铁杆贵族诺福克公爵很快就响应了国王的号召，带来了两千多混合高阶骑士和炮兵的军队。最后，理查三世自己拥有三千国王亲卫。理查三世的军队人数达到了可怕的一万一千人。

英格兰王理查三世在得知亨利·都铎的行军路线后，在8月19日，他即刻来到伦敦西北的博斯沃斯荒原驻扎设防。全军占据着可以俯视整片荒野的山丘，并有大片沼泽地来掩护未来的主战场，直接占据了天时和地利。

8月22日，寻求决战的亨利·都铎军渐渐出现在博斯沃斯荒原的边缘。亨利·都铎听从自己的叔父的建议，率领全军从阿瑟斯通推进到一个叫怀特穆尔斯的地方扎营，这里位于罗马大道以北，距阿瑟斯通有五英里，与国王军遥遥相对。

博斯沃斯，即后来的燃烧平原，马上就要成为决定谁才是英格兰王的仪式之地。

对比一下双方出场的战斗单位。先说说呼声最高的亨利·都铎军。他的部队大多由海外流亡者、法兰西地方军、来自五湖四海的雇佣兵、威尔士的支持者和各西北方的小贵族们的私家军拼凑而成。再看看国王军，不管是诺森伯兰公爵还是诺福克公爵，他们率领的都是身经百战的老兵，装备的弓弩火炮都尤为先进，不仅数量可观，质量也很过硬。再看看双方的指挥系统，亨利·都铎长期流亡海外，没有任何军事经验。再加上东拼西凑起来的军队，势力太过繁复冗杂，导致指挥起来非常不易。反观理查三世，他自少年时期就跟着哥哥爱德华四世和善战的沃里克伯爵东征西讨，经历过数不清的战争考验。一句话，这是个善于砍人还能让自己不被砍的狠角色。

理查三世和亨利·都铎，前者占据天时地利，后者占据人和。燃烧的博斯沃斯平原之战，就此开打。

第一回合，就在亨利的军队通过附近的沼泽来寻求隐蔽时，早就在山坡上埋伏好的国王军炮兵突然发动射击。一时间震慑住了都铎全军。可惜，国王军的炮兵准头奇差，在都铎军的总指挥牛津伯爵的带领下，终于有惊无险地通过沼泽，顺利地在平原上展开队形。都铎军总指挥牛津伯爵考虑到己方的成分实在太过复杂，他干净利落地放弃了中世纪战争中常见的三路阵线布置。他将全部人马集中成为一个超大超长的巨型战阵，并统一接受他一个人的指挥。随即，为了鼓舞士气，牛津伯爵让主君亨利·都铎站在全军正中央的位置，由那法兰西王买单的雇佣军保护他。

位于山坡上的理查三世，则将诺福克的部队推到己方最前沿位置，其前卫带着有一千二百名弓箭手。诺福克公爵的儿子，英勇的萨雷勋爵率两百名胸甲骑兵游弋在侧翼，掩护南部左翼的炮兵。他自己则位于一个高高山梁的最顶端，这样可以使理查三世对周围大部分地区看得清清楚楚。在制高点安比昂山南面的那块地方叫作雷德莫平原，而在山的东面和南面是一大片沼泽地，斯坦利勋爵及其六千人的阵地就设在这里，是保护理查左翼的一道重要屏障。如果亨利·都铎想要绕道直接攻取国王的营地，就必须突破这里，但这样亨利·都铎在人数上的劣势就会被越加放大。

紧挨着铁杆的诺福克公爵的部众，就是理查三世亲自从伦敦带来的国王亲卫队，他们由钩镰枪手和长矛兵组成，以重骑兵为其两翼。走在最后的，则是诺森伯兰伯爵的两千后军。

另一边，都铎军也开始向安比昂山开进，他的情况大概和国王军差不多，也是以骑兵为两翼成战斗纵队前进。牛津勋爵指挥前卫部队，亨利和彭布罗克勋爵贾斯珀·都铎率中军主力跟进。牛津勋爵沿着沼泽地边缘前进，不知不觉发现自己已经来到了安比昂山脚下，与在他上面的诺福克公爵的弓箭手相距非常接近。在这压力山大千钧一发之际，牛津伯爵以令人赞叹的沉着，把他的前卫部队展开成弓箭手在前，钩镰手在后的战斗队形。吉尔伯特·塔尔伯特爵士在右翼指挥从什罗普郡征来的士兵，约翰·萨维奇爵士在左翼指挥威尔士人，并用沼泽做掩护自己的侧翼。

战斗开始，牛津勋爵与诺福克公爵开始互相用弓箭和大炮对轰。奇怪的事情发生了，人数本来就劣势的都铎军，却在牛津勋爵的带领下，选择原地射击而不冲锋。这种似乎不合情理的踌躇，起初使诺福克公爵也觉得奇怪，于是他也选择按兵不动，并继续使用大炮和弓箭与牛津勋爵对射。

这一着正中牛津勋爵下怀！原来，牛津勋爵是在害怕他的整个部队在展开成战斗队形之前被敌包围，于是他在交战之初，就下了一道严格的命令，任何人都不准向前超过他的军旗十英尺，直到全军展开成型。

理查三世这边，凭借着多年的战争战斗经验，王国的布阵在很大程度上，成功地给予了都铎军极大的麻烦。尤其对国王忠心耿耿的老将诺福克公爵，在他的指挥下，长弓的射手与炮兵一起，严重阻碍了牛津伯爵的步兵进攻。迫使都铎军只能全军仰攻。接着，理查三世的国王亲卫队也从山坡上冲下来，联合诺福克一起，形成了一道挡住都铎士兵的阵线。大量穿戴全套护甲的贵族，就此断杀成一片。身后的弓箭手也收起箭矢，换上佩剑或戟这样的长武器肉搏。

虽然主君亨利·都铎不懂战争，但牛津勋爵却是真实同老主顾兰开斯特家族一同参与过玫瑰战争的。他在混乱的两军对冲中，发现了诺福克公爵的一个致命的弱点，那就是国王军的阵线为了可以包围都铎军，所以拉得很开，士兵与士兵之间不够靠拢。牛津勋爵立刻抓住了这一点，他下令让都铎军全军收缩，突袭诺福克公爵本人！

牛津勋爵的判断非常正确，都铎军就此开始在肉搏战中逐渐获得优势。不仅如此，牛津勋爵还在步兵两翼安排了重骑兵压阵，非常容易威胁到几乎全员下马步战的王室军队。于是，原本占据天时地利的国王军，瞬间被都铎军们打了个突然死亡，久经沙场的老将、国王军的军中之胆诺福克公爵战死！

诺福克公爵的突然战死，对理查三世是一个沉重的打击。很快，国王军的阵线都开始出现各种大大小小的缺口。

在山坡上观战的理查三世，当即下令在沼泽一边的斯坦利勋爵马上出兵，甚至威胁他，如果不能在一刻钟之内看到斯坦利勋爵动兵，他的儿子就将上断头台。可是，理查三世得到的回复却是斯坦利一句云淡风轻的话：“我不是只有一个儿子。”

已经失去全部耐心的理查三世当即下令派人处死斯坦利勋爵的儿子，可是却没人愿意为国王执行这道命令。在山坡的另一头，诺森伯兰伯爵还保留着几千人的部队。然而，自从开战以来，这些人就像观众一样驻足不前，无论理查三世怎样催促，他们就是纹丝不动。

时至今日，理查三世已经清楚地认识到，自己已经失去了对一半以上军队的控制。

那好吧！就让我亲自出马，诛杀亨利·都铎，国王的亲卫们啊，随我冲锋！

战役的最后时刻，理查三世下令王室卫队和几乎所有的预备队一起发起冲锋。他自己也拖着弯曲的脊柱，上马厮杀。一行人绕过尚在激战的正面，从左翼逼近亨利·都铎所在的位置。在都铎军队的二线位置，他们成功发现了引发一切的害群之马。凭借自幼习武与多年征战所积累的经验，理查三世仅用几百人就震撼了这位流亡者与他的雇佣军。

年轻的亨利因为恐惧，不得不下马躲入法国佣兵阵中，而后者则是使用瑞士重装方阵步兵那样的长枪作战。即便国王的骑兵冲锋再猛，也无法攻破长枪方阵的铜墙铁壁。他们只能不断在周围发起试探性的冲击，吓得亨利在左右人护卫下重新上马，再次向着更南方逃避。

已经杀红眼的理查三世，自然是继续快马追赶。一路上，先后有四名亨利麾下的骑士转身向他挑战。看似因驼背而失去战斗力的理查三世，却将这些人一一打落。混乱的队伍就这样进入了战场附近的沼泽。

此时的理查三世，在英勇却盲目的冲锋下，导致身边仅剩下少数侍从。而重装骑士的坐骑，已经因为体力消耗而深陷沼泽泥潭。大部分跟随他冲下山坡的人，却还在远处围攻法国佣兵的方阵。看准时机的牛津勋爵立刻令机动部队开始朝这个方向合围上来。一直在南方观望的斯坦利，也率军倒向了亨利·都铎。面对这些人的突然进攻，理查三世与手下被彻底困死。虽然他的骑士在双腿被砍断后，还坚持着高举王旗，却已经不能帮上任何忙了。

大量的都铎军就这样如潮水般涌了上来。他们把理查三世团团围住，疯狂围殴他。这位众叛亲离的君主，全身遭到了十一处致命伤，连头骨也在当场被敌军打碎，就这样摔下马来，王冠也掉在了地上，然后立刻被戴到了亨利·都铎的头上。

理查三世就这样以传统的中世纪骑士的气概战死在沙场，他是英国历史上第二个，也是最后一个战死沙场的国王。国王一死，他的追随者们便再无意志继续战斗，他们四散逃窜，统治英格兰王国百年的金雀花王朝，就此落下了帷幕。

1485年10月30日，亨利·都铎在伦敦加冕为英格兰王，史称亨利七世，开始了不列颠历史上最为著名的都铎王朝的统治。

此时的亨利七世深知，他虽顺天意民心击败了理查三世加冕为王，但全英格兰人的心都在爱德华四世的身上，甚至他的胜利也要归功于英格兰人痛恨理查三世的背信弃义。

于是亨利七世迎娶了爱德华四世的女儿——约克的伊丽莎白，并声称从此都铎家与金雀花的约克家合二为一。因其族徽为红白玫瑰相间，所以又有戏曲人称其为玫瑰家。

亨利七世，这个名字是不是让人联想到谁了？没错，他就是那个大名鼎鼎的，敢把教皇当猴耍，敢拿上帝开玩笑，敢和全欧罗巴大陆开战的超级花花公子，或者说是“花花国王”——亨利七世。

# 王国卷七：

# 日不落的崛起之戴着王冠的驴子

前情提要：兰开斯特的附庸，都铎家族最后的子孙，亨利·都铎自法国起兵，向谋害侄儿、篡夺王权的英格兰国王，金雀花的约克家的理查三世，发动复仇战争。虽然表面上理查三世兵多将广，但大多都是他威逼利诱拐来的军队。双方在博恩沃思平原展开决战。最终，亨利·都铎击败了众叛亲离的理查三世，并将这位国王阵斩。不久后，亨利·都铎进入伦敦，并在那里加冕为王，迎娶了金雀花之子爱德华四世的女儿约克的伊丽莎白，并宣布白玫瑰与红玫瑰就此合并。而强大的英格兰都铎王朝，也从此拉开了序幕。

亨利七世即位后，就如同所有了不起的开国之君一样，勤政、自律、改革、强国，使得英格兰王国全体蒸蒸日上，逐渐开始超越欧罗巴大陆上的诸多国家。

溢美之词我就先按下不表了，估计大家高考的时候也没少背，我这就不啰嗦了。在亨利七世治国的时代，唯一一件令人难过的事情就是，亨利七世的长子亚瑟，在迎娶西班牙的公主凯瑟琳·阿拉贡后不久，就突然猝死了。

亨利七世来不及悲伤，他即刻说服了凯瑟琳·阿拉贡，让她改嫁给自己的次子亨利，以此来维系英格兰与西班牙的联盟。

顺便说一下，当时的神圣罗马帝国教皇，就在西班牙。

于是凯瑟琳·阿拉贡就这样，以嫂嫂的身份改嫁给了英格兰王的次子亨利，国内国外也就这样再次趋于一片风平浪静。

读者朋友们一定也有些瞠目结舌，按照中国古代的规矩，凯瑟琳应当为亚瑟守节，而次子亨利应该为哥哥守孝才对，怎么能亚瑟尸骨未寒，就搞了这样一出乱伦大戏呢？外国人再会玩也不能这样啊，那还了得吗？

按道理，即便在国外，也是不能这样失节的，可谁让当时的西班牙是欧陆第一大强国，连神圣罗马教皇都坐镇在那里。更何况，亨利七世半生都在流亡，他可没那么多深宫里的规矩，一切都为了王国的利益。

而凯瑟琳就更不反对了，毕竟新婚丈夫就死了，要是再早个百来年，没准就要被处死了，能活着就不容易还能当上未来的皇后，谁会不干呀。

唯一被人忽略的，就是次子亨利，毕竟哥哥死后，他就是英格兰王储。可当时的次子亨利，才刚刚十二岁……

谁也没想到，幼时对于次子亨利的婚姻闹剧，最终会演变成怎样一个既搞笑又严肃的巨大事件。

1509年4月21日，带着满身疲惫与劳累，亨利七世终于可以休息了。少年时的他疲于奔命逃亡；青年时寄人篱下辗转腾挪；中年时一场大战让他得到了王位，可他却无暇享受，也算是倒在了工作的第一线吧！

于是，贤王亨利七世，就这样永远地留在了英格兰的史册里。威尔士亲王、英格兰的王储次子亨利就此即位，成为亨利八世。

他即位的第一件事就是和凯瑟琳·阿拉贡闹离婚……

事情是这样的，凯瑟琳·阿拉贡自从改嫁了亨利八世后，就一直不停地流产。这个女人也是可怜，她初嫁亚瑟，亚瑟猝死；改嫁亨利八世，又连续流产了四次，最终好不容易保下了一个孩子，还是个女儿。

插一句，这个女孩就是后来大名鼎鼎的血腥玛丽。

这一下别说亨利八世想休了她，英格兰王室就没几个想留着她的。可是不行，为什么呢？因为天主教是不可以离婚，而且必须一夫一妻的。（这也就是为什么在《简·爱》里面，罗切斯特不能和简结婚，因为他有个疯了的妻子，而且他还是天主教徒，不能离婚。）

可要是再这么着下去，英格兰王国传给谁啊？于是，亨利八世向神圣罗马帝国教皇申请——“我能离个婚吗？”

教皇答：“不行！婚姻是神圣的，你在上帝面前发过誓的，无论艰难困苦，你都不会背叛于她，怎么可以反悔！”

“那……那我能，借别的女人的肚子生个儿子吗？”

“不行！婚姻是神圣的，你在上帝面前发过誓的，你们的孩子是上帝的馈赠，你怎么可以用私生子来玷污你的妻子？”

“我就是想生个儿子，没说要背叛我妻子啊！”

“不行！婚姻是神圣的，你在上帝面前发过誓的，孩子生与不生，那都是上帝的旨意，难道你要背叛神圣的天父吗？”

气愤不已的亨利八世，左思右想，与其没有继承人让英格兰王国死缓，不如直接跟教廷掰了，反正他又不是历史上第一个跟教廷掰了的英格兰王。

于是，亨利八世让他的大法官直接把凯瑟琳·阿拉贡给休了，送去修道院养老，女儿送走，然后迎娶了自己的第二任皇后——安妮·博林。

这一下可谓是一石激起千万层浪，教皇不满了，官方宣布亨利八世与安妮·博林的婚姻不成立，并扬言要把亨利八世开除教籍。

亨利八世冷哼一声，不要你开除，我自己走。从此，英格兰王国又脱离了神圣罗马帝国教廷，只不过这一次，英格兰再也没有回头。

与安妮·博林的大婚并没能满足亨利八世，原因很简单，安妮·博林也生不出儿子。他们只有一个女儿，取名伊丽莎白。

因为安妮·博林实在是生不出了，亨利八世马上移情到了她的侍女珍·西摩身上。很快，在他俩结婚的第三年，亨利八世以安妮·博林通奸的罪行把她推进伦敦塔斩首，并宣布自己和安妮·博林的婚姻不成立，然后迎娶了第三任妻子珍·西摩。

这下神圣罗马帝国真的要气炸了。怒不可遏的教皇严重警告亨利八世，再这样胡作非为，我的圣堂骑士团将踏平你的不列颠!

好久没说神圣罗马帝国教廷了。在大瘟疫时代过后，教廷本身也损失惨重，欧罗巴大陆上的格局发生了巨大的变化。于是，曾经的十字军和条顿骑士团以及圣医疗骑士团就合并为圣堂骑士团。教皇本尊也搬到了西班牙。

对于教皇的絮絮叨叨、口吐芬芳，亨利八世也厌烦了，他当机立断，发动了著名的英格兰宗教改革，改天主教为圣公教，而且直到今天，英国人的国教，还是圣公教。这里面有着很多宗教条条框框的改动，我就不掺和进去了，但是有一条，也是最重要的一条，大家记住就好——圣公教将离婚再婚合法化了。

教皇是真的爆炸了，大逆不道啊大逆不道！从此，英格兰与神圣罗马帝国教廷就结下了再也解不开的梁子。在四十四年后，一场改变了整个欧洲大陆命运的大战将因此展开。

那都是后话了，回头再说，让我们先来看看，那个亨利八世马上又要结婚了。

珍·西摩或许是亨利八世这辈子唯一爱过的女人。在历经四个妻子后，亨利八世终于迎来了自己唯一的儿子爱德华·都铎。不仅如此，别看珍·西摩是个侍女出身，却是个难得的好学女绅士。对于亨利八世来说，她不仅仅是他的皇后，还是个才华横溢的秘书，亨利八世什么东西放在哪儿了，要做什么，珍·西摩总是能安排得妥妥当当的。

可惜，不知是因为亨利八世的不敬得罪了老天爷，还是教廷对亨利八世的诅咒，珍·西摩在孩子一岁的时候突然得病亡故，亨利八世无比悲伤，在珍·西摩的墓碑上亲自写下：“她为我带来喜悦，天主却将它混搅着她的死所带来的苦痛。”

珍·西摩死后，亨利八世迎娶了尼德兰克里维斯（法兰西旁边的小国家）的小公主安妮。但是，亨利八世觉得这个安妮小公主长得丑，所以结婚后从来没碰过她，反而开始追求起安妮小公主的侍女，凯瑟琳·霍华德。这位凯瑟琳·霍华德竟然是亨利八世妻子安妮·博林的表妹……

于是，亨利八世很爽快地给了安妮小公主一大笔钱，让她离婚跑路，自己则和这个凯瑟琳·霍华德结婚。

然而，就如同她的表姐安妮·博林一般，这个叫凯瑟琳·霍华德的女人也不是个简单人物。她竟然主动和英格兰的首相大人通奸！某夜，华灯落下，气愤的亨利八世突然闯进凯瑟琳·霍华德的密室，一把把她拖进了伦敦塔，先离婚，再绞死……

由于被凯瑟琳·霍华德和自己的首相背叛，亨利八世变得暴躁易怒（其实他一直都挺暴躁易怒的），生性多疑。

后来，在一次行猎的过程中，亨利八世突然落马重伤。醒来时，发现一位美艳的医生在温柔地照顾自己。

很好，就这样，在亨利八世的伤情好转后，他当即和这个名叫凯瑟琳·帕尔的女医官结婚，并让其做了皇后。

虽然凯瑟琳·帕尔是个结过两次婚的寡妇，但她的温柔贤惠，最终征服了这位不知在感情上该如何评论的英格兰国王并与他一起生活了四年，直到亨利八世死去。

英格兰王的离婚之路，终于到此为止……

在文章的最后，读者们也许会很期待我将如何评论这位国王。可惜，对亨利八世，我不知道该怎么说。

按理说，亨利八世这种人真应该把他绑到道德的绞刑架上烧烤，但历史从来都不是一个可以站在道德的制高点上就能讲明白的事情。

也正因为讲不明白，所以才格外有趣。

没错，亨利八世这样的男人确实不讨现代女性喜欢，但这真的全怪他吗？父亲亨利七世奇葩的乱伦政治联姻；凯瑟琳·阿拉贡公主的贪心和不守节；还有先后两位皇后的出轨再加上唯一深爱的女人猝死。

我很难想象，亨利八世的婚姻观是什么。他让人难以置信，却又在情理之中。

更奇葩的事情是，亨利八世的婚姻问题，直接使得英格兰全面的宗教改革，并直接导致全英格兰与神圣罗马帝国教廷的全面开战，英格兰王国从此退出教廷，再没回头。

直到今天的大不列颠及北爱尔兰联合王国，都没能回头。

而其中最令人难以置信的是，英格兰与神圣罗马帝国教廷的全面开战，正是教廷力量开始大幅度衰落之日、未来日不落帝国的崛起之初、欧罗巴大陆文艺复兴的导火索以及西方资本主义哲学思想开始大兴起的最重要的原因。

这个原因的一切起因，不过是因为亨利八世的第一次离婚……

所以我说，这个人，我不能评论，我不敢评论，也没法评论。于是，我只能用大诗人马丁·路德的话作为这一期的题目，算是给出了一个答案吧——“就让我们放过他吧！”

在亨利八世的最后一段婚姻里，凯瑟琳·帕尔皇后说服了亨利八世，把他与之前离婚的妻子们所生的被贬黜的子女们，又接回皇宫一起生活。

这其中，就有亨利八世与凯瑟琳·阿拉贡的女儿血腥玛丽；与安妮·博林的女儿伊丽莎白；以及亨利八世的妹妹简·格雷，还有小王子爱德华·都铎。

而有趣的是，以上这些王子公主们，最终都成了英格兰的国王。

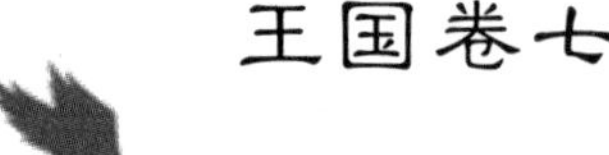

王国卷七：

# 日不落的崛起之诸王之乱

前情提要：在建立都铎王朝的亨利七世驾崩后，他的次子亨利八世顺利即位。因为一些无法细说的原因，亨利八世在即位之初，就开始了轰轰烈烈的离婚、结婚、再离婚、再结婚的混乱私生活。这直接导致了反对离婚的神圣罗马帝国教廷对亨利八世的强烈抗议。当时的教皇甚至直接威胁了亨利八世对英格兰王国的统治权。也因此，一直与教廷分分合合的英格兰王国，在亨利八世的带领下，彻底与神圣罗马帝国教廷分道扬镳，并开展了著名的亨利八世宗教改革。在亨利八世最后一任王后凯瑟琳·帕尔的劝说下，亨利八世把之前五次婚姻所生的子女都接回了皇宫，而英格兰王国都铎王朝的大混乱时代，也就此拉开了序幕……

1547年，折腾了一辈子婚姻的亨利八世终于咽下了最后一口气，去找天父报到了。

结果也如他所愿，英格兰王位由他最爱的妻子珍·西摩的儿子，年仅九岁的爱德华六世即位。

别看这位爱德华六世年纪小，可是心智却很成熟。他很清楚在父亲的强权下，还信奉并坚持旧教的王廷大臣们，早就都被父亲干掉了。于是小国王想都没想，一即位就立刻表示全力支持父亲的新教和律法，一切如常！

除此之外，爱德华六世还有一个超级聪慧的大脑。史书上说他过目不忘，文辞优雅，对音乐和绘画有极高的天赋。他甚至还亲自翻译了亚里士多德的哲学著作！

可惜，人无完人，一个小小年纪就同时拥有成熟大脑和过人智商的英格兰国王，必须有点缺点。

糟糕的是，这个缺点还是生理上的……爱德华六世的身体十分羸弱，而且还是治不好的那种。

于是，在爱德华六世再一次重病时，三代萨默塞特公爵（为了不和之前的萨默塞特公爵搞混，我们这里称他为三代萨默塞特公爵）和二代沃里克伯爵（"二代"的理由同上）联手发动了一场政变，趁着小国王生病不夺了他的权。而二代沃里克伯爵也正式改名成为二代诺森伯兰公爵（"二代"理由同上），并成功控制了英格兰国会。

要知道，沃里克伯爵和萨默塞特公爵这两个头衔，都是有相当的军队背景的，这也是为什么他俩联手政变的时候，英格兰国会敢怒不敢言。

在控制了王廷以后，二代诺森伯兰公爵顺势密谋让自己的媳妇简·格雷，同时也是亨利七世的孙女、亨利八世的妹妹继承英格兰的王位。

一切都如二代诺森伯兰公爵所料。爱德华六世的病情持续恶化，终于在1553年7月因抢救无效死亡，年仅十六岁。

在小国王临死前，二代诺森伯兰公爵以维护老国王亨利八世的新教为由，趁着小国王病重，终于要到了让媳妇简·格雷即位的诏书。

就这样，同样年仅十六岁的简·格雷，就在爱德华六世病逝后，成为了英格兰王国的女王。

话说这位简·格雷小姐，也真是个既可怜又无辜的政治牺牲品。她短暂的人生里有两个历史第一。其一是英格兰历史上的第一位女王；其二是英格兰历史上最短命的国王。

简·格雷小姐活了十六岁，格雷女王只活了九天……除去我们南宋时期金国那个只活了不到两个小时的金末帝以外，格雷女王可能是历史上排名倒数第二的倒霉统治者。

说来也真是惨，格雷女王在公公二代诺森伯兰公爵的铺垫下，才刚刚即位，就接到了英格兰边境地区遭到苏格兰王国大举入侵的消息。英格兰军兵败如山倒，而作为王国的第一军人——二代诺森伯兰公爵，必须即刻前去迎战。

后果可想而知，二代诺森伯兰公爵一走，本来就不满意简·格雷即位的英国国会立刻一边倒地倒向了被二代诺森伯兰公爵放逐的亨利八世的女儿玛丽公主。

话说这位玛丽公主也绝不是个简单的女人。她是个虔诚的天主教徒，是亨利八世的新圣公教的极力反对者。同时，她觊觎英格兰王位已久。

趁着二代诺森伯兰不得不走开，她立刻联合了一直憋着口气造黄金舰队的神圣罗马帝国教廷教皇，带着军队推到了伦敦，直接把众叛亲离的格雷女王打趴下了，顺道还把二代诺森伯兰公爵给砍了头。

于是即位仅仅九天的格雷女王，就这样被贬黜处死了。她的尸体和那些个被亨利八世砍了头的王后们一起，被埋在了伦敦塔的某一层底板缝里，直接成了孤魂野鬼。

而玛丽公主就此即位，称玛丽一世。

没错，她就是那个著名的血腥玛丽。传说她为了推翻亨利八世的新教，重归旧教，烧死了成千上万的人，故称其为血腥玛丽。

不过，从亨利八世到爱德华六世再到格雷女王，这一晃好几十年过去了，新教早就深入人心，而且英格兰人本就对那些教廷不在乎。

老百姓们怨声载道：你烧死那么多人，我们就要跟着你改回去啊？更何况，国会讨厌二代诺森伯兰公爵，并不代表喜欢你玛丽一世呀！

于是，为了彻底打压新教残余势力，玛丽一世直接与神圣罗马帝国教廷的第一打手、西班牙王国的腓力王子结婚了。而腓力王子在成为西班牙国王前，首先获得了英格兰国王的称号（注意是称号）。

1556年，西班牙国王查理五世宣布退位，王子腓力继承了西班牙的王位，称腓力二世。

此时的玛丽一世，拥有西班牙无敌的黄金舰队，可谓真是权倾不列颠和欧罗巴。她的头衔全称为“神圣耶路撒冷与那不勒斯的王后及英格兰王国的女王”。

看这势头，估计英格兰的新教应该是翻不了盘，彻底没戏唱了吧？

当然不是，早在亨利八世还活着的时候，也就是1540年，一个传奇的男人降生了，命中注定，他不仅将率先敲响教廷的丧钟；更会为人类的世界打开一扇全新的大门。

他名叫弗朗西斯·德雷克。

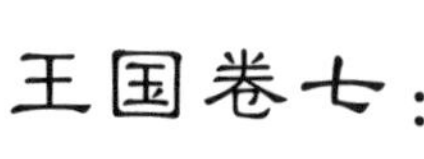

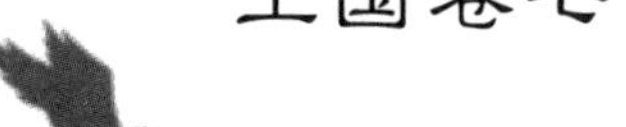

# 王国卷七：日不落的崛起之星之开拓者

前情提要：在亨利八世病逝后，他最爱的一任妻子珍·西摩的儿子爱德华六世即英格兰王位。然而，好景不长，爱德华六世年幼多病，王廷内忧外患。很快，一直觊觎王权的诺森伯兰公爵和萨默塞特公爵发动政变控制了王廷，而爱德华六世也因病重不久就病逝了。在诺森伯兰公爵的策划下，十六岁的简·格雷坐上了英格兰女王的位置。仅仅九天，格雷女王就被亨利八世的女儿玛丽一世给推翻谋杀了。因玛丽一世是一个虔诚的天主教徒，于是她即位后，大肆迫害圣公教教徒，复兴天主教，并与神圣罗马帝国教皇重修于好，人称血腥玛丽。

1558年11月17日，玛丽一世女王病逝。在弥留之际，她的人生有一重大的遗憾——她没能诞下自己的孩子。

玛丽一世深知，如果自己没有孩子，那么英格兰的王位便只剩下那唯一的一个继承人选——自己同父异母的妹妹，更是对自己执政坚定的反对者——伊丽莎白·都铎。

带着这样的遗憾，玛丽一世离开了人间。伊丽莎白·都铎即位，没错，她就是那位响彻全世界的伊丽莎白女王。

问大家一个问题，为了你深爱的、宣誓为之效忠一生的国家，为了你心中的、每日口口声声宣扬的道统和大义，你愿意做到怎样的地步？

伊丽莎白·都铎女王，对于英格兰人民而言，是一位可以媲美传说中的那位永恒之王，亚瑟·阿尔托利亚·潘德拉贡的女王。

为了英格兰王国，即使一生未嫁，即使家族的血脉断绝，即使王廷易主拱手送人，也无动于衷。

我要英格兰繁荣昌盛，我要让这个薄雾之国的太阳永不日落，为此我可以付出生而为人的一切代价都在所不惜，只为我深爱的国家和人民，永远繁荣昌盛！

上帝听到了她的声音，于是在数百年之内，英格兰的太阳真的就未曾落下，无论是神圣罗马帝国教皇、法兰西的皇帝，还是后来的那个战争狂人，都未能让英格兰伤筋动骨。

但作为代价，上帝也拿走了她生而为人的一切。

而这一切的传奇，就从上帝将那个人带到她的身边开始。

此前，玛丽一世与西班牙国王联姻，联合神圣罗马帝国教皇，对亨利八世的圣公教开始了全面报复性的打击。除去玛丽一世自己对内部新教徒的血腥镇压外，神圣罗马帝国教廷与西班牙王国派出了他们的撒手锏——无敌舰队游弋在大西洋上，随时准备强攻不听话的英格兰。

于是，为了强大英格兰，伊丽莎白一世即位后的第一件事，就是加强海军，消灭教皇的无敌舰队。

俗话说得好，罗马不是一天建成的，西班牙的无敌舰队虽然“烧钱”，也不是凭空变出来。在历经数代教皇和西班牙国王的努力下，当时全盛时期的西班牙无敌舰队，拥有三千艘战船，五万门大炮。

当舰队全数出动横行在大西洋上的时候，宛如一座移动的钢铁要塞，是名副其实的“无敌”！

更可怕的是，西班牙王国还是人类历史上，第一个完成了环球航行的国家（虽然可怜的麦哲伦被马来西亚人砍死）。论造船技术，英格兰要追上西班牙，一百年的时间都算是打了好几个折扣的。

然而人类历史上，就是有着这样无数令人神往的奇迹。就在伊丽莎白一世一筹莫展的时候，一个震惊了整个欧罗巴世界的消息传来。

一个年仅十七岁的英格兰少年，带着几艘快帆船，竟然成功奇袭了由无敌舰队押镖的一支运输船队。

据统计，这批被劫掠的财宝价值超过了两万英镑（那时的英镑是金币，算一下通货膨胀，大约是现在一百万英镑的价值）。

西班牙王国举国震惊！他们强烈谴责英格兰的行径，并声称，如果英格兰不赔偿西班牙的损失并交出这批海贼，他就要给英格兰一点颜色看看！

伊丽莎白一世赶紧对外义正词严地官宣，肯定不是英格兰抢的，并且她一定会非常重视此事，严惩不法分子，还大西洋一个太平。但私底下，伊丽莎白一世却欣喜若狂，她赶紧找来这个少年，并秘密召见了他。

“英格兰的英雄，你叫什么名字？”

“女王在上，我叫弗朗西斯·德雷克，父亲是一位航海家，更是一位虔诚的新教徒。”

“好孩子，如果我给你一支船队，你能复制麦哲伦带领西班牙环游世界的壮举吗？”

“女王陛下，我必须纠正您。麦哲伦并未成功环游世界，相反他可耻地死在了土著人手上。若是这世上有谁能完成这样的任务，那必然只能是我！”

“即使我英格兰的船只性能远远不如西班牙和教廷？”

“只需要我船长德雷克和我的座舰‘黄金鹿号’就足够了！”

少年的双眼如星辰般骄傲坚定，而同样年轻的女王选择相信这个有些狂妄的少年。

1577年，盛装的伊丽莎白一世率王廷所有文武大臣在朴次茅斯港为德雷克送行。那一天阴云遍布天空，弗朗西斯·德雷克手持铳枪立于他心爱的旗舰“黄金鹿号”的船首，目视远方。

英格兰船队起航后不久，教皇立刻就让西班牙无敌舰队封锁了麦哲伦海峡，阻止德雷克在海上进入已经被探明且安全的通往美洲的航道。然而德莱克则毫不介意，他再一次率领船队，偷袭了无敌舰队的大后方诺布尔迪埃思，并把存放在那里的无敌舰队的补给辎重洗劫一空。等到无敌舰队意识到后院起火后，德雷克早就逃之夭夭了。

愤怒的西班牙国王腓力二世率领无敌舰队就是一顿猛追。暴风雨突如其来地肆虐在大西洋上，刹那间电闪雷鸣、狂风暴雨、惊涛骇浪。就连西班牙的无敌舰队都不得不收起风帆转而对抗风浪，然而疯狂的德雷克却一边大笑着无敌舰队是懦夫，一边下令船队，要求所有舰船和他的“黄金鹿号”一起，在暴风雨中满帆前进。

“在大海上，没有人可以征服我和我的‘黄金鹿’！扬帆啊我的水手们，在这暴风雨中，驶向天上的星辰吧！”德雷克狂笑着，在西班牙人无比惊愕的眼神里，消失在了这可怖的风浪中。

由于无敌舰队把住了麦哲伦海峡，又因为德雷克强行在暴风雨中全速前进，英格兰的船队进入了一片人类未曾踏入的海域，并失去了方向。但这并未难倒德雷克。幼时在海上和父亲相依为命长大的他，很快通过星象、洋流和风向判断出了此时他所在的地方。

在暴风雨中，英格兰的船队早已突破了麦哲伦海峡以南的火地岛，并一路向西。此时德雷克惊讶地发现，按照麦哲伦的说法，火地岛应该是南方大陆的部分，可是展现在德雷克面前的，却是一片汪洋大海，根本没什么大陆。

“我就说了，麦哲伦是个骗子、失败者！看啊，传说中的南方大陆是不存在的，即使存在，也一定是在更南更寒冷的地方。”

在搞清楚自己的位置后，德雷克下令船队一路向西，横渡大西洋直到美洲海岸。然后他在确保自己不会被砍死后，迅速通过了马来西亚，穿过北回归线，回到了英格兰。

1579年9月26日，弗朗西斯·德雷克率船队归来。英格兰的船队，是世界上第二个完成环球航行壮举的国家，而弗朗西斯·德雷克则是人类历史上，第一个完成环球航行的人类。

伊丽莎白一世用尽可能盛大的仪式迎接了英雄的归来。此后，不到一年，德雷克向女王提出，为了精准测量并确认火地岛以南的那片海域（也就是后来的德雷克海峡），他要求再次起航，进行第二次环球航行。

这次航行比第一次还要顺利，仅一年（1581年），德雷克再次平安回到了英格兰。

在朴次茅斯港，伊丽莎白一世登上了弗朗西斯·德雷克的“黄金鹿号”，并正式册封他为德雷克皇家爵士，英格兰的海军上将。

无数鲜花与欢呼不断地落下，伊丽莎白一世将象征皇家骑士的勋章与剑交到了弗朗西斯·德雷克的手中。

女王的手有些颤抖，此时，欢庆队伍里，英格兰的贵族与平民的喧闹声也逐渐平息了下来。

天上，风云涌动；远处，在英吉利海峡的另一边，浪潮翻涌。

“弗朗西斯·德雷克，我英格兰的海军英雄啊，我们终将与无敌舰队一战……”

德雷克笑了，一如多年前他还只是个十七岁的少年时一般。他的眼神充满了侵略与锐利，在弥漫着巨大压力的空气中，他的嘴角弯起了轻蔑的一笑。

“那就战吧！”

伊丽莎白一世的双眼也霎时变得坚定无比，她以低沉而有力的声音对着英格兰的贵族、军人和平民说道：

“那就战吧！！！”

又一次，朴次茅斯港爆发出热烈的欢呼，“女王万岁”的呼喊声响彻寰宇。女王满是沉重的双眼再次看向德雷克，而后者眼睛里却充溢着激荡而炽烈的火焰，仿佛要将整片大海燃烧殆尽。

王国卷七：

# 日不落的崛起之暴风雨之夜，前进吧，黄金鹿号！

前情提要：1558年11月17日，一直膝下无子的英格兰女王玛丽一世终因疾病缠身含恨而终。英格兰都铎王朝王位唯一的，也是最后的合法继承人伊丽莎白·都铎坐上了王座，称伊丽莎白一世。面对坐镇西班牙王国的神圣罗马帝国教廷教皇的虎视眈眈，伊丽莎白一世决心重振英格兰海军。她找来了曾经成功打劫过西班牙无敌舰队的私掠船船长弗朗西斯·德雷克，令他率领英格兰船队完成环游世界的任务。德雷克船长不辱使命，成功、安全地两度环游世界。期间，英格兰与西班牙和教廷在海上的摩擦不断升级，终于，不可避免的一战即将到来。

德雷克船长回来了！

在英格兰的朴次茅斯港口，伊丽莎白一世亲自登上德雷克的旗舰“黄金鹿号”，为德雷克授勋，加封他为英格兰皇家爵士，海军上将。

德雷克成功的环球航行，极大地冲击了西班牙海上地位。尤其是德雷克三番五次偷袭无敌舰队、掠夺西班牙军辎重无数，却能全身而退的故事，传遍了整个欧罗巴大陆。

教廷的世界开始颤动。连萨拉丁都无法撼动的天主教势力，怎么能因为一个小小的英格兰而产生摇晃呢？

这是绝对不能允许的！

干柴已经铺满，油桶已经倒上，导火索也牵好了，就差一点火星子。

火星子不难找。1585年，荷兰宣布脱离神圣罗马帝国教廷，改国教天主教为新教（荷兰新教，非英格兰圣公教）。伊丽莎白一世第一时间站出来表示支持，并迅速调拨了一批重要物资给荷兰。

于是导火索被点燃，神圣罗马帝国教廷彻底爆炸。在教皇的授意下，西班牙国王腓力二世向英格兰宣战。无敌舰队全数出动，刹那间铺满了整片海域！

与此同时，腓力二世还派出了自己的超级特务头子沃尔辛格，在欧洲大陆上不断收集情报，控制战略物资，给予英格兰全方位的打击。

沃尔辛格的举动，引起了德雷克的注意。不同于传统的英格兰将军，德雷克是半海盗、半走私起家的，属于那种武装黑商。这使得德雷克对于情报的保护异于常人的灵敏。

在一次与荷兰人交接物资的过程中，敏锐的德雷克立刻发现了化装成商人，活跃在欧罗巴大陆的沃尔辛格。

德雷克灵机一动，他大张旗鼓地写了一封信给沃尔辛格："风是我的向导，舰队正在扬帆出征。——寄自女王陛下的'伊丽莎白博纳文图尔号'。"

插一句，"伊丽莎白博纳文图尔号"是英格兰舰队的旗舰，一艘最大最新的英格兰战舰，舰载二十门重火力侧舷炮，船首包钢，还有一门巨炮，被称为“女王之盾”。

沃尔辛格在接到信以后，大吃一惊。他一不知道德雷克是怎么知道他的，二不知道德雷克怎么找到他的，三是德雷克就要来决战了！

常年做特务的敏锐直觉让这位间谍头子反应过度了。思考来思考去，沃尔辛格马上把这封信交给了腓力二世，两个超级天才一起疯狂思考，最终决定把舰队集结在里斯本港，紧盯着英格兰旗舰伊丽莎白博纳文图尔号，摆开架势与德雷克决战。

而德雷克呢？

他早就不见了。又是在某一个惊涛骇浪、暴雨交加的夜晚，德雷克率领二十三艘英格兰战舰，强渡菲尼斯特雷角。尽管无情的雷暴雨把英格兰舰队连吹带打，损耗极大。但德雷克的坚持和他在海上的直觉，终于带领舰队驶出了危险，突然出现在了西班牙无敌舰队的大后方，也是西班牙王国的造船厂加的斯港。

当被暴风雨摧残得伤痕累累的“黄金鹿号”出现在加的斯的时候，西班牙的守军大多还在休息，就连工人们也都在喝酒，完全没人意识到一场致命的奇袭已经到来。

当然，这样难怪，毕竟所有人都在紧盯着英格兰的旗舰——那艘“伊丽莎白博纳文图尔号”呢！

在后世的一系列文艺作品里面，“黄金鹿号”成了一个传说。传说弗朗西斯·德雷克和他的“黄金鹿号”，是可以将最不可能的奇迹变为可能，远超人类极限的存在。所以才被赋予了“星之开拓者”的称号。

从寄给沃尔辛格的信，到“伊丽莎白博纳文图尔号”的陷阱，再到强行在雷暴雨之夜抢渡菲尼斯特雷角，弗朗西斯·德雷克又一次为英格兰带来了胜利。

在“黄金鹿号”主炮的怒吼下，二十三艘英格兰战舰冲向了加的斯港的西班牙造船厂。虽然英格兰的战舰大多伤痕累累，但是加的斯港几乎是不设防的。停泊在港口的无敌舰队的后备舰船，甚至还没有起锚。

仅仅一个照面，就有十八艘无敌舰队的舰船被毫无还手地击沉。终于反应过来的西班牙军，立刻冲向岸边的桨帆船进行条帮战，并利用炮楼，猛烈地还击英格兰舰队。

到底还是西班牙人熟悉海战。千里奔袭、雷暴雨的洗刷，让早已经精疲力竭的英格兰舰队透支掉了最后一丝力气。

绝大多数英格兰舰船都认为奇袭已经得手，现在是时候撤退了。

可是德雷克不这么认为，他要毁掉无敌舰队的根基——他要把加的斯港的造船厂毁了！

只要加的斯的造船厂还在，不管击沉多少艘无敌舰队的战舰，以教廷的财富，他们仍然可以源源不断生产舰船，而这才是无敌舰队最可怕的地方，因为他们无穷无尽！

就像第一次环球航行时面对飓风一样，德雷克毫不畏惧地冲上“黄金鹿号”的船头，手持铳枪指挥座舰单枪匹马地冲向加的斯港！

西班牙守军惊呆了，一艘又一艘的桨帆船被德雷克击沉，连天的炮火如同暴雨般砸在“黄金鹿号”，可这艘该死的、到处起火的船就是不沉！

德雷克的英勇仿佛一针兴奋剂扎在了英格兰舰队身上。他们再一次发动突击，彻底把加的斯港的造船厂烧成了一堆灰烬。

加的斯港的战斗震惊了教皇和腓力二世。当无敌舰队调头赶回加的斯的时候，呈现在众人面前的，只有满地的死亡和焦土。

而德雷克，早已不见了踪影。

加的斯港的突袭战，对于无敌舰队的现有海上力量来说，在当下其实是微不足道的。从纸面上来看，英格兰舰队的损失反而显得更为惨烈。

但这一战的战略意义，对西班牙王国来说，却是致命的。失去了加的斯港湾的船厂，意味着从现在起，无敌舰队每损失任何一艘战舰，都再也不能得到任何的补充。

而英格兰的造船厂还在，虽然英格兰的海上实力依然不如西班牙，但在每一战之后，英格兰都有着可以重新再来的可能性。

而西班牙，唯有一条路可以走，就是一战定胜负。

一战就必须征服英格兰！

一战就必须征服不列颠！

否则，无敌舰队迟早有一天会被英格兰消耗殆尽的！

只能胜，不能败！

同样，从这一刻开始起，英格兰对西班牙，对神圣罗马帝国教廷的全面战争即将拉开序幕。

同样，对于伊丽莎白一世和弗朗西斯·德雷克来说，这也是一场只能胜利，不能失败的战役。

伏击已经用过了，偷袭也已经完成了，所有的阴谋诡计都已经使完了。对于现在的德雷克来说，正面硬碰硬已经再也无可避免了。

赢了，就将获得整个欧罗巴大陆，乃至世界的主宰！输了，就将万劫不复，再也无法东山再起了！

就这样，西班牙无敌舰队和英国皇家海军舰队，开始了各自最浩大的集结。

王国卷七：

# 日不落的崛起之陨落的格拉沃利纳

前情提要：成功完成了两次环球航行的英格兰海军上将弗朗西斯·德雷克，给予了西班牙在航海地位上的巨大冲击。同时受到冲击的，还有欧罗巴的实际统治者——神圣罗马帝国教廷。荷兰王国首先宣布脱离神圣罗马帝国教廷，而英格兰女王伊丽莎白一世率先宣布全力支持荷兰王国，并送出了重要物资支援荷兰。这一行为彻底激怒了神圣罗马帝国教廷。教廷遂联合西班牙，派出无敌舰队，向英格兰王国宣战。然而，英格兰早有准备，皇家海军上将弗朗西斯·德雷克先发制人突袭西班牙无敌舰队的造船厂加的斯港，并将之一把火烧了个干净。迫使得不到补给的西班牙无敌舰队被迫与英格兰在海上决战。

加的斯港一战，西班牙的后院被烧了个重伤。但所谓瘦死的骆驼比马大，人家西班牙有钱有粮，无敌舰队的本体其实并未受到很大的损伤。再加上神圣罗马帝国教廷的鼎力支持，时间一久，等到加的斯港重建，英格兰王国就将毫无胜算。

胜败在此一举，决战吧！

虽然丢了加的斯港，但西班牙腓力二世这边却依然信心满满。毕竟，无敌舰队现有的海上力量无疑是世界上最强的（实际上此时明朝的海军才是世界第一，当然这要过几年教皇才会惨痛地领悟到），即便只有一波，那也是无可匹敌的一波。

为此，腓力二世亲自来到西班牙战功赫赫的老将圣克鲁斯的家中，恭请这位传奇的海军元帅出山。

虽然说无敌舰队装备精良，但其真正的“无敌”之名，却是由老将圣克鲁斯打出来的。

而圣克鲁斯也毫不客气，再次披上战袍，重新执掌无敌舰队。

当老将军骑着高头大马走在无敌舰队停泊的里斯本港的街道上时，无数百姓都肃然起敬，向他行礼。

所有西班牙人都坚信，老将军必将再次为西班牙带来胜利！

圣克鲁斯和德雷克，后世人称：南帅北将，天下无双。

那边厢西班牙王国已经诚意满满地把自己的第一元帅给请了出来，这边英格兰也就更不能闲着了。

女王伊丽莎白一世寻思，海战造船，英格兰肯定是不能和西班牙较真的了。但是，英格兰也有自己的擅长呀！那就是——造大炮。

没错，作为世界上第二位会造大炮的国家（你问我第一是谁？中国的明朝果然是天下无敌啊！），英格兰人对火炮工艺的理解确实让人惊叹。甚至于，他们还解决了炮弹频繁炸膛的问题（明朝都没能解决），做到高效安全的输出。

于是一艘又一艘炮舰就这样被生产了出来。或许伊丽莎白一世自己都没想到，这些新型的炮击式战舰，将改变全世界的海战格局。

西班牙和英格兰都各自在紧锣密鼓地准备最终决战。但一片不祥的云彩，却悄然地笼罩在了西班牙的头顶上。

西班牙的海军英雄，不败圣克鲁斯元帅突然病倒，经抢救无效死亡。

圣克鲁斯的猝死，使得西班牙无敌舰队的军心有所动摇。部分编队还出现了恐慌混乱的情况。

腓力二世当机立断，马上派出三十八岁的大贵族，达卢西亚省的总督，西多尼亚接替圣克鲁斯的工作。

当时的西多尼亚，在西班牙贵族圈里，是个著名的有为人士。国王议会和主教全部一致通过让他来接手这场重大的战役。

但带兵打仗可不同于做市长。当兵的在任何国家大多不是狮子老虎，就是倔驴水牛。从来都是听调不听宣，谁让他们服气就听谁的。

圣克鲁斯和无敌舰队数次出生入死，按照当兵的说法，那就是“兄弟”，是“老大哥”。所以但凡他的号令所到之处，都是一切通行无阻。

虽然西多尼亚是教廷的重点培养对象，但是没和大家一起九死一生过，无敌舰队不认。

这一点上，是腓力二世和教廷的重大失算。

也正因为这样的不信任，庞大的无敌舰队的指挥体系，在演习练兵的过程里，常常出现不应出现的漏洞。为此，西多尼亚不得不下重手，推倒了原有的建制，重新规划他自己的指挥体系。

而这，更加加剧了无敌舰队内部的不团结。

不得已，西多尼亚只得向腓力二世申请延期出征。起先，腓力二世是同意的，但这又迎来了另一个问题。时间可以延期，但这么多士兵，每天都要吃穿，那么粮草的调集和储备问题，就会随着延期与日俱增。

一来二去之下，腓力二世最终还是命令西多尼亚即刻出征，围剿弗朗西斯·德雷克。

1588年5月9日早晨，停泊在里斯本港内的无敌舰队，纷纷拔锚起航，一艘艘通过贝伦塔，沿特茹河而下。

然而不幸的阴云却仍未消散。无敌舰队才刚刚起航，越来越强的西风就从海上向河口方向刮来，这使得无敌舰队不得不再次在河口附近的城堡跟前抛锚。强烈的西风不停地刮着，无敌舰队就那样停泊在特茹河口长达二十余日，寸步未移。

西多尼亚很是担忧，为了保证无敌舰队的有生战斗力。西多尼亚再次向腓力二世请求延期出征，多做操练，但是腓力二世却在回信里强调，英格兰的战舰大多非常软弱不如无敌舰队。

腓力二世下令西多尼亚，必须全速前进，尽快击垮德雷克。

5月28日，天气终于恢复了正常。西多尼亚立即下达起航命令，于是无敌舰队开始静静地沿着特茹河而下。

然而好运依旧没能降临西班牙。无敌舰队在葡萄牙海岸上遭遇了强劲的逆风。

碍于腓力二世的一再催促，西多尼亚不得不逆风北上。此时的海风，风向变化无常，一会儿刮东风，一会又转为西风，来回捉弄着舰队，有时又一丝风都没有，舰队在大西洋的汹涌波涛中颠簸漂流。时而又袭来猛烈的逆风，把舰队吹向南方。由于这样恶劣的天气和混合舰队本身的缺陷，从里斯本海域到伊比利亚半岛西北端的菲尼斯特雷角，仅一百五十六海里的路程，足足航行了十三天。人们很快就体会到远征的前途是艰难困苦的。

二十天后，舰队艰难地到达了拉科鲁尼亚湾。也就在那天夜里，海上突然刮起强烈的西南风。一艘帆船从停泊地被刮跑，而另一艘也拖着锚同一艘加里昂船相撞，受到严重破坏。

而留在洋面上的其他船只，在西多尼亚的紧急指挥下，被迫漂泊到离下风头陆地很远的地方，才避免了被刮走和触礁的危险。为了保险起见，船只都各行其是，随风漂泊，七零八落，不成队形。

然而，直到四天过去以后，仍有三十艘船去向不明。这些船运载着大约六千名水手和士兵。在许多能经得起暴风雨的船上，由于有的船员吃了腐败食物而患上痢疾和伤寒，苦不堪言。大多数船只都受到了不同程度的损伤，出现桅杆和帆桁被吹断、失锚、漏水等情况。

又经过了一顿非常艰苦的航行，无敌舰队终于驶入英格兰西南部的海岸。

西多尼亚当即下令各旗舰升起圣玛利亚和耶稣受难的旗帜和十字旗，并集中舰队所有人员在各舰甲板上唱诵弥撒。

在一切祈福仪式后，西多尼亚在旗舰上召开了最后一次作战会议。

而这次作战会议的结论就是，无敌舰队擅长跳帮、接舷和白刃战；而英格兰海军则擅长以炮击为主的T字战法。所以，西多尼亚最终决定，要选择一片狭窄的海域与英格兰海军决战。

西班牙无敌舰队将利用厚重的大型战舰封住英格兰炮舰的行动，再让运兵船强行登陆，把海战变为陆战。

1588年8月6日下午，无敌舰队在加莱泊地下锚。按照计划，西多尼亚的舰队将与运兵船的指挥帕尔马公爵汇合。

然而，西多尼亚左等右等，运兵船的指挥官帕尔马公爵却迟迟都没有现身。

相反，英格兰皇家海军，却在弗朗西斯·德雷克的指挥下忽然现身。

此时风势大起，暗流涌动。皇家海军上将德雷克点燃了一艘艘满是干柴的火船，扬满风帆笔直地冲向落锚的西班牙无敌舰队。

如果没啥意外的话，以下内容可以详见赤壁之战，然而事情并非这么简单……

要说英格兰是个海岛之国，就算不会造大战舰，算个风向开个船应该没问题。可是偏偏算无遗策的德雷克，把火船放出去早了点，而不是在风帆最满的时候冲出去的。

这直接导致了，绝大多数的火船自己把自己烧了个干净，啥事儿都没干成……事后德雷克在总结报告里有说，这是他的计算失误。

但是，不管怎么样，还是有六艘英国船燃着熊熊大火，马上就要冲入锚地了。无敌舰队总指挥西多尼亚当即下令，砍断锚缆并升帆起航。

这个命令非常明智且及时。此时此刻，西班牙的海员们展现出了令人啧啧称奇的能力。在如此紧急、黑暗、混乱的情况下，整支无敌舰队，仅仅只有两艘战舰发生了碰撞（还没沉没，而且都逃出生天了）。

德雷克也惊讶万分，他没想到一个完美的计划最终会出了这么个幺蛾子。

没错，运兵船的指挥官帕尔马公爵没能及时到来的原因是，德雷克偷偷让荷兰的海军把他堵在了格拉沃利纳。

第二天黎明，海面上的风也停了。两支舰队各自都集结整顿完毕，然后各自就在海上这么“和平”地对峙着。

可怜的帕尔马公爵还被堵着，这导致西多尼亚没有足够的兵力完成进攻。

德雷克是不着急的，反正自己是防守方。他的背后就是无数的英格兰人民和女王陛下，以及那源源不断的补给。

他倒是饶有兴致地看着西班牙舰队不断地摆出一副冲锋的姿态，却碍于英格兰的大炮而傻乎乎地转圈圈。

德雷克可以等，西多尼亚却等不起了。连续十天，淡水和食物消耗殆尽，无敌舰队的士气已经开始有所崩溃。个别舰只甚至开始有了脱离队列向英国人投降或者擅自逃离的意图。

为此，西多尼亚不得不逮捕了好几名舰长以儆效尤，其中一位在几小时后被吊在桅杆的上端绞死。

但这一切都于事无补，反而加剧了本就对这位贵族十分不服气的无敌舰队的老兵们的逆反情绪。

时间在一分一秒地过去，胜利的天平在一点一点地倒向英格兰。

万般无奈之下，西多尼亚只得下令让无敌舰队全体拔锚起航，游走在英格兰北部与苏格兰王国交接的地区，企图在那里抢滩登陆。

然而可怕的厄运再次降临在了无敌舰队的头上。

8月12日，当无敌舰队驶过苏格兰的“前河口湾”时，苏格兰的气温突然骤降。这使得海边的浓雾以肉眼可见的速度疯狂扩散。

接着，可怕的风暴再次袭来，将无敌舰队不断地吹向了挪威海岸。

弥散的浓雾、冰冷的温度还有肆虐的风暴，这一切的一切终于彻底击垮了无敌舰队。

此时的无敌舰队，甚至无法保持一个紧密的队形。

持续的暴风雨使西班牙舰只在未知的海面上漂移，船员们无法测定纬度，只能根据磁罗盘的指示一路南行。

截止到9月3日，聚集在旗舰“圣马丁号”周围的船只只剩下了六十艘。绝望的西多尼亚在当天的日记中写道——

“我祈祷仁慈的上帝赐予我们一个好天气让我们靠港，因为舰队的补给是如此之少，如果上帝仍然不肯宽恕我们的罪孽而让我们继续在海上耽搁的话，我们所有人都将无法摆脱死亡的命运。”

在9月的第二个星期。仅剩的六十艘无敌舰队的船只，终于找回了航道。他们来到了英格兰的西北部。

由于在这里并未发现敌军。西多尼亚下令，全军抛锚休整。

可是，谁也没料到（也可能是无敌舰队的海员们都太累太绝望了），当晚海潮突然低落。无敌舰队超过八成以上的舰船全部搁浅在岸上了！

德雷克怎么会放过这样一个好机会。他的双眼一直在紧紧地盯着海上。当无敌舰队一靠近英格兰西北岸的时候，他就立刻得知了。

当匆匆赶来的德雷克发现无敌舰队的船只几乎都搁浅在岸上时，他很不厚道地狂笑道：

“哟！骄傲的西班牙人！快让你们的教皇来拯救你们呀！”

这是一场单方面的屠杀。西班牙无敌舰队不仅几乎全军覆没，他们的高级战舰也被英格兰俘虏。

事后，英格兰领先世界的造船技术，就是从此开始的。

西多尼亚逃走了。

精疲力竭的他，头也没回就直接返回了他的庄园。

很幸运，他的旗舰没有搁浅，最终顺利抵达了毕尔巴鄂港，但他本人却在几周后就因为内疚和痛苦离开了人世。

很快，无敌舰队战败的消息就传到了腓力二世的王宫。这位自命不凡、不可一世的君王，在此刻只剩下了一声徒然而悲切的长叹。

另一边，为伸张新教神圣大义而战的英格兰人，疯狂地欢庆着胜利。女王伊丽莎白一世兴奋地在胜利宣言上写下："万能的主一呼吸，敌人就抱头鼠窜！"

最后，也是最可怜的，更是影响最大的。悲催的神圣罗马帝国教廷，它的神话彻底遭到了质疑。

我在王国卷开篇的时候有说，神圣罗马帝国教廷，它是欧洲的主宰，欧罗巴大陆的实际统治者；从前所有战争的终结者；事后所有战争的始作俑者。

而之所以教廷会如此强大，是因为欧罗巴的人民深受教廷的恩惠，并坚定不移地相信，教皇是天意，教皇是上帝的使臣！

然而，在教廷成立一千年后，当十字军东征扭曲了上帝的意志之后。有些人，开始不信。并非不信上帝，而是不信教廷。不信教廷的信仰，不信教廷的正义。但教皇，依旧是人间的神。这一点毋庸置疑。然而无敌舰队的破灭，却打破了这一点。

如果教皇真的是神之长子，是上帝的使臣，是人间的正义。那么，为何这世间自然万物都要与代表教皇正义去讨伐英格兰不义的无敌舰队作对呢？

为什么，老天要给予无敌舰队屡次厄运呢？

于是，无数善于思考者开始尝试打破这千年的囚笼。神圣罗马帝国教廷的神性受到了巨大的冲击。

一场声势浩大的新文化、新思想运动，在欧罗巴大地上，逐渐展开。

史称——文艺复兴。

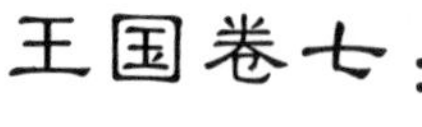

# 日不落的崛起之童真女王

古老的卡美洛城堡，永恒之王的石上之名；

将无穷的神奇梦幻放入故纸堆里传说中的点点滴滴；

走过了四分五裂的结局，对抗异国他乡的进军；

徘徊于教廷的审判，背负着异端之名；

爱德华的破碎战枪，都铎家的骑士之心；

怒海之上的星之开拓，荣华之下的灿烂伤情。

永远铭记；

追随着代改朝迁，一代又一代的神圣荣誉加冕；

愿祝福庇护到永远永远，传唱着一遍又一遍……

这是英格兰编年史的终章，亦是新时代的黎明。

1533年9月7日，英格兰国王亨利八世与他的第二任妻子安妮·博林，生下了一个小女孩，取名伊丽莎白·都铎。

她是亨利八世的第二个孩子，更是亨利八世与安妮王后唯一幸存的孩子。

然而命运并未眷顾这个少女，三年后，移情别恋的亨利八世以谋逆之罪处死了安妮·博林，迎娶了珍·西摩。

因此可怜的伊丽莎白，也从公主变成了用人。

她成为珍·西摩的儿子爱德华六世的用人。她每天的工作，就是为爱德华洗漱穿衣，在爱德华六世加冕的时候，为他涂抹圣油。

不同于姐姐玛丽一世。玛丽·都铎的母亲是西班牙的公主，背靠神圣罗马帝国教廷，还有西班牙国王和无敌舰队撑腰。所以即便玛丽的母亲被离婚，英格兰的贵族们也不敢小视了玛丽。

然而，伊丽莎白却什么都没有，她不仅要在宫廷里做着各种粗活，还要被所有人欺负。

直到亨利八世迎娶了最后一任妻子凯瑟琳·帕尔，那是一位善良的女人。在凯瑟琳·帕尔的劝说下，亨利八世终于正视了玛丽和伊丽莎白，这两个被定义为“私生女”的孩子。

亨利八世死后，体弱多病的爱德华六世继位，为了维护英格兰新教，爱德华六世排斥了玛丽和伊丽莎白，选择传位给后来的九日女王简·格雷。

之后，便是血腥玛丽一世的政变，简·格雷女王被篡权杀害，玛丽一世成了英格兰的女王。

此时的王位几上几下，却始终与伊丽莎白一世无关。与此同时的，则是玛丽一世对于妹妹伊丽莎白的不断打压和囚禁。

那是无休止的羞辱和折磨。

1558年11月17日，一直没能留下孩子的玛丽一世终于去世了。都铎家的血脉，只剩下了伊丽莎白一人。

英格兰的王位，已经无人可选了，只能是伊丽莎白。于是她成了伊丽莎白一世。

但此时英格兰王国的形势却特别不好，亨利八世的骄奢淫逸和玛丽一世对外的投降主义，让英格兰王国再次被神圣罗马帝国教廷控制，甚至连西班牙国王，都在企图染指英格兰。

在这内忧外患之下，年仅二十五岁的伊丽莎白一世，决心独自背负起振兴整个国家的命运。

要征服教皇，必先征服西班牙；要征服西班牙，必先征服大海。

于是伊丽莎白一世找来了弗朗西斯·德雷克，大力发展航海，与西班牙抗衡。

为了给弗朗西斯·德雷克争取时间，伊丽莎白女王用自己独身、年轻、美丽的资本，进行了一场精心策划的外交。

她以自己的爱情为饵，游走在法兰西、西班牙、荷兰还有神圣罗马帝国教廷之间。在这期间，不断地斡旋周转。

她以女王之身，化作一朵盛放可人的交际花，翩翩起舞。她让无数国王领主为之迷恋倾倒，追求者们互相竞争，数不胜数。

我并不清楚，这其中有没有男人曾让她真心爱慕；这其中有没有男人，让她毕生难忘。因为她把这一切都深深埋葬。

为了给弗朗西斯·德雷克争取环球的时间；为了让普利茅次港造出更先进的战舰；为了维护英格兰王权永不落入他人之手。

伊丽莎白一世女王，既不能答应任何人的求婚，因为这会让其他势力染指英格兰；也不能直接拒绝任何一个人，因为她要让这些人为了得到她而互相竞争，以此争取外交时间。

弗朗西斯·德雷克没有愧对女王的信任，他二度环球胜利归来。接着便是奇袭加的斯港，最后在海上把西班牙无敌舰队击溃。

从此，神圣罗马帝国开始衰落，世上再也无人能阻挡英格兰的崛起。

而这位游走在各方势力之中的女王，直到她生命的最后一刻，都未曾懈怠。为了英格兰王权永远的自主与独立，即便她已是都铎家最后的血脉，她也从未结婚。一生独身，没有任何子女。

在伊丽莎白一世心中，在那个家族之上的时代，英格兰重于她的都铎家。

是为，童真女王。

而我之所以说这么多，就是想告诉读者们。在弗朗西斯·德雷克与一众英格兰英雄们的光辉背后，是一个守护着这一切的，终生未嫁的少女。

1603年3月24日，伊丽莎白一世病故，传位于表侄子，出身于苏格兰王国的詹姆斯·斯图亚特，史称詹姆斯一世。

不久后，詹姆斯一世将苏格兰和爱尔兰融进了英格兰的版图，改国名为大不列颠联合王国。

## 王国卷番外：

# 风中女王

现在来说说英格兰王国的“好邻居”苏格兰。

随着英格兰王国在伊丽莎白女王一世的治理下蒸蒸日上，苏格兰王国却在不断地衰弱。

衰弱到了什么程度呢？1542年12月8日，苏格兰王室的唯一血脉，小公主玛丽·斯图亚特出生，而到了1542年的12月14日，小公主玛丽正式成为了苏格兰女王，称玛丽一世。

为了区别英格兰的血腥玛丽一世，我们这里称苏格兰的这个为玛丽女王。

此时的小玛丽，芳龄六天……

传说在小玛丽出生的那一天，广受苏格兰人民爱戴的王，詹姆斯五世突然重病。弥留之际，留下一句谏言——

“魔鬼与之相伴。它随一个小姑娘而来，也会随一个小姑娘而去！”

言罢，这位广受人民爱戴的贤王，就在一众瞠目结舌的王公大臣们面前咽气了。

可是国不可一日无君，更何况南边还有个英格兰，整天虎视眈眈的。因为它的国王叫作亨利八世。

这个亨利八世狂得飞起，藐视天主教，整天就爱离婚结婚，连教皇都不放在眼里。

要知道，那个时候的苏格兰，其实已经远不如英格兰强大了，一切全靠神圣罗马帝国教廷给他们撑腰制衡英格兰，不然他们早就被英格兰给干掉了。

果不其然，一听到玛丽女王才只有六天，这边亨利八世马上就派人来提亲了。

大概意思是，根据那个什么格林威治条约，你们苏格兰要把公主嫁给我英格兰的王子。我看你们也没啥血脉了，不如这样，以后反正我爱子爱德华六世要做英格兰国王的，你们苏格兰女王嫁过来也不吃亏，以后两国交好互惠互利实现天下大同双赢。

苏格兰那是敢怒不敢言。如今的苏格兰王室血脉稀薄，国力衰弱。已经没有与英格兰抗衡的资本了。可是如果答应了英格兰的请求，那就是代表苏格兰全体接受新教徒，很有可能就把教皇给得罪了。

历史证明，不管英格兰有多嚣张，教皇的实力是欧罗巴第一那是有目共睹的。而且，教皇阁下还是比较讲义气的，只要你肯听话，什么架都帮你打。

思前想后，玛丽一世的母亲，摄政王玛丽·德·吉斯把心一横，索性把苏格兰王玛丽女王送到法兰西去避难了。

摄政王玛丽·德·吉斯的意图很明显，一个教皇，再加上本就已经被英格兰得罪的西班牙，现在还把法兰西拉下水，欧罗巴强国基本上就都跟英国过不去了。

而苏格兰，作为对抗英格兰和保卫天主教神圣性的最前线，必然会受到教皇、西班牙以及法兰西的驰援。

这样苏格兰就避免了被英格兰欺负的危险。

时光荏苒，十六年过去了。寄居在法兰西的玛丽女王从一个小娃娃长成了一个清纯美艳的少女。

此时的英格兰则发生了惊天巨变。亨利八世死了，羸弱的爱德华六世也病故了；九日的格雷女王被推翻了，血腥玛丽复辟了天主教、联姻了西班牙，结果因为没有孩子，最终也因坚定的新教教徒，同时也是英格兰唯一的合法继承人，伊丽莎白女王一世的继位而不了了之了。

此时，法兰西的王子弗朗索瓦二世沉迷于玛丽女王的美貌而展开了疯狂的追求。

为了保护苏格兰，玛丽女王嫁给了这位法兰西未来的国王。

这其间，有一个有意思的关系，血腥玛丽是伊丽莎白一世同父异母的姐姐；而血腥玛丽又是苏格兰玛丽女王的表姐。所以伊丽莎白一世和玛丽女王其实也是比较近的表亲关系。

然而命运的造化弄人，还是将这对曾经交好的姐妹，推向了各自的背面。最悲伤的是，无论是上帝还是命运，最终都未能眷顾玛丽女王。

婚后，玛丽女王的夫君，王子弗朗索瓦二世正式成为了法国国王。为了能让法兰西继续联合苏格兰对抗英格兰，玛丽女王直接让弗朗索瓦二世得到了苏格兰国王的头衔。

可惜，仅仅一年多，弗朗索瓦二世就因病去世了，法兰西的政局也因此大为动乱。

玛丽女王虽然长在法兰西，更是法国名正言顺的王后。但她毕竟是个外人，很难插手法兰西内政。

而且，此时已经动乱衰落的法兰西，已经无暇他顾，对于苏格兰来说，现在的法兰西再也不是帮手，反而只会是个累赘了。

如果没有帮手，那么就算仅凭自己，也要守护苏格兰。

于是，带着这样的信念，1560年，玛丽女王重返苏格兰。临行前，她写信给神圣罗马帝国教皇，表示她会在苏格兰重振天主教，她与伊丽莎白女王一世和她的新教，势不两立。

然而这一次，不仅教皇没能回应她，就连苏格兰的贵族们，也大多不愿支持她。

去过苏格兰的读者朋友们一定会发现，一旦火车（或大巴）过了高地站，所有的风景都变了。

成片暗绿色的草坪，数不清的牛羊，一片片还微微泛起波澜的湖水赫然出现在人们眼前。

这就是苏格兰，就好像一块被轻柔细密的薄雾所裹挟着的，一块璀璨夺目的宝石。在水光迷离之间，绽放出七彩柔和的霞光。

现代的英格兰，仍保有着曾经的执着、勤劳、庄严和神圣；就像如今的苏格兰，依旧传承着过去的自然与对天地的崇拜。

所以，其实苏格兰的天主教势力一直都不算强盛，相比上帝，他们更爱自然，更爱自己的这片天地。

但玛丽女王不能放弃，为了苏格兰的独立，为了自己国家的生死，她必须一次次讨好教皇，必须为教皇守住这个新旧两教交战的前线。

虽然如今的教廷，是那么不以为然。

1565年，苏格兰的天主教势力在玛丽女王孜孜不倦的建设下，终于小有成就了。

而为了对伊丽莎白女王一世的新教造成一定打击，玛丽女王宣布嫁给曾信仰新教的英格兰大商人亨利·斯图亚特。

此举震惊了整个英格兰，伊丽莎白女王一世当即以叛国罪通缉亨利·斯图亚特。然而在玛丽女王的安排下，亨利·斯图亚特早就来到了苏格兰的首府爱丁堡，与玛丽女王完婚。

让玛丽女王和伊丽莎白女王一世都没想到的是，这个亨利·斯图亚特既不懂事又固执鲁莽。他受不了玛丽女王的流言蜚语，竟然在结婚不到半年的时间里带领苏格兰的新教徒造反，攻陷了爱丁堡。

已经怀胎六个月的玛丽女王，不得不一个人顶着大肚子，顺着小道逃命。

还好，玛丽女王还有苏格兰人的心，让她快速集结起了一直忠心耿耿的骑士团杀回了爱丁堡。

在那儿，玛丽女王苦苦劝说自己的丈夫，并以自己将要出生的孩子的命，来告诉这个猥琐的男人，不要听信他人的胡言乱语。因为在敌人的眼里，女王和她的男人都是不能活下去的。

可是，亨利·斯图亚特这个懦弱的可怜鬼，被玛丽女王吓傻了。

面对空前的压力，他选择了逃跑，一路跑到了苏格兰的西部。

痛苦的玛丽女王不得不去追自己的丈夫，并祈祷这个失了智的男人不要做出任何愚蠢的事情。

事情正如玛丽女王所料，苏格兰女王的敌人是不会放弃对她的讨伐的。亨利·斯图亚特死了，死于谋杀，凶手未知。

在经过了痛苦的分娩后，玛丽女王生下了一个孩子。为了让这个孩子可以继承苏格兰合法的王位，她坚持保留了孩子的姓，取名詹姆斯·斯图亚特。

是的，这个詹姆斯·斯图亚特，就是后来那个同时继承了伊丽莎白一世女王和苏格兰的玛丽女王，继承了英格兰和苏格兰共同繁荣的意志的那个英国国王——詹姆斯一世。

言归正传。苏格兰经亨利·斯图亚特这么一闹，局势彻底失控，已经到了崩溃的边缘。玛丽女王重返爱丁堡，拼命想维护苏格兰的平衡。

然而她又一次失败了，新教的火焰已经烧到了爱丁堡。代表着苏格兰新教的首领，波斯维尔侯爵发动了一场政变，宣布新教为苏格兰的国教，而天主教的势力则在苏格兰开始大崩溃，就连玛丽女王本人也受到了凌辱，被迫“嫁”给了侮辱她的波斯维尔侯爵。

在那之后，玛丽女王再次出逃爱丁堡，在乡野间集结起一支六千人的部队，企图夺回自己的一切。但是苏格兰的贵族们已经不再相信玛丽女王了。

就在女王即将全军覆没的时候，伊丽莎白女王一世终于赶到。英格兰强大的军队宛如狂风卷起落叶一般打败了苏格兰的军队，救出了玛丽女王，并将她带回了伦敦。

这一切是多么的讽刺？！她为苏格兰奉献了自己的一切去对抗敌人，到头来，却让自己拼死守护的人追杀；让横眉冷对的敌人救了自己的性命。

在伦敦，玛丽女王受到了伊丽莎白女王一世的尊重。两姐妹开始有些修好，甚至，玛丽女王还让伊丽莎白女王一世收自己的儿子詹姆斯·斯图亚特为教子，称伊丽莎白女王一世为教母。

在这样欢庆的气氛里，伊丽莎白女王一世提出，她要亲自赠予玛丽女王军队，让她出兵平叛夺回爱丁堡复位。

玛丽女王拒绝了，她无法对着自己的国家和子民动手。

于是伊丽莎白女王一世接着说，那就让玛丽女王改信新教，这样，伊丽莎白女王一世就可以名正言顺地用政治手段，让玛丽女王复位。

玛丽女王依旧选择了拒绝，她不愿背弃信仰，不愿背弃早已把她忘了个干净的神圣罗马帝国教廷。

万般无奈，伊丽莎白女王一世只好把玛丽女王软禁起来。

虽说是软禁，但实际上玛丽女王在伦敦城里畅通无阻，可以随意拥有自己的侍女，见自己的儿子以及做一切事情。

她甚至还被允许用天主教的方式祷告。

这一囚禁就是十数年……十数年，玛丽女王都没能回到苏格兰，回到她的家乡。

玛丽女王的执着，终于引起了伊丽莎白女王一世的警觉。此时已经是1587年，英格兰皇家舰队和西班牙无敌舰队的决战迫在眉睫，不容有失。

而毫无疑问的是，玛丽女王至死都是教廷的信徒，她只要活着，就是对英格兰的威胁。

万般无奈之下，伊丽莎白女王一世以叛国罪处死了玛丽女王。而这位奔波劳苦一生的女人，也终于得到了安息……

1588年，英格兰皇家舰队在海上重创了西班牙无敌舰队，教皇的不败神性被击破了，天主教开始在欧洲大面积地衰退，文艺复兴的活动犹如雨后春笋般茁壮地生长起来。

但这并非终点，伊丽莎白女王一世已经过了生育的年纪。而英格兰的辉煌战果，绝不容有损失。

于是，她尽心尽力地教导玛丽女王的儿子詹姆斯·斯图亚特，并将其视为己出。

1603年，伊丽莎白女王一世也倒下了。弥留之际，她回顾一生，凝视着这个国家，最后她的目光落在了已经成年的詹姆斯·斯图亚特身上。

“不要让你的两个母亲失望。”女王的眼里满是深深的祝福与期望。

教皇依旧很强大，新的时代还仅仅只处于摇篮阶段。为了这个国家的繁荣和富强，不列颠必须统一，不列颠必须团结一致，就如同当年永恒之王亚瑟·潘德拉贡高举圣剑伊斯卡利波一般！

不列颠必须统一！不列颠必须富强！

女王闭上了双眼……

王国卷番外：

# 神圣罗马帝国教廷异闻录

## （一）谁是第一个女人

（此篇章多为收集欧洲中古历史的奇闻逸事与民间的习俗故事，并非全部取材于官方正式史籍文献。）

神圣罗马帝国教廷，全称为德意志神圣罗马帝国与日耳曼天主教同盟会。其领袖乃是欧罗巴万王之王、诸神之神、上帝之子座下第一席教皇。教皇麾下率诸主教统领欧罗巴各国各地。其神圣罗马帝国教廷本质，即是欧罗巴大陆的实际统治者，一切战争的终结者和始作俑者，所有虔诚教徒的最高保卫者，一切宗教、文化与政治的绝对中心。

数千年来，在教廷的内部深处，一直保守着整个欧罗巴大陆最危险的秘密……

《圣经·创世纪》里说，上帝耶和华用尘土造就了历史上的第一个人，那就是亚当，意为来源于尘土。

接着上帝将伊甸园赐予亚当，并让他悉心打理。他告诉亚当，伊甸园里的一切果实，都是亚当的食物，唯有那棵树除外。

亚当应允，他一直悉心地打理着伊甸园，从不曾走近善恶树一步。

后来，上帝认为亚当应该有一个伴侣，于是趁着亚当熟睡的时候，用亚当的一条肋骨做了一个女人。

欢喜不已的亚当，就和这个女人一起，守护着上帝的伊甸园。

直到有一条邪恶的蛇出现。在蛇不断地诱惑下，女人终究忍不住好奇心，背着亚当前去善恶树，吃了不该吃的果子。

吃了果子的女人，显然变得聪明多了，于是在女人的巧言慰喻下，亚当也吃下了这不该吃的果子。

于是当太阳落山的时候，上帝回来了，他高呼着亚当的名字，让亚当迎接自己。

然而亚当却因内心的恐惧和愧疚，和女人躲了起来。

上帝久久呼唤却得不到回应，于是声色俱厉地朗声道："亚当，你害怕了。这一定是因为你吃了我不让你们吃的果子。"

良久，亚当才缓缓走出。他指向女人说道："是她诱惑我吃的。"

女人也害怕了，她颤抖着告诉上帝："是一条蛇诱惑我去吃的。"

上帝长叹一口气，摇摇头，严肃地说道："你们吃了不该吃的禁忌之果，现在必须离开我的伊甸园了。从此，亚当，你必须累得满头大汗才能活下去，而你，女人，必须经受分娩之苦。"

就这样亚当和女人被赶出了伊甸园，那条蛇也被上帝降下了不可饶恕的诅咒。而上帝，则派出他最强大的、永远满身火焰的大天使赛拉法姆（Seraphim）昼夜不停地守卫着伊甸园。

而亚当和女人在离开伊甸园后不久，就生下了三个孩子，分别是该隐、亚伯和赛特，而亚当则给自己的女人取名夏娃，意为众生之母。

有意思的是，这个大家耳熟能详的故事，其实在欧罗巴的世界里，有过一个很古老很古老的传说。

那还是在欧罗巴大陆上使用希伯来文的时代。

在那个古早的记叙里，夏娃并非第一个被上帝创造的女人。在上帝创造亚当的同时，还创造了另一个人。

而那个人，才是世界上的第一个女人。

这个女人与夏娃不同。夏娃是用亚当的一根肋骨创造的，而这个女人却是和亚当一样，被上帝用尘土所造，与亚当的地位，本身可谓是平起平坐。

她才该是亚当的第一任妻子。

“旷野的走兽要和豺狼相遇，野山羊要与伴偶对叫。夜间的怪物必在那里栖身，自找安歇之处。”

——《圣经 以赛亚书34:14》

在古早的希伯来文里面，这里的“夜间的怪物”，写作“莉莉丝”（Lilith）。同时，这也是后来在所有版本的圣经里面，唯一一次出现“莉莉丝”（Lilith）这个词的地方。

更令人细思恐极的事情是，“莉莉丝”（Lilith）这个词，并非只在《圣经》里出现。它在美索不达米亚神话和希腊神话，甚至在犹太神话里面都曾高频出现过。

而无论在哪个民族，哪个地域，“莉莉丝”（Lilith）的形象却从未改变过。

那是个半蛇半人的美丽怪物，曾受到诅咒，只能在夜间出行。而每当“莉莉丝”（Lilith）现身，这世间所有的人类都将为之倾倒。

图穷匕见的时候到了。诱惑夏娃和亚当的，据描述，就是一条蛇。后来这条蛇被上帝降下了不可饶恕的诅咒。再结合《圣经 以赛亚书34:14》那一段，难道那条蛇就是“莉莉丝”（Lilith）吗？

我们无从得知了。神圣罗马帝国教廷在第一代教皇之后，就重新修订了一切古早版本的《圣经》，并颁布了官方版本。

但是，在欧罗巴的民间乡里，甚至在一些村落的小教堂中。牧师常常会用一个讳莫高深的笑话，来调侃那些青春期少年们：

“嘿，小伙子，昨晚上是不是‘莉莉丝’（Lilith）来找你了？”

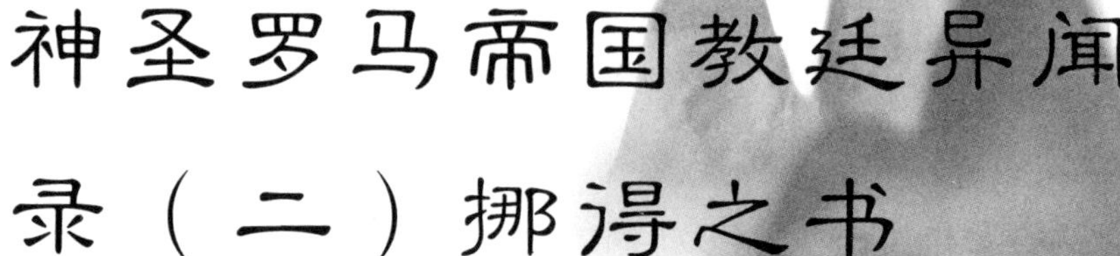

## 王国卷番外：

# 神圣罗马帝国教廷异闻录（二）挪得之书

（提示：此篇章多为收集欧洲中古历史的奇闻异事与民间的习俗故事，并非全部取材于官方正式史籍文献）

偷吃禁忌之果的亚当和夏娃在被逐出伊甸园后，流落到人间。他俩最先生下的两个孩子，分别是亚伯和该隐。

其中，大儿子亚伯是牧羊人，二儿子该隐则是耕田的农民。

在人间，尽管亚当和夏娃是被上帝逐出了伊甸园，但他俩依旧出于对偷吃禁果的愧疚，和对上帝的崇拜，而坚持对上帝礼拜祭祀。

同时，亚当和夏娃也不断教导着儿子亚伯和该隐崇拜上帝。

于是，两个孩子分别拿出了自己的祭品供奉在上帝面前。牧羊人亚伯献上了头羊的油脂，而该隐则献上了田地里最漂亮最肥硕的瓜果蔬菜。

上帝选择了牧羊人亚伯的供奉，并表示非常喜欢亚伯的供奉。

该隐一听，瞬时就变了脸色，气得脸庞通红。该隐觉得，自己的供奉也是千挑万选出来的，应该比亚伯更加优秀。

上帝看出了该隐的不服气与愤怒，他指责了该隐：“你为什么发怒呢？你为什么变了脸色呢？你若行得好，岂不蒙神悦纳？你若行得不好，罪就伏在门前。它必恋慕你，你却要制伏它。”

该隐沉默不言，心里却越想越气，于是在回家的路上，怒从心中起恶向胆边生的该隐，直接一板砖把兄弟亚伯给拍死了。

上帝在得知该隐因为嫉妒就把兄弟杀死后，非常恼怒。他现身在该隐面前指责该隐：“我收到了你的兄长对你沾满鲜血的控诉，从现在起，每一寸土地都埋藏着我对你的惩罚。大地将不再给予你任何回应，没有一颗你播下的种子会发芽。”

该隐惊呆了，随即是更加不忿，他指责上帝，如果就连大地都将不再给予回应，那么他所到之处，必然都是处处杀机，就连一株小草和石头都要杀他。

上帝悲悯，随即发出宣告：“凡杀该隐者，必受到该隐所承受的报应七倍。”

于是该隐就这样离开了父母亚当、夏娃，离开了上帝，他被流放到了东方的边境，挪得之地。

在那里，该隐生下了自己的孩子以诺并建立了属于自己的城市。当然，这也如同上一篇文章一样，截止于此，都是《圣经》里的记载。

而关于该隐的传说，在西方有着另一个版本，该版本来自于该隐自己的城市挪得之地的一本书《挪得之书》。

在这本书里面，有关于该隐弑兄的桥段，则有着另一个说法。

让我们回到那一天：

上帝选择了牧羊人亚伯的供奉，并表示非常喜欢亚伯的供奉。该隐一听，瞬时就变了脸色，气的脸庞通红。该隐觉得，自己的供奉也是千挑万选出来的，应该比亚伯更加优秀。上帝看出了该隐的不服气与愤怒，他指责了该隐："你为什么发怒呢？你为什么变了脸色呢？你若行得好，岂不蒙神悦纳？你若行得不好，罪就伏在门前。它必恋慕你，你却要制伏它。"

该隐沉默不言，心里却越想越气，于是在回家的路上，怒从心中起恶向胆边生的该隐，直接一板砖把兄弟亚伯给拍死了。

上帝晚间回来寻不到亚伯，于是便找来了该隐问话。

"该隐，你的兄长亚伯呢？"

"我不知道他去了哪里。"

"你竟敢狡辩！我已听见了他冤魂的哭诉，大地也在为之泣血，你竟然为一己私欲杀了自己的亲兄弟，我不会饶恕你，大地、万灵都不会饶恕你！我要在你身上做上记号，你将永远不会死亡，但你所到之处，万事万物都会唾弃你的恶；你将再也种不出任何果实，更无法进食，从此饱受风餐露宿之苦。你永远都得不到善终，而世人都将以你为戒！"

于是就这样，该隐被赶了出去，孤身一人被流放前往北境挪得之地。

在该隐路过红海的时候，饥渴难耐的该隐，既不能死去，也不能减缓痛苦。直到那个女人在他面前现身了。

没错，她就是莉莉丝，坊间传闻，与亚当同时被创造出来的，真正的第一个女人。

莉莉丝因不满上帝，一心想着如何报复，却刚好在这里遇见了同样受到上帝惩罚且满怀怨恨的该隐。

于是莉莉丝便教会了该隐鲜血的魔法，并让他吸食万灵的血液以减缓诸多身上可怕的折磨。

就这样，该隐带着学来的魔法，来到了东方边境挪得之地。在这里娶妻生子。

他一共生了十三个儿子。

然而，被诅咒之人的后代依然背负着这一诅咒，而且，该隐习得可怕的鲜血魔法的事情也很快传到了上帝那里。

上帝派出了他最强大的炽天使赛拉法姆（Seraphim）前来讨伐该隐。

谁承想，上帝给予该隐的惩罚，那不死的诅咒竟然在这个时候成为了该隐的助力。

虽然赛拉法姆力大无穷，炽天使的利剑无论如何焚烧，竟也杀不死该隐。不得已，赛拉法姆只得砍下了该隐的左手（传说里面埋藏着不得了的秘密），并把他和他的十三个儿子封印在了镜子里面。

愤怒的该隐仍旧没有屈服，他向撒旦祷告，愿成为撒旦在人间的喉舌，引人堕落。

于是撒旦给予了该隐和他的十三个儿子们蝙蝠的翅膀，可以从镜子里面飞出来，而代价就是，再也不能生育，也不能遇见阳光。

没错，该隐就是吸血鬼，在这个传说中，他就是人类的第一个吸血鬼，而他的十三个儿子，正是大名鼎鼎的血族十三氏。

据传在十四世纪，某个神圣罗马帝国教廷的教皇曾承认这世间存在吸血鬼。但很快，这位教皇就消失了，教廷出面辟谣，最后也就不了了之了。

挪得之地，这并非拉丁语系的词汇。与上一篇文章里莉莉丝的印证一样，这个词也是来源于最古早的《圣经》版本，并与《挪得之书》一一对应。

它的意思是：永远徘徊在人间与幻境之地。

## 王国卷番外：

# 神圣罗马帝国教廷异闻录（三）乌鸦医生

（提示：此篇章多为收集欧洲中古历史的奇闻异事与民间的习俗故事，并非全部取材于官方正式史籍文献）

十四世纪中叶，由于神圣罗马帝国教廷第二十二代教皇约翰的默许，英格兰与法兰西展开了长达一百多年的世纪之战，史称英法百年战争。

在这场战役中，英格兰和法兰西的战士们，成片成片地倒下，欧罗巴大陆的西北端可谓是血流成河，尸横遍野。

然而，即使是自认为在人间可以领导一切的教廷都未曾想到，这场战役所导致的灾难，远比两个国家洒落在沙场上无边无际的尸骨，还要可怖得多。

随着英法战役的逐步白热化，欧罗巴最可怕的噩梦，就此悄悄降临。

是的，没错，我要说的就是那骇人听闻的、一瞬间削减了欧罗巴超过三分之一的人口的“黑死病”。

每当我们说起人类与各种病症的搏斗，尤其是说到中国人和西方人对待病症不同的处理方式上，我们就不得不先从人类对于城市的规划开始说起。

一个最关键的点，那就是有无“下水系统”。

可别小看了这个，你就想想假如某天你家下水管道都堵上了，从此你洗菜、洗碗、洗手、洗地用过的水，以及大小便都不能再像以前那样随手一冲了，你该怎么办？

有些读者朋友们会说，我住河边倒河里。那要是周边没有河流呢？山里面怎么办？更何况，中国的大城市，尤其是例如西安、开封、北京这样的城市，向来人流量是超级大的，总不能每天大家都排队端着生活废水去江边倒吧？

身为中国人，很多时候这是不用思考的事情，因为中国从汉代开始，就有完整的下水道系统了。也因为下水道系统的出现，人们日常生活用的一切废水脏水，都可以简单顺利地被排出去，并进行集中处理和净化。

这也是为啥在中国人的历史上，很少有大面积出现由细菌或病毒感染的瘟疫事件。

中国人在病症上的敌人，从来都不是细菌病毒，而是天气和地域的变换。而中国直到明崇祯十三年，才发现这个世界上有通过空气传染的细菌病毒类疾病。那是一位名叫吴有性的医生，在《瘟疫论》中提出了这个说法。

可是欧洲人没有。欧洲人直到拿破仑时期以后，才逐渐开始有了下水道。很多时候，普通的平民只能把包括排泄物在内的废水，直接倒在街道上。

这里插一句，高跟鞋是伟大的法兰西太阳王路易十四，最先发明给男人的。原因是，细细的高跟鞋可以避免整个鞋底都踩到污物上的尴尬……

是的，这些随意泼洒在街道上的污物是最容易滋生细菌的。而没有“健全的下水系统”，也就意味着欧洲人不懂得如何“处理”“分解”“净化”垃圾。

这也是为什么，欧洲人在对抗病症上，最先研究的，是针对细菌病毒类的传染类型疾病。

说回到百年战争的战场上。由于成千上万人的战死，而战后的尸体处理却非常不到位，导致绝大多数尸体肆意在原地腐化，成为了食腐生物和病菌的温床。

而这些食腐生物里，最肮脏的莫过于老鼠。于是一种寄生在老鼠身上的跳蚤，在这温床里逐渐被孵化出来。

它们天生携带着一种可怕的病菌，人类很轻易就会在不经意间立刻被这种病菌吞噬。

最恐怖的是，被这种病症折磨死去的人，又会因为尸体无法得到有效处理，再次感染活着的人。

当时，因得此重病的人，常常会出现双眼泣血的症状，于是惊慌失措的人们称呼这些感染者为“Weeper”恸哭者。

“Weeper”最先出现在法兰西激战最激烈的南部。先是村庄里的人们突然全部蒸发了……再然后，就是成片成片的法兰西士兵倒下。

法兰西的欧罗巴乡间小村一个又一个地消失，直到诸如里昂、巴黎这样的大城市都未能幸免于难。

很快，这场灾难，就犹如暴风裹挟着的黑云一般，席卷到了意大利地区，连佛罗伦萨，这披着教廷圣洁之光的城市，也出现了大量的“Weeper”。

整个欧罗巴大陆弥散着可怖的死亡气氛。而世代信仰天主教的欧罗巴子民们，认为这一定是黑魔女在捣鬼。

于是，在这本已经如炼狱般的瘟疫噩梦里，无数小村庄的村民们开始猎杀那些各式各样，被认为是黑魔女的女人。

不幸的种子被成片播下，死亡在阴霾里茁壮成长。

这一切，都是神圣罗马帝国教廷决不能容忍的！无论如何，教廷都是欧罗巴的守护神，这不仅仅只是个政治承诺，更是教廷的信仰！

于是，第二十四代教皇克雷芒六世一声令下，教廷的精英们，从骑士团到牧师，还有无数的学者们全数奔赴第一线。

骑士团前去维护已经乱了套的重灾区的秩序，坚守住欧罗巴文明的底线；牧师一边前去调查黑魔女，并以上帝之名安抚人心，阻止一切无辜可笑的牺牲；学者们开始不断研究活着的、死去的病人的血液和骨头，企图找出可以治疗这可怕瘟疫的方式。

经过研究，教廷的学者们发现，这个病症的传染能力强得吓人，他们除了把生病者一组一组地隔离起来，别无其他办法。不仅如此，已经病死的人，必须立刻烧掉，否则，感染者还会继续激增。

于是，在骑士团的帮助下，无数感染了瘟疫的人，都被严格地关了起来。

可是，这还不够，因为那都是一个个活生生的人啊！虽然他们都被感染了，而且即将成为感染下一批人的可怕苗床，而目前为止，在这场可怕灾难里，病人被治愈的可能性是零。

也就是说，没有一个“Weeper”是被治好了的。

在空前的压力下，世代史书里，饱受争议的神圣罗马帝国教廷，做出了一个无比艰难的决定。

所有的学者和牧师，穿上防护服，进入隔离区，不惜一切代价，抢救病人，并找出可以痊愈的办法。

所谓防护服，不过是一件笼罩全身的长袍，带有被牧师祝福的银质金属配饰，和一个如鸟的喙一样的、里面放上香料的尖嘴面具。

时人称其为——乌鸦医生。

这是一场足以被万世铭记的，人类最为惨烈而悲壮的溃败。

拥有现代先进医疗知识的我们知道，所谓被祝福的银质金属配饰、香料，甚至那厚厚的黑色长袍，在可怕的黑死病面前，都是多么的脆弱和可笑。

在后世的近现代文艺作品里，无数的文人，用极具戏剧化的墨水，把当时的教廷描绘成愚昧无知的神棍；把骑士团描写成了血腥的压迫者；把由学者扮演的乌鸦医生们，描写成了狂妄自大，不懂科学的庸才。

甚至，还有不少自我标榜为信仰科学的唯物主义者们，嘲笑当时的教廷，应该用科学的办法解决危机。

我不仅笑不出来，我还很想把这样的人扔进当年的隔离房里自己去感受感受，去想所谓的“科学办法”。

因为我知道，今天所谓面对黑死病（现在叫鼠疫了）的科学办法，正是这些豁出一切拼命研究的乌鸦医生们，这些即使直面地狱血海，也同样泰然安抚众生的牧师们，这些背负良心谴责却依然坚守的骑士团的骑士们所换来的。

那么代价呢?

欧洲人口减少了三分之一，约两千六百万人。还有，神圣罗马帝国教廷人员折损超过六成。教皇克雷芒六世在指挥抢救过程中，不幸感染病逝……

## 王国卷番外：

# 神圣罗马帝国教廷异闻录（四）狙魔人范海辛

（提示：此篇章多为收集欧洲中古历史的奇闻异事与民间的习俗故事，并非全部取材于官方正式史籍文献）

有人的地方就会有传说，有传说的地方就会有魔王，而但凡有魔王的地方，自然就一定有打败魔王的英雄。

关于范海辛在教廷里的记载，来源于英国小说家布莱姆·斯托克先生的著作《德古拉》。

没错，斯托克先生就是那个我们在电影里常常看到的，玉树临风、风度翩翩、气质超凡、高贵典雅的吸血鬼始祖德古拉的创作者。

这部作品的主角德古拉，是一个位处南欧半岛的小国，罗马尼亚的君主。因其残暴嗜血好战，喜欢把俘虏和罪人钉死在长杆上，而被称为穿刺公。

一次，在与蛮族的战斗中，穿刺公德古拉眼看就要战败身死。为了获得战役的胜利，他抛弃了天主教，转而向撒旦祷告。

撒旦回应了德古拉，把他变成了强大恐怖的吸血鬼，一举击败了来犯的蛮族。

然而，神圣罗马帝国教廷怎么可能允许这世间存在如此不洁之物，于是教廷派出了他们的头号杀手，传说曾在喜马拉雅山上训练的秘密刺客范海辛，前去诛杀德拉古拉。

小说终归是小说，虽说这段吸血鬼的起源传闻是最有名的，但实际上却完全是文学创造出来。因为无论是西方哪一路神话，还是教廷的任何坊间传闻，都不曾提到过，吸血鬼的起源在罗马尼亚。

有趣的是，在斯托克的小说里，罗马尼亚人面对的侵略蛮族，其实是著名的土耳其人政权奥斯曼帝国。而德古拉和他穿刺公的绰号，也着实是真实存在的。

如果哪位读者朋友有兴趣去罗马尼亚旅游，还可以去看看这位传奇大公的墓。

至于，吸血鬼嘛……其实这个词和血族是本质上截然不同的两个东西，不能混为一谈。

而要解释这两个东西的区别，就要说到这章的主角范海辛。

先从吸血鬼的起源说起。我们都知道，欧洲人中世纪的农业，比起咱们中华民族来，那简直是落后了不知道多少个时代。

在漫长而黑暗的欧洲中世纪，很多偏远贫穷的小村庄，经常是有人饿死。即便教廷的人很努力地扶贫，情况依旧是不容乐观。

于是，在那些远离教廷救助点的小村落里，总有些瘦小虚弱的人，就这样可怜的饿死了。

因为科学的不发达和贫穷，这些远离教廷救助的村落，通常不懂得如何处理尸体。他们常常会随意（这里指不做消毒处理）把去世的人埋到一个专门开辟出来，埋葬怀念的聚集点。

没有严实的棺材，也没有防腐和隔离的手段。

然而，现代人都知道，尸体不做这些处理，很容易就会滋生出各种可怕的细菌和病毒。尤其是，如果这些人还是带着些病菌去世的。

于是，当有一个人这样死去的时候，往往会诞生一场屠戮整个村庄的瘟疫。

可怜的村民不明所以，直到有些曾去过一两次教廷的人提出，他们听教廷的人说起过一些惨死在人世，没能去到上帝身边，最后徘徊在世间可怕的怪物。

于是在这些一知半解的人的带领下，村民们挖开了被埋葬者的墓地。

此时，村民们发现一件非常恐怖的事情，那些刚刚被安葬的尸体的脸上，怎么会多出一些红晕？尤其是其中的瘦弱者，怎么躯体看上去比死之前还要壮硕一些？

这时，那些个听过教廷只言片语传说的人颤抖地告诉大家，在教廷的经典里面，是有记载过一个这样的恶魔，它白天休息，夜晚就会出来吸食人血。

这些恶魔，就被不明所以的村民称为吸血鬼。

于是，人们组织了夜晚纠察队，企图弄清阻止吸血鬼晚间夜袭。然而，在坚守了十多个晚上后，不仅没人目睹吸血鬼的出现，村子里反而出现了更多的病人。

人们彻底慌乱了。无奈之下，他们派出强壮的年轻人，跟着前辈，前往教廷请求更多的帮助。

而传说中的范海辛，就是一位来自教廷的乌鸦医生。

范海辛一来到村子，当即就有各种村民来反映关于吸血鬼的情报。在就地考察和听取村民的情报细节后，他立刻组织起村民，隔离一切已经受到感染的村民。

接着，范海辛按照教廷的一般驱魔做法，挨家挨户的给村民分发教廷特制的大蒜（腌蒜）和银质器皿。他嘱咐村民一定要多吃这些蒜，吃不了的就放在家里的各个角落，用以驱魔。

而魔物则害怕银器，所以大家在每天吃饭喝水的地方，都尽量暂时先换成教会提供的银质器皿。

然后，范海辛命人烧了很多很多开水，削了一个又一个的木桩，再带上火种和干柴来到了埋葬死者的地方。

范海辛先让村民用烧开的滚水反复冲洗那些尸体，接着再用削尖的木桩扎在死者的心脏上。原因是，按照教廷典籍，这样可以让这些妖魔无法逃离死亡，并进一步削弱他们的能力。

最后他建议，把所有逝去的人们，就地火化，以防这些“妖魔鬼怪”再度“复活”袭来。

在范海辛的指导下，村民们很快把这些尸体都处理好了。虽然说，已经被感染的隔离者们最终都未能幸免，但新的病人却再也没有出现了。

瘟疫就这样被范海辛阻止了，村民们欢呼雀跃。至此，猎魔人范海辛的故事，就流传在了欧罗巴大陆民间的各个角落。

回到现代，我们不难看出，这实在是人类医疗史上太有趣的一场歪打正着的闹剧。

从村民到教廷学者范海辛，都认为这是一起妖魔作怪事件。但早已学过卫生知识的我们知道，这一切都是因为尸体防腐处理不当导致的感染传播在作怪。

营养不良的人生前羸弱不堪，死后却因为尸体内部的化学反应而产生了一些气体，导致躯体肿胀，这就是为什么村民觉得死人反而变强壮且血色更胜。

而范海辛让人用尖锐的木桩扎穿心脏，则是把这些气体放了出来，自然尸体又会变回干瘪的状态，而不是什么削弱妖魔，使得其不能逃走的手段。

接着，范海辛命人不断用滚水冲刷尸体，在现在看来，这不过是给感染源消毒的手段罢了。

最后，用火焚烧感染者的尸体，更是阻断感染源的一种有效方式。

至于让村民们吃大蒜和使用银器，并在家里面摆放大蒜。我们都知道，大蒜本身也有消毒、增强抵抗力的作用。而银器里的银离子，则可以杀菌。

隔离携带传染源的病患；全村消毒；处理并净化传染源。令人闻风丧胆的“吸血鬼”们，就这样被消灭了。而猎魔人范海辛，也因此声名在外，被各地的吟游诗人们歌颂传唱。而关于吸血鬼以及如何对付他们的方式方法，也因此被传了下来。

看到这里，可能有些观众朋友们会有些失望。因为真实的范海辛不是那个飞檐走壁的武侠高手；而吸血鬼的真相，也是因为人类落后的医疗科学认知，所产生的谬误。

但，一代又一代的人类，不正是这样一步又一步地蹒跚前进的吗？或许，有一天，我们也会像此时笑话范海辛一样被人笑话，可无论如何，无法磨灭的是我们对于破除这世间一切困难，无比坚定的决心。

哪怕在彼时彼刻的所想所思，是多么的天真幼稚……

## 王国卷番外：

# 神圣罗马帝国教廷异闻录（五）圣诞节

**（提示：此篇章多为收集欧洲中古历史的奇闻异事与民间的习俗故事，并非全部取材于官方正式史籍文献）**

关于圣诞节的起源，最让人耳熟能详的，就是圣母玛利亚生下耶稣的故事。

在天主教的传说中，耶稣是因着圣灵成孕，由圣母玛利亚所生的。神（上帝耶和华）派遣使者加伯列在梦中晓谕玛利亚的丈夫，约瑟，叫他不要因为玛利亚未婚怀孕而不要她，反而要与她成亲，把那孩子起名为“耶稣”，意思是要他把百姓从罪恶中救出来。

当玛利亚快要临盆的时候，罗马共和政府下令，全部人民务必到伯利恒申报户籍。约瑟和玛利亚只好遵命。他们到达伯利恒时，天色已昏，无奈两人未能找到旅馆住宿，只有一个马棚可以暂住。就在这时，耶稣要出生了。于是玛利亚唯有在马槽上，生下耶稣。

后人为纪念耶稣的诞生，便定12月25日为圣诞节，纪念耶稣出世。还有，这一年就是公元元年。然而，实际上这个日期却非常经不起考究。基督教的一大分支、天主教的对头、认为自己才是正统的东正教认为，耶稣的出生日，应该是1月7日。公元元年，应该是从这一天开始的。那么，这个十二月二十五日到底是怎么来的呢？

其实，这个事儿还真有蹊跷。在本书中，我一直在强调的是，神圣罗马帝国教廷，它的全称是德意志神圣罗马帝国与日耳曼天主教同盟会。这里，有两个关键词汇："罗马"和"天主教"。"罗马"不难理解，看过共和国卷的读者们，很快就会知道这是个怎样的国家。而当"罗马"和"天主教"合在一起的时候，就值得我们推敲了。

是的，有些读者朋友已经在点头了，罗马神话，罗马祭祀的神基本上都是希腊神话换个名字外衣而来的。著名的比如爱神，罗马神话叫"维纳斯"，希腊神话是"阿芙洛狄忒"；大力神罗马神话叫"海格力斯"，希腊神话叫"赫拉克勒斯"。罗马的神话系统，是多神教，而天主教则是一神教。这两者怎么会扯到一起去？

关键点就在这里，翻开罗马历史和罗马神话，我们可以惊讶地发现，12月25日，我们所熟知的圣诞节，竟然是罗马一年中最为盛大的祭典——祭拜太阳神索尔（那个挥舞着雷霆巨锤的，是北欧神话片场的，叫托尔，这里区别一下）的节日。一个一神教，一年最重要的节日，竟然和多神教里最重要最重要的祭典发生在同一天。这真的不是件小事儿。于是，唯一的一种可能出现了，那就是最早的基督传教士和罗马的贵族、公民以及祭祀发生了巨大的冲突。这个冲突有多么恐怖呢？在罗马独裁者尼禄·克劳狄乌斯统治时期，被迫害导致钉死在十字架上的基督教徒，可以铺满整个执政官大道。

然而，也正是因为残暴的尼禄·克劳狄乌斯最终被推翻了，一直受到民众拥戴的、敬天爱人的基督徒们，很快拥有了一股不可遏制的势力。这股势力强大到连罗马的元老院都不得不让步，因为这是一场全民参与的文化更迭运动，甚至连部分贵族和公民也参与了进来。然而，毕竟罗马不是一天建成的，罗马的习俗也不是一天就能改变的。当时的基督教在融入罗马这个泱泱大国之时，也因此不得不做出一些调整和妥协。由此可以看出，这并非是一场文化与宗教的侵略，而是一场欧罗巴历史上的文化大融合。

于是这曾经是罗马最为重要的太阳神祭日，就变成纪念耶稣的节日了。敬拜耶稣，便是敬拜太阳，罗马的太阳。日后伟大而瑰丽的神圣罗马帝国教廷，也因此而来。这也是为什么，罗马灭亡后，欧罗巴的子民们依旧信仰着罗马教廷之名。

最后说一个事儿，关于神奇的圣诞老人。孩子们别失望，这世界上是真的有圣诞老人的。一身红衣的圣诞老人，历史上确有其人，他名为圣・尼古拉斯，是一位活跃在米拉城（现在的土耳其），神圣罗马帝国教廷的红衣主教（这也是为啥圣诞老人身穿红衣）。圣・尼古拉斯出生在四世纪的小亚细亚的巴达拉，父母不仅是虔诚的天主教徒，还是一对非常热心的富有市民，经常接济没有吃喝的穷人。然而，不幸的是，在圣・尼古拉斯还未成年的时候，他的父母就相继去世了，但圣・尼古拉斯却并未因此停止父母的善行。他在长大以后，把家里所有的财产全部捐送给贫苦可怜的人。他自己则出家修道，献身教会，终生都在为平民奔走。

尤其是他帮助穷人的方式非常新奇。他总是在黑夜里悄悄把食物和零钱放在穷人的衣帽里面。这其中最有名的故事，就是在圣诞节的平安夜里，圣·尼古拉斯悄悄把三块黄金，分别放进一个贫苦老父亲的三个即将出嫁的女儿的长筒袜里，作为她们的嫁妆。当女孩们的父亲听到声响赶紧追出房门时，他只看见一个穿着红衣的老人快速地驾车离去。 英文里，圣诞老人是“Santa Claus”，这个词的来源正是“Saint Nicolas”，即圣·尼古拉斯之名。因为他在圣诞夜的这段轶事，圣诞老人之名便就此流传了下来。